생활심리시리즈 26

당신도
유능한 상담자가
되고 싶은가?

Counselling with Choice Theory : New Reality Therapy

윌리암 글라써 **지음**
김 인 자 **옮김**

ⓒ1997년 한국심리상담연구소 김인자에 의해 저작권이 등록되어 모든 권리가 법적으로 공인되어 있음. 이 책의 전체 혹은 부분을 어떤 형태로든지 저작권자 김인자로부터 서면의 허락 없이 복사나 복제하거나 사진을 찍거나 녹음하는 것과 같은 기계나 전류를 통한 전달매체로 전송, 정보 저장과 수정하는 것이 허용되지 않는다.

Counseling with Choice Theory : New Reality Therapy. Copyright ⓒ1999by William Glasser. M.D. All right reserved. Printed in the United States of America. No part of this book may be used or reproduced in any manner whatsoever with written permission except in the case of brief quotation embodied in critical articles and reviews.

당신도 유능한 상담자가 되고 싶은가 〈생활심리시리즈26〉

초판 발행: 2000년 11월 30일
개정판1쇄: 2016년 8월 1일
개정판2쇄: 2021년 10월 8일
지 은 이: William Glasser
옮 긴 이: 김 인 자
펴 낸 이: 김 인 자
펴 낸 곳: 한국심리상담연구소
인 쇄 처: 지식과감성
등록: 1989. 8. 24 제10-340호
주소: 서울시 영등포구 경인로 71길 70, 벽산디지털밸리 605호
전화: 02-790-9361~2
팩스: 02-790-9363
E-Mail: kcc8608@kccrose.com
홈페이지: www.kccrose.com

ISBN 978-89-90738-28-8

값 12,000원

생활심리시리즈 26

당신도 유능한 상담자가 되고 싶은가?

윌리암 글라써 **지음**
김 인 자 **옮김**

한국 독자들에게 드리는 윌리엄 글라써의 추천의 글

이제껏 저술한 나의 책들 중에서 『현실치료상담의 모든 것(Counseling with Choice Theory : New Reality Therapy)』이야말로 최고의 책이라고 나는 믿습니다. 이 책은 상담분야에 전문적으로 종사하는 사람들만을 위한 것이 아니라 삶의 질을 높이는 방법을 배우기 원하는 모든 사람들을 위한 것입니다. 나는 이 책이 여러 문화의 벽을 넘어서 잘 적용될 수 있다고 생각합니다. 왜냐하면 우리 모두는 가까워져야 하며, 삶에서 중요한 사람들과 가까이 지내려는 욕구가 우리 모두에게 있기 때문이라 봅니다.

나는 이 책을 아주 훌륭하게 번역해 준 김인자 교수에게 감사와 격려를 보냅니다. 그녀는 나의 생각들을 올바르게 배우고 적용하는 데 많은 노력을 기울이고 있는 "함께 학습하는 동지(Co-Learner)"입니다.

나는 한국 독자들로부터 이 책을 읽은 소감을 직접 듣기를 바랍니다. 여러분의 질문에 대해 기쁘게 대답하겠습니다.

2000년 6월 12일
윌리엄 글라써 Ph.D

옮긴이의 글

Counseling with Chice Theory : New Reality Therapy를 우리말로 옮기면서

내가 집중적으로 상담을 배우기 시작한 것은 1960년부터이다. 그러나 여러 상담이론 중에서 특히 현실치료상담을 특별한 관심을 가지고 배우기 시작한 것은 1986년 본 연구소의 문을 열고 난 다음 1987년부터이다.

나는 늘 이 시대, 이 사회가 필요로 하고 나에게 알맞은 구체적인 상담기법을 찾고 있었다. 이는 우리 사회에 아직도 회의문화와 협상과 토론문화의 정착이 필요하고, 일상적인 의사소통 기술이 보편화되어야 하며, 책임지는 시민의식의 빈곤으로 인한 사회질서의 붕괴를 재정립하는 일이 절실히 필요하다고 느꼈기 때문이다. 이러한 출발에서 내가 Thomas Gordon의 효율성 훈련(Effectiveness Training)과 Glasser의 현실치료상담을 찾아낸 것은 나의 쾌거라 하겠다.

특히 Glasser의 선택이론을 근거로 한 현실치료상담으로 나는 나의 일상적인 문제로부터 상당 부분 자유로워지는 방법을 터득하게 되었고, 남을 도와주는 부분에서도 자신감이 생기고, G.Q.S(Glasser Quality School) 만들기와 지역의 조직관리와 발전을 위해서도 효과적인 방법을 제시하면서 뜻을 함께하는 동지들도 생기고 성취감을 느끼게 되어 좋다.

나는 이러한 과정에서 Glaseer의 책을 여러 권 우리말로 옮기게 되었지만 이 책에서와 같이 나 자신의 삶의 질을 높이는 데 도움이 된 적은 없었다.

Glasser는 여기에서도 어떤 상담이론이나 방법이 첫째로 상담자 자신

이 잘 살아낸 경험을 근거로 내담자를 효과적으로 도울 수 있어야 하고, 다음으로는 지역사회를 좋게 만드는 데 도움이 되고, 특히 청소년과 그들의 가족을 건강하게 지켜주는 것이어야 한다고 했다. 만일 내담자를 언제까지나 스스로 자기관리를 못하고 되돌아오게 만든다면, 그것은 상담자의 힘의 욕구충족을 위한 수단으로 내담자를 이용하는 것으로써 비윤리적이라고까지 했다.

이 책은 『현실치료상담의 학습』이야말로 개인의 행복과 자유를 누리며 살 수 있게 해주는 상담자와 늘 함께 사는 것과 같다고 했다.

1장에서 자신이 강박신경증이라고 믿는 제리의 사례는, 그가 Quality World 안에 있던 원하는 사람과 연결되기를 절실하게 갈망했으나, 현실에서 못 이룬 좌절 때문에 얼마나 고통스러워하였는지를 잘 보여 준 것이다. 한편 13장에서의 쥬디스도 중요한 사람(부모)과의 관계연결이 절대로 필요하다는 것을 저자는 지적하고 있다.

여기에서 제리가 실제로 『이보다 더 좋을 수 없다』라는 영화의 작가는 아니라는 것을 독자는 유념하기를 바란다. 3장, 4장의 부부상담에서는 현실치료상담의 특징을 잘 나타내고 있다. 관계를 해치는 7가지 독소적인 행동들 (비판하기, 탓하기, 불평하기, 잔소리하기, 위협하기, 처벌하기, 그리고 매수 또는 회유하기)을 중단하고, 과거에 일어났던 일을 따지거나 분석하지 말고, 오직 관계를 좋게 하는 계획만을 실천에 옮기도록 했다. 7장은 특히 Quality World 안에 있는 "자기 자신의 사진"이 현실에서 실현불가능할 때, 차라리 살기를 포기하기까지 하는 조지의 사례이다.

알콜중독자, 학교를 지겨워하는 아이, 우울하기를 선택하는 사람 등과 같이 다양한 상황에서 괴로워하던 사람들에게 도움을 준 상담사례들은 독자들이 상담전문가가 아니더라도, 누구든지 유능한 의논 상대가 되어 줄 수 있다는 믿음을 가지게 해 줄 것이다.

  나는 특히 이것을 옮기는 과정에 기쁜 마음으로 도움을 준 계수정, 박광석, 박정숙, 박정희, 우성임, 이미혜, 정진선, 홍미혜, 황미구, 황진숙, 최정희(편집), 손정수(삼보인쇄) 여러분들의 동지애적인 도움에 고마운 마음을 전하고 싶다. 새천년맞이로 흥분했던 날이 엊그제 같은 늦가을 낙엽은 벌써 이 해도 마무리할 때가 되었다고 재촉하듯 고별인사를 한다.

  돌이켜보건대, 대체로 2000년은 좋은 나날을 묶어 낸 아주 좋은 한 해가 되어 간다. 참 좋았다. 모두 처음 살아본 나날들이었고 2000년도 처음 살아본 한 해였기에 매우 보람되었다.

2000년 10월에

김 인 자

감사의 글

이 책은 말할 것도 없이 내 아내 카린과의 공동작품이다. 아내는 정리된 원고를 고치고, 논평하고, 제안하며, 편집하면서, 정확도를 기하기 위해 교정판을 읽어 주었다. 그녀의 공헌은 값으로 따질 수 없는 것이다. 나는 그녀의 이런 도움을 당연하게 여기며 이는 우리가 모든 것을 함께하기 때문이다. 이 책이 지금까지 나온 내 책들과 다른 점이 있다면 알버트 엘리스로부터 받은 지지와 도움이 포함되었다는 것이다. 1999년 5월, 우리는 보스턴에서 열리는 내부통제 심리학 회의에서 함께 발표하도록 초대받았다. 엘리스는 회의 전에 현실치료상담으로 발전시킨 나의 '선택이론'을 시간을 내서 읽어 보았다. 책 내용 전부에 동의하지 않았지만, 그는 그래도 꽤 많은 부분에 대해 긍정적이었으며 내 책을 토대로 상당히 긴 논문을 써서 그 회의에서 발표했다. 이틀 동안의 회의는 우리가 함께 지내면서 서로를 잘 알게 되는 계기가 되었다. 그 회의에서 나는 그에게 이미 출판사에 가 있는 내 책에 대해 얘기하면서 읽고 추천광고를 써줄 수 있는지를 물어보았다. 그랬더니 그는 그 책을 읽었을 뿐 아니라 시간을 들여서 한 쪽 한 쪽 그의 의견을 테이프에 담아 보내 주기까지 하였다. 나는 엘리스에게 감사하며, 그가 상세하게 담아 보내 준 제안을 모두 이 책에 포함시켰다. 또한 책 뒤표지의 추천 광고글을 써준 것에도 깊은 감사를 드린다. 다음에 뉴욕에 가게 될 때 나는 알버트 엘리스 연구소를 방문할 것이며, 발표를 해달라는 그의 초대도 있을 것이라 기대해 본다.

사실상 수백 명의 사람들이 윌리암 글라써 연구소 사업에 깊이 연관되어 있다. 그들은 전 세계에서 좋은 학교, 현실치료상담, 선택이론에 대한 아이디어들을 가르치고 확산시키고 있다. 이러한 이념들이 1960년대 초 시작한 이래 이토록 빨리 멀리 퍼질 수 있었던 것은 그들의 공이 크게 작용한 때문이다. 마지막으로, 미국 씬씨내티 시의 재비어 대학교의 상담교수인 로버트 E. 우볼딩 박사의 기념비적인 업적에 감사드린다. 그는 최근, 벌써 출간되었어야 할 현실치료상담에 관한 학문적인 책을 완성했다. 『21세기를 위한 현실치료상담』이라 불리는 이 책에는 현실치료상담의 역사와 연구, 그리고 다양한 적용사례들을 포함하고 있어 상담분야를 공부하는 학생들에게 매우 중요한 자료가 될 것으로 믿는다[1].

---

1 Robert E. Wubbolding, Reality Therapy for the 21st Century : (Philadelphia: Taylor and Francis, 2000).

추천의 글

윌리암 글라써 박사님, 감사합니다.

　정신의학이 우리의 몸과 마음의 세계에 오래도록 드리웠던 어둠에 빛을 던져 주신 윌리암 글라써 박사에게 감사를 드립니다. 이 책은 개인적인 책임지기와 지각 있는 선택하기를 기초로 하여, 만족스러운 인간관계를 이루는 밝은 육지로 사람들을 이끌어 줄 등대입니다. 인간적인 고통이 생물학적 또는 유전적 요인으로 생긴 것이며 그 고통이 약물치료나 전기충격요법으로 고쳐질 수 있다는 믿음만큼 현대사회에서 개인의 삶의 질을 훼손시킨 것은 없다고 봅니다. 현대 정신의학은 인간갈등과 정서적 고통에 대해, 그것이 나쁜 유전자와 뇌의 균형 잃은 화학적 반응 때문이라고 단순화시켜 버림으로써 가장 치욕스러운 설명을 만들어 냈습니다.
　만약 내가 어떤 사람의 일생을 망치고 싶다면 나는 그 사람에게 생물학적 정신의학이 옳다고, 즉 인간관계들은 아무 의미가 없으며, 선택은 불가능하다고 그리고 파괴된 뇌기능이 우리의 행위와 감정을 지배하는 것이라고 설득하겠습니다.
　또 만약 내가 한 개인의 공감적이고 애정 어린 인간관계들을 창조해 내는 능력을 해치고 싶다면, 나는 심리학적이고 영적 기능을 모조리 무디게 하는 정신병 치료제들을 처방해 줄 것입니다. 만약 우리가 좋은 삶이란 사랑하는 인간관계들로 이루어진다는 것을 깨닫지 못한다면 인생은 아무런 의미가 없습니다. 또 우리가 건전한 원칙들을 토대로 하여 의식적인 결정을 내리면서 살아야 하는 방법을 모른다면, 우리의 삶은 아무 희망이 없는 것입니다. 다른 사람들을 지배하기보다는 우리들 자신을 책임지는 것이 이 원칙들 중의 하나이며 남을 트집 잡고 비판하기보다는 손을 내미는 것이 또 다른 원칙입니다.

  윌리암 글라써 박사가 정말로 명쾌하게 설명하고 있는 것은 우리의 행복과 성취감이 좋은 인간관계에 의해 좌우된다는 것, 또 우리의 선택이 어떤 인간관계들을 가지고 있는지 또는 가지게 될지를 결정하며, 다른 사람들을 통제하는 것은 우리가 원하는 것을 얻는 방법이 아니라는 점입니다. 그는 이러한 진실들을 이 책에서 상상력이 풍부한 극작가와 같이 드라마틱하게 설명하고 있습니다. 글라써 박사가 직접적으로 얘기하고 있지는 않지만 그의 이야기들은 인간에 대한 보살핌과 공감을 나누는 좋은 인간관계야말로 모든 종류의 치료에서 전제로 하는 핵심이라는 것을 확증해 줍니다.

  우리들의 유아기는 우리에게 도움이 되었던 혹은 그렇지 못했던 여러 관계에 의해 결정될 수밖에 없었습니다. 우리는 부모나 우리를 돌보아 주는 사람들을 선택하지는 않았지만, 몇 년 안에 그들에게 어떻게 대해야 할지에 대해서 선택하기 시작합니다. 그리고 성인이 된 우리의 인간관계에 대한 선택은 우리가 어떤 사람인지 어떤 사람이 될지를 결정합니다. 글라써 박사는 이러한 개념들(인간관계, 책임감, 그리고 선택들)을 강력하고 독특한 방식으로 함께 엮었습니다.

  이 독특하고 특징적인 글라써 박사의 접근법은 치료자들이 자기들만의 견해와 방법들을 찾게끔 용기를 주며, 내담자들에게는 그들의 욕구를 충족시켜 줄 치료자들을 찾는 데에 영감을 줄 것입니다. 하지만 글라써 박사는 타고난 개성을 구체적으로 표현하는 것보다는 훨씬 더 넓은 의미로 보다 보편적인 것에 대해 이야기하고 있습니다. 그의 현실치료상담은 인간 경험의 중심 혹은 핵심이랄 수 있는 선택하기에 초점이 맞춰져 있습니다. 글라써 박사는 각 내담자들이 의식적으로 자율적인 또는 자발적인 자기만의 결정을 만드는 능력 키우기를 장려해 줍니다.

글라써 박사도 내담자와 함께 이 책에 생생하게 등장합니다. 1장에서 우리는 그가 영화 『이보다 더 좋을 수는 없다(As good as it gets)』에서 잭 니콜슨이 연기한 강박신경증 환자인 멜빈 유달의 성격을 연상시키는 사람에게 현실치료상담을 적용한 것을 보게 됩니다. 그는 현실적인 결말과 참되게 새로이 시작하는 결과를 얻는 그런 상담을 받았습니다. 만약 당신이 이 책은 샀지만, 영화 『이보다 더 좋을 수는 없다(As good as it gets)』를 아직 안 봤다면 비디오를 사든지 빌리든지 해서 먼저 보시기 바랍니다. 그런 다음 1장부터 시작해서 심리학의 세계(당신 자신과 인간 본질)에 즐겁고도 눈이 뜨이는 즐거운 여행을 시작해보기 바랍니다. 교사를 증오하고 있는 어린 학생의 사례부터 섹스를 즐기는 십대 소녀, 성전환 수술을 원하는 남자에 이르기까지 모든 인간관계에 있어서 평범하거나 특이하거나 간에 양쪽 모두에 대한 글라써 박사의 접근은 여러분을 즐겁게 그리고 깨우칠 수 있도록 해 줄 것입니다.

글라써 박사의 현실치료상담은 피할 수 없는 진실들을 토대로 한 것입니다. 의미 있는 관계들이란 좋은 삶의 핵심이 되며, 우리의 선택들이 관계들의 질을 결정하고, 오로지 다른 사람들을 통제하지 않으면서 우리 자신을 책임질 때라야만 우리가 비로소 삶의 질을 높이는 것을 창조해 낼 수 있다는 것입니다. 글라써 박사의 생기발랄한 얘기들과 대화들은 질 높은 삶을 창조하려면 어떻게 해야 하는지 생생하게 보여 주고 있습니다.

소장 의학박사 피터 브래긴
정신의학 및 심리학 국제연구센터

본문에 앞서

　1965년 판 현실치료상담 속편에 이어 이 책에서 가장 발전된 형태의 현실치료상담으로 여러 유형의 내담자들과 내가 상담하는 현장에 여러분들도 적극 참여하기를 바란다. 내가 여기 제시한 것은 상담의 일부분들이지 상담내용 그대로를 옮긴 사본은 아니다. 여기서 나는, 내담자들이 더 나은 선택을 할 수 있도록 설득하기 위하여 내가 어떤 방법으로 개입했는지에 초점을 맞추었다. 나는 35년 전 현실치료상담을 개발한 이래 계속 발전시켜 온, 효과가 입증된 다양한 기법들을 여기에 적었다. 또한 상담이 진행됨에 따라 내 안에 어떤 것들이 오갔는지 숨기지 않고 적었다. 나는 1998년 판 『행복의 심리, 선택이론』을 토대로, 본질적으로 우리는 ―보통 우리가 정신질환이라 부르는 것까지도 포함한― 모든 행동을 선택한다고 주장하는 바이다. 사실 내게 오는 모든 내담자에게 이 선택의 개념이 어떻게 적용되는지 내가 설명해 왔지만, 이 개념은 아직은 급진적인 생각이다. 그렇지만 그것이 전적으로 새로운 생각인 것만은 아니다. 나는 현실치료상담에서, 그 당시에 정신질환으로 이해하고 있었던 것들을 정신질환으로 보지 않는다고 한 토마스 짜쯔(Thomas Szasz)의 생각에 동의했다. 1965년까지 정신질환에 관련된 이론은 풀리지 않는 무의식적인 갈등에 대한 프로이드(Freud)의 설명을 기초로 한 것들이다. 현실치료상담에서 나는 그 믿음과는 상반되게도 내담자들은 병들지 않았다고 주장했다. 그들은 자신들의 행동에 대해 책임을 져야 하며 정신적으로 병들어 있다고 단정 지어서는 안 된다.

　사실, 1965년 전에도 프로이드의 학설에서 벗어난 요법들이 있었다. 그

한 예로, 알버트 엘리스(Albert Ellis)에 의해 창조된 합리적·정서적 치료[2]는 지금도 많이 실습되고 있다. 현실치료상담 이후로 여기에 나열하기는 너무 많은 다른 반프로이드 치료들이 인정을 받았다. 아직도 인정받아야 할 것은 사람들에게 정신질환이 있다고 단정해 버리는 것이 잘못된 것이라는 나의 변함없는 믿음이다.

내가 현실치료상담을 쓴 1965년 이래로, 프로이드의 정설은 생화학적 원인에 기초를 둔 정신질환의 새로운 이론에 의해 대체되었지만 정신질환의 개념은 고스란히 남아있었다. 현대의 정신건강 전문가들은 설명하길 정신질환이란 뇌의 화학적 불균형에 의해 일어난다고 한다. 새로운 기질적 정신치료가(Organic Psychiatrist)들은 약물이 뇌의 불균형을 수정할 수 있는 최선의 방법이라고 주장한다.

내가 아직도 믿고 있으면서 이 책에서 자세히 설명한 것은 정신질환의 기질적인 원인이란 것이 프로이드의 주장보다 더 정확할 것도 없다는 것이다. 소위 정신질환이라 불리는 것은 원인에 관계없이 사랑이나 힘과 같은 기본적인 욕구를 각자가 원하는 만큼 만족시키지 못할 때 선택하는 수백 가지 행동 중의 한 방법이다.

예전에는 정신과 의사들이 심리치료를 할 수 있도록 훈련을 받았지만, 요즘 의사들은 대개들 약을 처방해 버린다. 어떤 의미로는 현 정신의학적 개념에서는 환자들이 사는 삶을 선택하는 방법이 그들의 증상과는 별 관계가 없다고 생각을 한다. 선택이론에서(4장 참고) 나는, 내가 현실치료상담 초판을 썼을 때 무의식적 갈등개념에 대해 반박했던 것처럼 생화학적 원인에 대해서도 강하게 반박했다. 이 책에서 나는 내담자들이 더 나은 혹

---

2 현재는 합리적·정서적·행동치료(Rational Emotional Behavior Therapy : R·E·B·T)라고 한다.

은 욕구충족이 더 많이 되는 선택을 하기 시작했을 때 증상들이 사라지는 것을 증명해 보였다. 뇌의 정밀조사 연구에서는 뇌의 화학작용이 더 효과적인 선택에 반응해서 바뀐다는 것을 보여 주고 있다.

정신과 의사인 피터 브레긴(Peter Breggin)은 그의 1991년도 판 『중독 정신의학』이란 책에서 그의 주장을 지지하기 위한 연구를 다음과 같이 설명했다. 즉, 정신분열증, 우울증, 조울증(양극성장애), 공포장애, 지나친 강박장애, 그리고 주의력 결핍장애 같은 '정신병'이라는 것들이 유전적이거나 더욱이 신체적인 근거에서 시작되었다고 증명된 적이 없다는 것이다. 그의 책표지에서 한 마디 빌리자면, 브레긴 박사는 새로운 정신의학에서 사용하는 약물, 전기충격, 그리고 생리화학이론들은 심리치료, 공감하기, 그리고 사랑으로 대체되어야 한다고 한다. 브레긴 박사가 나와는 다른 방법으로 심리치료를 하고 있지만, 우리는 둘 다 내담자들의 진단이 어떻게 나왔든지 간에 심리치료를 통해 내담자들이 그들의 삶을 더 효과적으로 살아갈 수 있게끔 도움을 받을 수 있다는 생각을 강력하게 지지하고 있는 사람들이다.

뇌에 관한 약물처방이 어떤 경우에는 유용하지만, 오늘날 대체로 남용되고 있다는 브레긴 박사의 염려에 대해서 나 역시 생각을 같이 한다. 브레긴 박사의 생각을 더 깊이 설명한 최근 쓴 책도 좋지만, 나는 여러분에게 브레긴 박사의 1991년도 판 책을 읽어 보길 권한다.

나는 이 책에 나오는 모든 상담사례에서, 문제의 원인이라고 믿는, 만족스럽지 못한 현재의 인간관계에 즉각 초점을 맞춰 보았다. 나는 이 불만족스러운 인간관계들을 표현하는 방법으로 '단절된(disconnected)'이라는 용어를 자주 쓴다. 나는 이 '단절됨'이 일반적으로 정신질환, 범죄, 그리고 중독이라고 부르는 고통스럽고 파괴적인 행동들을 선택한 사람, 즉 상담을 필요로 하는 사람들뿐만 아니라 우리들 모두도 그것들을 선택할 수밖에 없도록 몰고 간다는 것을 주장한다.

나는 '우리가 본질적으로' 우리가 행하는 모든 것을 선택한다는 주장이 현대의 생각들로부터 크게 이탈되는 것으로 알고 있다. 하지만 나는 이 책에서 내게 오는 모든 내담자들을 상담하는 방법으로 이 주장을 증명해 보인다. 그뿐만 아니라 나는 어떤 방법으로 치료하는 병원에서든지 참가자들 앞에서 실제의 내담자들을 치료해 보여 줌으로써 언제나 내 생각의 타당성을 증명해 보일 준비가 되어 있다. 내가 이렇게 말하는 이유는 내 방법을 실증해 보았고 또 그것을 다시 해볼 용의가 충분히 있기 때문이다. 이 책에서 독자는 내가 상담을 진행해 감에 따라 독자도 그 자리에 함께 있는 것을 느낄 것이다. 나는 독자가 치료전문가의 입장에서든, 내담자의 입장에서든 내 상담의 효과성을 평가해 주기 바란다. 나는 치료 전문가들에게 만약 당신이 똑같은 내담자를 상담한다면 같은 방법으로나 더 효과적인 방법으로 무엇을 해볼지 생각하기를 바란다. 그리고 상담을 받아 본 사람들에겐 당신이 상담에서 겪었던 것과 내가 한 것을 비교해 보기 바란다.

여러분이 설명에서 뚜렷하게 볼 수 있듯이 선택이론은 항상 내 머릿속을 떠나지 않는다. 나는 누구든지, 정규훈련을 받은 치료전문가일지라도 선택이론의 내용을 완벽하게 익히지 않는다면 현실치료상담을 적용할 수 없다고 믿는다. 만약 당신이 선택이론을 읽기로 결정했다면 많은 독자들이 나에게 한 말을 염두에 두기 바란다. 그 책은 이해하기는 쉽지만 믿을 수 없이 복잡하다. 마치 양파의 껍질과도 같아 여러 층으로 이루어져서 매번 읽을 때마다 더 깊게 이해를 하게 될 것이다.

선택이론은 이 세상에서 이웃과 지내는 데 어려움을 겪는 99%의 사람들이 내가 외부통제이론이라 부르는 케케묵은 상식을 사용하고 있기 때문에 그렇다는 것을 명료하게 보여 준다. 통제하고, 벌주고, 너에게 무엇이 좋은지 내가 안다고 말하는 심리학은 불만족스러운 인간관계의 근원이며 많은 사람들의 삶을 좌우한다. 어떤 인간관계든지 간에 외부통제 이론을 사용하면 할수록 그 인간관계는 점점 더 망가지며 결국은 파괴되고 만다. 나는 이 외부통제이론이 인간에게 있어서 재앙이라고 믿는다. 이것은 치료자에게 자발적으로 왔거나 의뢰되었거나 하는 모든 이들이 외부통제 심리학을 스스로 사용했거나 다른 사람들이 그들에게 이를 사용했기 때문에 고통받고 있다는 뜻이다. 그들이 새로운 심리학을 배우든지, 또는 선택이론에 버금가는 것을 배우지 않는다면 치료가 성공할 가능성은 적다. 매 장마다 여러분은 최근의 현실치료상담 접근을 보게 될 것이다. 내가 현재 내담자들에게 가르치려고 하는 것은 1965년에는 아직 개발되지 않았던 방법으로서, 외부통제심리학을 스스로 포기하고 선택이론으로 대체하든가 그렇게 할 수 없으면 다른 사람이 외부통제 심리학을 당신에게 사용하는 것에 방어하기 위해서 선택이론의 사용을 배우라는 것이다. 나는 대개 이 가르침을 상담 중에 포함시키는데 나의 내담자들은 내가 뭘 하고 있는지 실감을 못할지도 모른다. 하지만 내가 만약 정식으로 설명하는 것이 도움이 되리라 믿으면 그렇게 한다. 이 책에서 나는 상담해 가면서 독자들이 잘 따라갈 수 있도록 선택이론에 대해 충분한 소개는 했지만 여기서 선택이론을 다시 쓰려는 시도는 하지 않았다. 만약 당신이 이 책의 진수를 얻고 싶다면 이 두 권의 책 『A New Psychology of Personal Freedom』(1998)과 『선택이론의 언어 : The Language of Choice Theory』(1999)을 모두 읽을 것을 권한다.

목차

한국 독자들에게 드리는 윌리엄 글라써의 추천의 글   5
옮긴이의 글   6
감사의 글   9
추천의 글   11
본문에 앞서   14

제 1 장 강박신경증이라고 믿는 제리의 사례 I   20
제 2 장 현실치료상담의 실제는 선택이론을 기저로 한다   51
제 3 장 남편을 믿지 못하는 루시   57
제 4 장 또 다른 부부상담을 원하는 비아와 짐   72
제 5 장 학교를 지겨워하는 제프   98
제 6 장 공황발작으로 괴로워하는 첼시   109
제 7 장 자살을 기도하는 조지 I   130
제 8 장 강박증에서 벗어나는 제리 II   154
제 9 장 불행한 결혼생활을 유지하려 하는 모린   169
제10장 환청을 듣는 레베카   180
제11장 우울해하기를 선택한 테레사   207
제12장 성전환을 원하는 남편과 아내 II   223
제13장 성행위에 탐닉하는 주디스   241
제14장 알코올이 문제가 아니라고 주장하는 로저   262
제15장 어린 아들을 다루지 못하는 밥과 수   288
제16장 알코올 중독자인 로저와 부인 티아   304
제17장 낭만과 사랑을 연결시키려는 제리와 캐롤 III   327
제18장 마무리의 말   344

제1장
강박신경증이라고 믿는 제리의 사례 1

인간관계에서 무엇을 하기로 선택하든
그것은 다른 사람이 아닌,
당신의 선택이라는 것이 현실치료상담의 핵심이다.

『이보다 더 좋을 수는 없다(As good as it gets)』라는 영화에서 잭 니콜슨이 열연한 주인공 멜빈 유달은 정신의학 책에서 말하는 대로 본다면 소위 자신을 통제하지 못하는 전형적인 강박신경증 환자이다. 그러나 선택이론의 관점으로 본다면 나는 그가 정신병으로 고통받고 있거나 혹은 자신의 행동을 통제할 수 없는 사람이라고 믿어지지 않는다. 영화의 첫 부분부터 분명히 알 수 있는 것은 그가 만족할 만한 친밀한 인간관계를 가지지 못하고 있기 때문에 이에 대처하기 위하여 강박적이기와 충동적이기를 선택한 것이다. 어떻게 해서든지 보람 있는 삶을 살기 위해 우리 모두와 같이 멜빈도 만족스러운 하나의 관계가 필요했던 것이다.

관계 맺기에 대한 욕구 역시 생존에 대한 욕구와 마찬가지로 우리들의 유전자 안에 자리하고 있기 때문에 우리 모두는 다른 사람들과 관계를 맺으려고 노력하다가 실패하면 멜빈처럼 고통스러워하게 된다. 선택과 관련된 대부분의 고통이나 보통 정신병이라고 불리는 비정상적인 행동들은 유전적인 경고를 뜻한다. 즉 "우리들의 유전자가 요구하는 만족스러운 관계를 맺고 있지 못하고 있다"는 것이다.

정신적으로나 육체적으로 어떤 고통을 느끼게 될 때 우리들의 뇌는 아무런 대책 없이 우리를 가만히 있게 내버려 두지 않는다. 우리들은 고통을 줄이기 위해 무엇인가를 해야만 한다. 소위 정신병이라고 하는 것은, 멜빈과 비슷한 수많은 이들이 고독이나 타인과의 관계단절로 인한 고통에 대처하기 위해서 선택한 방법들이다. 멜빈의 경우, 적어도 백여 년이 넘도록 대부분 정신병이라고 잘못 분류되어 왔던 강박적이고 충동적인 행동을 선택한 것이다.

하지만 강박적이기와 충동적이기(혹은 우리가 선택하는 어떤 다른 증상)가 우리들에게 도움이 되는 재연결(reconnect)로서는 부적절할지라도, 그러한 행동들은 항상 그 당시에는 우리들의 유전적인 구조 안에 자리하고 있는 다섯 가지 기본욕구 중에서 하나 혹은 그 이상의 욕구를 만족시키기 위한 최선의 선택인 것이다. 그 다섯 가지 기본욕구란, 생존, 사랑과 소속, 힘이나 성취, 자유, 즐거움의 욕구들을 말한다.

우리는 어떤 특정행동을 선택하는 그 순간에는 다른 선택을 덜 효과적이라고 믿는다. 즉, 우리가 선택한 것은 그 순간에는 최선의 선택인 것이다. 우리는 가끔 어떤 것을 하지 말아야 한다고 말하면서도 그것을 행동으로 옮겨 버리는 경우가 있다. 그때 우리는 자신의 선택의 효과성을 의심하고 있는 것이다. 그러나 그 의심하기는 우리가 선택하고 행동으로 옮기는 것을 멈추게 하기에는 충분하지 않았다고 할 수 있다.

선택이론은 유전적인 욕구나 좌절과 관련된 고통, 그리고 그 좌절에 대처하기 위한 선택의 전체적인 메커니즘을 설명해 준다. 이 책에서는 현실치료상담 이론의 실제적인 적용에 초점을 맞추어 다룰 것이다. 내가 1962년에 처음으로 이 이론을 창안한 이후로 나는 이 상담기법을 가르쳐 왔고 계속해서 발전시켜 왔다. 1965년에 나는 『현실치료상담(Reality Therapy)』이라는 책을 썼고, 지금은 현실치료상담을 하나의 상담기법으로 전 세계에서 가르치게 되었다.

　1965년 책에는 이론적 기초가 없었지만 이 책에서는 선택이론을 이론적 기초로 하여 설명하였다. 이것은 초창기 것에 비해 최근까지 발전시킨 주요한 부분들을 포함하고 있다는 점에서 다르다. 나는 이 책 전체에서 상담, 치료, 심리치료란 용어를 섞어서 다양하게 사용했는데, 이는 같은 활동을 묘사하는 서로 다른 표현이라고 믿기 때문이다.

　위에서 말한 대로 멜빈은 단절된 생활에 따르는 고통에 대처하기 위해 강박적이고 충동적인 행동들을 선택한다. 그것은 다양한 인간관계에서 그가 좌절을 느낄 때마다 곧바로 선택하는 분노를 억제하기 위한 시도이다. 물론 가끔은 실패하지만 말이다.

　영화의 시작 부분에서 그는 자신과 타인 모두에게 미치는 자신의 분노와 그 위험성에 대하여 제대로 의식하지 못하는 것 같았다. 그러나 그는 인기 있는 낭만소설을 쓰는 작가의 역할을 한 사람이니까 그도 우리들처럼 사랑과 소속을 필요로 한다는 것을 자신도 물론 알고 있었을 것이다.

　그의 증상은 그가 선택한 강박적인 사람의 전형적인 모습이다. 멜빈은 너무나 병균을 두려워해서 손을 씻을 때마다 매번 새 비누를 사용하고 하루에도 몇 번씩 손을 씻는다. 그는 또한 아파트 현관문이 단단히 잠겼는지를 확인하기 위해 매번 네 개의 자물쇠를 열었다 잠갔다 하는 강박적인 절차를 반복하는 행동을 보인다. 그러나 그의 가장 두드러진 증상은 거리의 보도블록의 틈새를 밟지 않으려고 엄청난 노력을 한다는 것이다. 뉴욕과 같은 도시에서 보도블록의 틈새를 밟지 않으면서 길을 걷는다는 것은 아예 그 일만 전담하는 직업이 생겨야 할 정도로 불가능한 일이다. 또 영화에서 그는 그를 좌절시키는 사람에게는 누구든지 간에 욕설을 마구 퍼붓는 심통 사나운 사람이다.

영화에서 그는 나름대로 카렌과 관계를 맺으려고 노력하는 모습을 보여준다. 헬렌 헌트가 분한 카렌은 천식환자인 일곱 살 된 아들을 키우며 사는 외로운 여자이다. 겉으로는 강한 태도를 유지하지만, 사회적으로나 성적으로나 자기의 삶이 점점 악화되어 가고 있다는 것을 알고 있는 것이 분명하다. 카렌은 그들의 관계가 깊어지기 전부터 이미 멜빈에 대해서 많은 것을 알고 있었다. 그녀는 멜빈의 아파트 근처에 있는 레스토랑에서 그의 테이블을 담당하는 웨이트레스로 일하고 있었다. 그는 그곳에서 매일 식사를 하는데, 좌절감을 느끼게 되면 거의 항상 미움받게 되는 괴팍한 짓을 한다. 예를 들어 멜빈은 소독한 플라스틱 식기류를 가지고 온다. 그는 레스토랑에서 제공하는 나이프, 포크, 스푼을 사용하지 않는다. 그리고 만일 그가 앉고 싶은 좌석에 다른 사람이 앉아 있으면 그들에게 무례하게 군다. 그렇게 하고도 그는 자신이 초래한 끔찍한 상황에 대해 전혀 신경을 쓰지 않는다.

얼마 안 가서 멜빈과 카렌은 사랑에 빠진다. 영화는 멜빈과 카렌이 서로 포옹하면서 행복하게 끝난다. 그는 그녀와 함께 정상적인 생활을 하는 좋은 기회를 가질 수 있다는 것을 암시할 정도로 강박적이며 충동적인 행동 선택이 줄어들었다. 소설에서는 또 사랑이 승리했다. 그러나 나를 오해하지는 말았으면 한다. 나도 해피엔딩을 좋아하고, 나 역시 영화가 다른 식으로 끝나기를 원치 않는다. 그러나 나는 영화관을 나오면서 아내에게 "내 추측으로는 아마 일주일도 안 가서 저 둘의 관계에 문제가 생길 거야"라고 말했다. 내 생각에 가장 바람직한 것은 멜빈이 좋은 심리치료를 받는 것이다. 다른 사람들도 중요하다는 것을 가르쳐 줄 수 있는 유능한 상담자와 그가 좋은 관계를 맺지 못한다면 그 해피엔딩은 일시적인 것이 될 것이다.

그런데 영화 속에서는 내가 말한 것과 같은 필요한 관계를 멜빈이 정신과 의사와 전혀 갖지 못했음이 분명하다.

이 영화를 보기 약 6주 전, 나는 새로운 내담자인 제리로부터 전화를 받았다. 내가 제리와의 작업을 자세히 설명하면, 독자는 내가 왜 멜빈에게 그렇게 관심을 갖게 되었는지를 알게 될 것이다. 만약 당신이 영화를 아직 보지 못했다면, DVD를 빌려서 보라. 그러면 제리의 입장을 당신이 알게 될 것이다. 즉 멜빈이 제리와 같은 형태의 삶을 살고 있다는 것이다.

제리는 목요일 아침에 상담 약속을 원했다. 나는 하루 종일 상담 약속이 잡혀 있었으나, 제리가 전화로 강력하게 요청을 했기 때문에 그 날 마지막 상담이 끝나는 6시경에 그를 오라고 했다. 나는 그에게 문제가 무엇인지에 대해서나 다른 사항에 대해서 묻지 않았다. 왜냐하면 나는 상담 장면에서 직접 내가 알고 싶은 것을 알아내는 것을 더 좋아하기 때문이다. 제리와의 약속 이후에 다른 약속이 없었으므로 필요하다면 1시간 이상을 만날 수 있다고 그에게 말해 주었다.

나는 그의 목소리에서 그가 불행한 중년 남성임을 짐작했다. 그를 만나기 전이지만 이때에 나는 선택이론을 통한 판단으로 그에 대한 많은 것을 짐작할 수 있었다. 그의 문제는 바로 '좌절된 관계' 때문임을 알 수 있었다. 그러나 제리나 멜빈 같은 사람들은 그들이 불평하는 행동이 선택한 것이며, 대부분의 경우 그런 행동이 그들이 맺고 있는 관계에 해롭다는 것을 모른다. 또한 알고 싶어 하지도 않는다. 그 대신에 그들은 그들의 불행을 다른 사람들 탓으로 돌리거나 통제가 안 되는 정신병 탓으로 돌린다. 대부분은 둘 다를 한다.

느끼고 행동하는 것에 대하여 스스로가 책임져야 한다는 것을 그들은 전혀 의식하지 못한다.

내담자에게 이해시켜야 하는 메시지의 내용은, 좋은 관계 맺기는 다른 사람들이 아닌 당신이 무엇을 하기로 선택하느냐에 달려 있다는 것이며 이는 현실치료상담의 핵심이다. 나는 절박한 그의 호소에서, 제리가 선택하고 있는 증상이 그가 원하는 만족스러운 관계를 맺는 능력의 발휘를 방해하고 있다고 분명히 짐작할 수 있었다.

그리고 그가 가능한 빨리 나를 만나기를 원하는 것으로 보아 그는 우울해하고 있지는 않은 것 같았다. 우울을 선택한 사람들은 제리처럼 요청하는 일이 드물다. 우울해하기를 선택하면 행동하기가 힘들기 때문이다. 어쨌든 제리는 상황을 극복하고자 하고 무력해지지는 않는 것 같으나, 큰 고통 속에서 시달리고 있는 것 같았다. 나는 그 당시에는 '강박적이기'와 '충동적이기'에 대해서는 생각하지 않았지만 그런 상황을 아주 배제하지는 않았었다. 나는 또한 첫 상담이 끝난 후면 그의 고통의 원인이 되는 불만스런 관계를 알아 낼 수 있을 거라는 것을 알고 있었다. 대부분 상담의 초기에 이런 것들을 알아내는 데 실패한 적이 거의 없다고 나는 기억한다.

내가 그를 도울 수 있는 유일한 방법은 만약 그가 누군가와 친해지기를 원한다면 다시 관계를 맺을 수 있도록, 혹은 원하는 사람이 없다면 새로운 다른 사람과 관계 맺는 것을 가르쳐 주는 것이다. 내가 상담하는 방법은 그가 나와 좋은 관계를 맺도록 돕는 것이다. 그가 나와의 관계 맺기를 잘 배우면 그의 생활에서 다른 사람과 관계개선을 더 잘하는 데 그 경험을 활용할 수 있게 될 것이기 때문이다. 그가 선택하는 증상 '강박적이기와 충동적이기'에 내가 초점을 맞출수록 그는 점점 더 그 증상에 매달리면서, 내가 마치 그것들을 사라지게 하는 마술봉을 가지고 있는 것처럼 그에게서 그 증상들을 사라지지 못하게 한다고 나를 비난할 것이다. 실제로 내가 하는 것은 그에게 선택이 있다는 것을 알게 하고, 그가 이 지식을 관계를 다시 맺게 하는 선택에 사용하도록 인도하는 것뿐이다. 만약 그가 내가 인도하는 대로 한다면 증상은 사라질 것이다. 그러나 제리나 멜빈 같은 사람들에게 그 '만약'이라는 것은 엄청난 것이다.

글은 1차원의 공간만 차지하기 때문에 여기에서는 우리의 목소리의 크기나 톤과 얼굴 표정 그리고 대화 속도를 보여 줄 수 없다. 따라서 글에서는 지나치게 직면적이거나 혹은 수동적이게 보일 수도 있겠지만 실제에서는 좋은 상담들이었다. 내가 앞으로 필요한 부분을 설명하는 것들이 이런 문제의 가능성을 줄이는 데 도움이 될 것으로 믿는다.

내가 미리 예약한 내담자와 막 상담을 시작했을 때, 대기실의 차임벨 소리를 들었다. 나는 새로운 내담자일 거라고 여겼고 그가 절실히 나를 만나기를 원하고 있다고 짐작했다. 나와 상담을 막 시작한 내담자가 "누구인지 나가 보셔야 하지 않겠어요? 다음 내담자가 너무 빨리 온 것 같아요. 아마도 뭔가 위급한 일이 있는 것인가 봐요"라고 말했다.

내 사무실의 구조는 대기실과 상담실 사이에 작은 방이 있고 이 방은 상담실로 통하게 되어 있다. 그리고 이 작은 방은 사람들이 곧바로 밖으로 나갈 수 있게 되어 있다. 이곳을 드나드는 내담자들의 프라이버시를 지키기 위해서이다.

나는 대기실로 나갈 때 내 상담실 문을 닫고 대기실 문을 열었다. 만나기로 한 내담자가 거기에 있었다. 그는 약 55세 정도 된 중년 남자로 안경을 끼고 있었으며, 머리숱은 적었고 값비싼 옷을 입고 있었다. 내가 문을 열자 그가 일어섰는데 키는 6.5피트 정도였고 체중은 2백 파운드쯤 되어 보였다. 악수를 하기 위해 나는 손을 내밀었다. 처음에 그는 망설이다가 마지못해 억지로 악수를 했다. 소개가 끝난 후 그는 빨리 온 것에 대해 사과했다. 그는 내가 차임벨을 듣고 그가 온 것을 알아차린 것에 대해 감사해했다. 나는 어색한 악수에 대해 의아해했으나 그 의구심은 오래가지 않았다. 내가 그를 한 시간 후 내 사무실로 들어오게 했을 때, 무엇이 잘못되었는지 곧 명백해졌다. 그는 곧바로 들어오는 대신에 문에 서서 사무실의 실내를 둘러보았다. 그는 나에게 손을 흔들었다. "괜찮아요, 걱정하지 말아요"라고 말하는 것처럼. 그리고 "선생님. 자리에 가 앉으세요. 나는 몇 분 후에 들어갈게요. 나는 낯선 방에는 금방 들어가지 않아요. 선생님이 저를 알게 되면 아마 이해하게 되실 겁니다"라고 말했다.

나는 의자에 앉아서 그냥 그를 바라보고 있었다. 그는 사무실을 전체적으로 살펴보았는데, 특히 가구, 카펫 그리고 벽에 걸린 그림들을 쳐다보았다. 로스엔젤리스에는 경미한 지진이 많아서 그림들은 종종 삐딱하게 걸려 있곤 한다. 나는 그런 것들을 알아차리지 못했으나, 그는 즉시 네 개의 그림들 앞으로 가서 조심스럽게 그림들을 똑바로 고쳤다. 내 책상 옆에는 편안한 내담자용 의자가 있다. 그러나 그는 작고 무늬가 없는 매우 불편한 의자를 그 옆에 옮겨 놓았다. 의자를 옮기면서 그는 카펫의 선을 피하려고 조심했으나 그의 발이 컸기 때문에 그렇게 쉽지 않았다.

그가 이렇게 하는 동안, 나는 그가 앉기 전에 모든 것들이 정돈이 되어 있어야 한다는 것을 그의 얼굴 표정에서 읽을 수 있었다. 마침내 그가 아무런 무늬가 없는 간소하고 불편한 의자에 앉았을 때 그는 긴장을 풀었고 얼굴에 큰 미소를 지어 보이며 이렇게 표현하는 것 같았다.

'이제야 나는 상황을 좀 더 통제하게 되어서 편안하다'라고. 나는 아무말도 하지 않았다. 내가 만약 그의 강박적인 행동을 의식한다는 것을 그에게 알리면, 그것은 내가 그 행동에 더 많은 중요성을 부여하고 그 행동에 대해 무엇인가 하겠다는 것을 넌지시 약속하는 것이 된다. 제리는 자신이 한 행동에 대해 아무런 언급도 하지 않았고, 나를 바라보는 것으로 상담을 시작했다.

"내가 제리라고 불러도 괜찮겠어요? 나는 이름을 부르는 것이 더 편안해요. 그리고 만약 당신이 원한다면 좀 전처럼 나를 선생님이라고 불러도 돼요. 나는 선생님이라고 불리는 것을 좋아하거든요"라고 말하면서 자연스럽게 나는 말을 건넸다.

"좋아요. 제리라고 부르세요. 모든 사람이 나를 제리라고 불러요"라고 그는 말했다.

"자, 당신은 지금 여기 와있어요. 이제 시작할까요? 당신이 왜 나에게 전화했는지 나에게 얘기해 준다면, 많은 도움이 될 것 같은데요?"

"왜 전화했는지 선생님에게 말하라고요? 이런 맙소사, 선생님, 앞이 잘 보이는 분이세요? 나는 평범한 사람들처럼 방을 가로질러 걸어 갈 수도 없어요. 여기 들어서자마자 나는 선생님의 그림들을 똑바로 고쳐 놓았어요. 어떻게 선생님은 삐딱하게 걸려 있는 그림을 그대로 놓아둘 수 있죠? 그리고 나는 카펫에 있는 선들을 피해야만 했고, 편안해 보이는 보통의자나 무늬가 있는 헝겊으로 싸여 있는 의자에는 못 앉아요. 지금 이 의자가 좋군요."

이런 적개심은 제리가 던진 수많은 도전 중의 첫 번째 것들이었다. 제리는 스스로도 어쩔 수 없는 정신병으로 고통받고 있기 때문에 전형적인 강박행동들을 해야 했고, 이를 자신의 방식으로 나에게 이해시키려 했다. 내가 할 일은 그런 미친 행동들을 없애는 것이다. 그러나 그가 보이는 행동들이 불만스러운 관계나 혹은 지금은 없는 관계에 대처하기 위해 그가 선택한 방법이라는 것을 알기 때문에 나는 우선 처음에는 그의 관계, 특히 나와의 관계에 초점을 맞출 것이다. 그의 행동 양식 때문에 그는 친구를 사귀기 어려웠을 것이다. 때문에 나는 그가 결혼했는지가 의심스러워졌다. "좋아요. 이제 당신은 앉았고, 나는 당신이 한 것을 보았으며 당신이 여러 해 동안 그와 같은 행동을 해왔으리라고 믿어요. 낯선 방에 어떻게 들어왔는지는 제쳐두고라도 무엇이 당신을 오늘 여기에 스스로 오게 했는지가 궁금하군요. 시간은 많아요. 그리고 나는 이야기 듣는 것을 좋아한답니다."라고 말하면서 나는 이어갔다.

그가 나타낸 증상보다 훨씬 더 잘못된 것이 무엇인가를 나는 알고 있었기 때문에 그가 스스로 온 것에 대해 이런 말로 인정을 해 주었다. 이는 내가 내담자에게 말려들지 않기 위해 사용하는 기법이다. 그의 증상들을 인정하는 데 많은 시간을 보내는 것은 소중한 시간을 낭비하는 것이다.

"그러나 지금 보신 나의 행동들은 정말 미친 짓이라는 것을 인정하시겠죠?"
"나는 더 미친 것 같은 행동들을 보아 왔어요. 그러나 나는 여기서 당신이 얼마나 미쳤는지에 대해서 논쟁하고 싶지는 않아요. 최근에 당신이 이겨내지 못한 어떤 일이 있었군요. 그게 무엇이었는지 알고 싶어요."

내가 이 말을 하자 그는 커다란 미소를 지었다. 그는 내 말에 편안해했는데, 자신이 너무 미쳤기 때문에 내가 자기를 도울 수 없다고 생각하지 않는다는 얘기를 했을 때 특히 그러했다. 그 미소는 이 첫 번째 상담에서 가장 중요한 과제인, 그와 내가 관계를 맺기 시작했다는 것을 나에게 암시해 주었다.

"선생님, 맞아요. 어떤 일이 있었어요. 선생님이 여기서 보신 것 외에도 나에 대해 더 많은 것을 아시기를 바라요. 내가 악수를 할 때 주저했던 것을 선생님은 기억하실 거예요. 왜 그러냐 하면 나는 병균이 두려워서 하루 종일 손을 씻어요. 우리 집 현관과 차고에서 들어가는 문에는 세 개의 자물쇠가 달려 있어요. 뒷문은 아예 못을 쳐두었고요. 나는 들어가고 나갈 때마다 적어도 네 번씩은 그 자물쇠들을 풀었다 잠갔다 해요. 단지 점검하는 거지요. 지나치게 조심해서 나쁠 것은 없잖아요. 심지어 내가 집에 있을 때조차도, 대부분 집에 있지만, 나는 하루 종일 자물쇠를 점검해요. 그러나 가장 나쁜 것은 내 걸음걸이에요. 밖에 나가는 경우도 별로 없지만, 나가기만 하면 정말 힘들어요. 자 보세요. 내가 보여 드릴게요."

그는 의자에서 일어나서, 카펫의 선을 피하면서 조심스럽게 사무실 안을 걸었다. 걷는 일은 시간이 꽤 걸렸는데, 그가 한 발자국 뒤로 간 뒤에 두 발자국 앞으로 나가기 때문이었다. 그러는 동안 그는 웃으면서 말했다.

"나는 이런 식으로 걷는 것을 좋아해요. 집에 있을 때 할 일이 아무것도 없으면 한 시간 혹은 두 시간 동안 이렇게 걸어요. 선생님은 내가 혼자 살 거라고 짐작했을 거예요.

완전히 혼자는 아니죠. 당신이 하고 있는 그 미친 짓들과 함께 당신은 살고 있어요. 그 미치광이 짓들이 당신에게 친구가 되어 주고 있는 것이죠. 내가 당신을 만나는 것은 한 떼거리를 만나는 것과도 같아요.

선생님은 내가 하는 모든 짓들을 심각하게 받아들이지 않으시는군요."

"당신에게는 심각한가요?"

"물론이지요. 선생님이라면 이런 식으로 되는 것이 좋으세요?"

"아니요. 나도 싫습니다."

"내가 그냥 그만둘 수 있다고 선생님은 생각하세요?"

"당신은 지금 막 그만둔 것 같은데요. 당신이 무엇을 하고 있든, 내가 당신이라면 그냥 그 상태를 유지하겠어요. 그것은 당신에게 달려 있어요. 그 문제에 대해서는 더 이상 얘기하고 싶지 않아요. 나는 당신이 여기에 왜 있는지를 알고 싶어요."

증상에 대해 말하기에 말려들지 않는 것이 중요하다. '나는 당신의 광기에 대해서는 관심이 없다'는 메시지를 계속 보내기 위해서이다.

"선생님은 내가 무엇을 하는지 상상이 되십니까?"

나는 그가 하는 일에 대해 알 수 있는 방법이 없다는 듯이 그를 쳐다보았다.

"나는 수입도 좋고 성공한 영화 시나리오 작가예요. 그 분야에서 유명하답니다. 내가 글을 쓰려고 앉으면 내 모든 광기는 사라져 버려요. 나는 모든 종류의 영화 시나리오를 다 쓰지만 러브스토리를 제일 좋아해요. 선생님, 섹스 없는 사랑 말이에요. 선생님은 아이들과 함께 내 영화를 보러 가셔도 되세요."

"나는 여전히 당신이 여기에 왜 있는지를 알고 싶군요."

"곧 개봉할 새 영화 때문에 여기 왔어요. 사실 영화는 이번 주말에 개봉해요. 나는 6주 전에 그 영화를 연출가 협회에서 특별히 마련한 시사회에서 보았어요. 영화는 흥행에 성공할 거예요. 모든 사람들이 그 영화를 대단히 지지했지요. 잭 니콜슨이 멜빈 유달이라는 미친 사람 역을 맡았어요. 그러나 주인공은 내 이름으로 대체해도 될 거예요. 내가 말하고자 하는 것은 멜빈 유달이 바로 나라는 겁니다. 그것은 기괴한 일이에요. 틈새들, 자물쇠들, 손 씻는 것 등등 끝도 없어요. 만약 선생님이 나에 대해 더 알고 싶으면, 이번 주말에 영화를 보세요. 『이보다 더 좋을 수는 없다(As good as it gets)』라는 영화예요. 내가 아는 모든 사람들이 나를 멜빈이라고 부르기 시작했어요. 악의는 없어요. 하지만 왜 나를 그렇게 부르는지 이해가 갑니다. 멜빈은 성미가 고약한 사람이죠. 잭 니콜슨이 영화에서 얼마나 고약하게 나오는지. 그는 가장 못된 짐승 같은 인간이에요. 영화에서 그가 어떻게 하는지 아세요? 그는 뉴욕의 커다란 아파트에서 살아요. 그 아파트는 웨스트사이드에 있는 큰 아파트 중의 하나죠. 그의 옆집에는 게이인 예술가가 살고 있었는데, 멜빈은 그를 싫어해요. 사실 멜빈은 한 여자를 만나기 전까지 모든 사람들을 싫어했어요. 어쨌든 그 동성연애자는 작고 귀여운 개를 키우고 있었는데, 멜빈은 그 개를 들어서 쓰레기 투하관에 던져 넣어 버리죠. 만약 그 개가 무사히 빠져 나오지 않았다면, 사람들은 극장에서 스크린을 부셔 버렸을 거예요."

"당신도 심술궂습니까?"

"나는 상황에 따라 달라요. 그도 항상 심술궂지는 않아요. 영화와 다른 점은 내 이웃에는 고양이가 있다는 겁니다. 어떤 이유에서인지 그 고양이는 나를 좋아해요. 그래서 고양이를 없앨 수가 없어요. 내가 아파트 문을 나서기만 하면 고양이는 영락없이 거기 있다가, 다가와서는 내 다리에 부벼대지요."

"영화는 어떻게 끝나나요? 그 남자는 미친 채로 계속 남아 있나요, 혹은 그 여자와 사랑에 빠지고, 치료도 되나요?"

"물론 그 여자와 사랑에 빠졌고, 치료도 되었지요. 나에게도 그런 일이 일어났으면 해요."

"당신에게도 그런 일이 일어난 것 같은 느낌이 드는군요. 그러나 영화에서처럼 잘되어 가지 않는 거지요. 당신의 광기가 방해가 되세요? 여자 말이죠. 이봐요 제리. 당신 삶에 새로 나타난 여자에 대해 말해 보세요."

"선생님은 어떻게 여자라는 것을 알았지요? 영화도 안 봤잖아요?"

"당신이 지금 말했잖아요. '멜빈은 여자가 생겼고, 나도 그렇게 됐으면 좋겠다'라고요. 내가 혹시 잘못 판단했는지 말해 보세요."

"그 영화 말이죠. 그것은 영화에서 일어났어요. 그게 나를 슬프게 해요. 영화 끝 장면에서 멜빈에게 일어난 일은 결코 나에게는 일어나지 않을 거예요. 현실에서 여자들은 나처럼 미친 사람으로부터 도망가 버리거든요."

여러분은 제리 같은 사람들이 외롭다는 사실에 직면한다는 것이 얼마나 어려운 일인지 이해할 것이다. 제리에게서 그 여자에 대한 정보를 캐내는 것은 생니를 뽑는 것과 같았다.

"말해 줄 수 있겠어요, 제리? 난 기다리고 있어요."

"선생님. 이제 정말 두려워지는군요. 영화를 보고 나오다가 나는 캐롤을 만났어요. 영화의 여자는 카렌이지만…. 모든 것이 너무나 우연의 일치죠. 그게 다는 아니지만, 영화를 가서 보세요. 내 뜻을 아시게 될 거예요."

"이번 주말에 볼게요. 그러니 내게 캐롤에 대해 말해 주지 않겠어요?"

"우리는 함께 영화관에서 걸어 나왔어요. 나는 정말 슬펐어요. 그녀는 아름다웠고 나는 그녀에게 매력을 느꼈죠. 나는 그녀에게 고개를 돌리면서 자연스럽게 '멋진 영화군요'라고 말했어요. 그녀의 눈에 눈물이 고여 있었고 그녀는 울었던 것 같았어요. 그녀의 눈물을 보자 내 가슴은 막 뛰었죠. 영화를 보고 감동했구나. 그녀는 멜빈의 좋은 점을 보았어요. 그녀는 멜빈이 남의 이목을 끄는 행동을 하고 있지만 정말은 선량한 사람이라는 것을 보았던 거예요. 그리고 그녀는 멜빈의 복사본 같은 사람과 지금 영화관 밖을 걷고 있고요. 나는 '당신, 울고 있군요. 뭐가 잘못됐나요?'라고 말했어요. 그러자 그녀는 '당신 눈에도 눈물이 맺혔네요'라고 말했어요. 나도 그랬거든요. 나는 영화와 그리고 그녀와의 만남에 감동을 받았어요. 내가 생각해 낸 것은 '시내로 가서 커피 한잔하실래요?'라고 말하는 것이었어요. 그녀도 기쁘게 그러겠다고 하더군요. 선생님, 정말 그것은 기적 같았어요. 우리는 해질녘 스타벅스 커피숍에 있었고, 영화로 인해 서로 끌렸어요. 우리는 앉아서 계속 얘기를 했어요. 그녀는 돈을 벌기 위해 엄청난 시간을 일해야 하지만, 지난 보름 동안 우리는 일주일에 두세 번이나 만났어요. 나는 그녀와 사랑에 빠진 것 같아요."

"당신은 그녀에게 그런 우연의 일치에 대해서 말했나요?"

"나는 말하지 않을 수 없었어요. 맙소사, 나도 식기를 가지고 다니거든요. 플라스틱이 아닌 좋은 거예요. 보세요. 여기 케이스 안에 있어요."

그는 식기를 넣은 작은 가죽 케이스를 내게 보여 주었다. 그는 그것을 자기 상의 안주머니에 넣고 다녔다. 그것은 너무나 깨끗해서 반짝반짝 광이 나 있었다.

"우리가 스타벅스에 들어갔을 때, 나는 커피를 마시려고 이것을 꺼내야만 했어요. 그녀는 나를 똑바로 바라보면서 '당신도 멜빈이 카렌에게 한 것처럼 나에게 친절하게 대해 줄 건가요?'라고 말했을 때, 선생님, 나는 내

귀를 의심하지 않을 수 없었어요. 내 광기는 그녀를 포기하게 하지 않았어요. 오히려 그것이 그녀를 동기화시켰죠. 멜빈은 심술궂고 미친놈이지만, 그 모든 이면에 자리한 친절하고 사랑스러운 사람을 그녀가 본 거죠."

"그녀가 그렇게 말했을 때 당신은 뭐라고 했나요?"

"나는 '카렌이 멜빈과 그랬듯이, 나에게 기회를 줄 수 있나요?'라고 말했어요. 그녀는 '우리 얘기해 봐요'라고 하더군요. 그리고 우리는 두 시간 동안 이야기를 했어요. 우리는 입맞춤을 하지는 않았지만, 멜빈이 카렌과 처음에 외출했을 때처럼 거의 비슷하게 했어요. 우리는 앉아서 먹고 마셨는데 나는 내 식기를 사용하는 것을 잊었어요. 내 안주머니에 넣고 난 다음 다시는 그것을 꺼내지 않았거든요."

"당신은 두 시간 동안 있으면서 무엇에 대해 말했나요?"

"우리의 우연의 일치에 대해서 말했어요. 나는 그녀에게 내 생활에 대해 말해 주었고, 내가 성공한 영화 시나리오 작가라고 말했어요. 멜빈이 연애소설을 쓰고 그가 성공했다는 것을 아시죠? 그는 좋은 아파트를 가지고 있었고, 나도 서부의 LA에 좋은 집을 가지고 있죠. 나의 이런 이상한 행동이 내 작업에 영향을 주지 않는다고 그녀에게 말해 주었고, 내가 글쓰는 일을 사랑한다고 했어요. 그리고 음악도 좋아한다고요. 멜빈이 피아노를 연주하듯이 나도 기타를 연주한다고 했죠. 그녀에게 여자와의 관계에서 실패한 나의 모든 경험을 말했고, 영화를 보기 전에는 아예 포기하고 있었다고 했어요. 우리가 편안하게 함께 있었기 때문에 그 점에 대해서 그녀가 이해하지 못하는 것 같았어요. 그것은 설명하기 어려워요. 내가 여자와 가까워질 때마다 나는 미친 행동을 하기 시작하고, 그리고는 바로 끝장이 나고 말지요."

"그녀에게 그 사실을 말했나요?"

"나는 진실을 말하기로 결심했어요. 카렌은 멜빈이 미치광이 같다는 것을 알고 있었어요. 영화에서는 그랬죠. 선생님도 아시게 될 겁니다. 그러나 그런 것이 그녀를 돌아서게 할 수는 없었어요. 그날 밤에 내가 어떻게 느꼈는지를 설명하기는 어려운 일이에요. 거짓말을 한다는 것은 생각조차 해보지 않았죠."

"그런데 당신의 광기가 그녀와 있을 때도 생겼나요? 그래서 당신이 나에게 전화를 했나요?"

"아니요. 아직 아니에요. 나는 꽤 잘해 내고 있어요. 영화처럼요. 우리는 별문제 없이 잘 지내고 있어요. 나는 나 자신에 관해 그녀에게 모두 말했어요. 우리는 함께 많은 얘기를 나눴죠. 나는 그녀에게 내가 관련했던 모든 영화에 대해 말해 줬어요. 그녀가 우리 집에 왔었을 때, 옆집 고양이를 내 집 안으로 들어오게도 했어요. 고양이가 배설을 했지요. 그래서 내가 미치게 될 것으로 생각했지만, 그 사실이 나를 괴롭히지는 않았어요. 우리가 지금 서로 잘 지내고 있다는 점을 내가 두려워하고 있는 것이죠. 나는 그녀를 잃고 싶지 않아요. 선생님이 도와주셔야만 해요."

이 시점에서 나는 제리에게 심각하게 뭔가가 잘못되고 있다는 것을 알았다. 아마도 그러한 것들 때문에 제리가 광기를 선택했을 것이다. 그것은 캐롤과 관련된 것이긴 하지만, 그것은 그가 그녀를 만나기 전부터 하고 있었던 것들이다. 그것은 영화에서는 다룰 수 없었을 것으로 생각한다. 하지만 나는 영화를 보러 갈 것이고, 그것을 알아내게 될 것이다. 지금 내게 말해 주었으면 하고 내가 바라는 것은 캐롤에 대해서이다. 그녀는 아름답고 매우 외로운 사람이라는 것이 내가 알고 있는 전부이다.

나는 말했다.

"제리, 나는 당신을 돕고 싶어요. 내 생각에는 내가 당신을 도울 수 있다고 봐요. 그러나 무엇이 잘못되었는지를 다루기 전에 나에게 캐롤에 대해 더 말해 주었으면 해요. 당신은 작가니까 그녀에 대해 잘 묘사해 봐요. 내가 그녀에 대해 많이 알수록, 당신을 더 잘 도울 수 있을 거예요."

"그녀는 나에게 모든 이야기를 해 주었어요. 영화에서의 카렌과 아주 많이 비슷해요. 글쎄요…. 실제로 우리는 카렌에 대해 많은 것을 알고 있지 못하지만, 그녀가 아들을 키우며 혼자 살고 있다는 것을 알죠. 캐롤도 역시 그래요. 나는 선생님이 볼 영화의 흥을 미리 깨고 싶지는 않지만, 캐롤의 경우 그녀의 딸은 나이가 더 많고 대학에 잘 다니고 있어요. 문제는 돈이죠. 대학은 비용이 많이 들고, 캐롤은 돈이 없어요. 그녀는 아이에게 주기 위해 닥치는 대로 돈을 벌고 있어요. 그녀는 로빈슨 메이 백화점에서 화장품을 팔아요. 또한 여자들에게 화장을 해 줘요. 여자들이 파티에 참석하기 전에 그들의 집으로 가서 말이죠. 그녀는 40살이고, 화장을 하면 굉장한 미인이에요. 그리고 그녀는 과부예요. 캐롤이 결혼했던 남자는 그녀와 아이를 학대했어요. 그러나 오히려 그녀는 그런 상황에 대해서 죄책감을 느끼고 있어요. 20년간 지옥살이를 했지요. 그 남자는 알코올 중독자였으나 어느 정도 여유로운 생활을 유지할 수 있었나 봐요. 그녀에게 약간의 저축한 돈이 있어서 일을 안 해도 됐었죠. 그런데 그 남자는 술을 마시고 운전하는 나쁜 습관을 가지고 있었어요. 2년 전 그는 교통사고로 죽었어요. 그의 과실이었고 상대 차에 있던 두 사람도 죽었죠. 그는 면허도, 보험금도 아무것도 없었어요. 그녀는 완전히 빈털터리가 됐어요. 그녀는 입고 있던 옷을 제외한 그녀의 집, 차, 그 밖에 모든 것을 잃었어요. 그녀는 재정적으로 어려워졌고 쉬지 않고 일해야 해요. 그래서 남자에 대해 거의 포기하고 있어요. 성관계에 대해서도 마찬가지고요. 그녀는 나와 만나던 날 밤에 그런 얘기를 모두 했어요. 우리는 성관계는 갖지 않았어요. 어떤 때는 아주 오랜 시간 내가 그녀를 안아줘요. 우리가 성관계를 맺지 않는다 해도 나는 개의치 않아요. 그러나 나는 절대 그녀를 잃고 싶지는 않아요."

"그녀가 당신을 떠날 거라고 위협하지는 않았지요, 그렇죠?"

"네, 전혀. 그저 이 관계가 계속되지 않을 것같이 내가 느끼는 것뿐이에요. 나는 이제까지 그녀와 가까워진 것만큼 아무하고도 가까워 본 적이 없었어요. 선생님, 내가 왜 이렇게 혼란스러워하는지 아시겠지요? 나는 그녀를 잃는다면 살고 싶지 않아요. 가끔 이렇게 행복한 동안 지금 자살해야겠다는 생각도 들지만 그렇게 하지 않을 거예요. 난 단지 선생님에게 내 머릿속에서 도대체 무슨 일이 벌어지는지를 알려드리고 싶은 거죠."

"제리, 나 또한 당신이 그녀를 잃지 않기를 바라요. 그리고 그녀를 잃은 당신과 이야기한다는 것은 생각하고 싶지도 않군요. 그 영화를 보고 싶군요. 그리고 그곳에서 무슨 일이 일어났는지 생각해 보고 싶어요. 오늘은 여기까지 합시다. 그러나 그녀도 당신이 나를 만났다는 것을 알고 있겠죠. 당신은 그녀에게 모든 것을 다 말하잖아요."

"그 점은 문제없어요. 나의 강박증에 대해 누군가의 도움을 받고 싶다고 그녀에게 말했었어요. 그녀는 좋은 생각이라고 했죠. 그녀가 화장을 해 주는 고객 중의 한 여자가 선생님에 관해 얘기했는데, 캐롤이 선생님을 괜찮다고 생각해서, 내게 선생님을 소개했어요."

"캐롤은 당신의 전화를 기다릴 겁니다. 그녀에게 무슨 얘기를 할 거죠?"

"무슨 얘기를 했으면 좋겠습니까?"

"당신이 그녀를 잃을까 봐 두려워한다는 것만 빼고 모두 다요. 그녀는 당신의 행동을 이해하지 못했을 것이고, 당신의 행동을 그녀는 아마도 당신이 자기를 거절하는 방식이라고 생각할지도 몰라요. 그러니 그녀에게 잘해 주고, 이제까지보다 더 많은 것을 요구하지 마세요. 다음 약속은 다음 주 화요일, 어때요?"

"좋아요."

주말에 나는 『이보다 더 좋을 수는 없다』를 보았고, 화요일에 만나자마자 제리는 영화에 대해 얘기하길 원했다. 그는 방에 들어올 때 더 이상 벽에 걸린 그림에 관심을 두지 않았고 전혀 망설임이 없었다. 그는 곧 다른 의자 옆에 그 불편한 의자를 가져다가 앉자마자 "영화 보셨어요? 하고 물었다. 나는 고개를 끄덕였다. "섬뜩하셨죠? 영화 속에 있는 모습이 나예요."라고 그는 말했다.

"제리, 실망하지 말아요. 그것은 당신이 아닙니다. 나를 믿어요. 틈새를 피하고, 자물쇠를 잠그고, 손을 씻는 등 정말 멜빈의 여러 가지 행동 모습이 있었어요. 뒷걸음질하는 것은 조금도 당신 같지 않았어요. 당신의 행동은 대단히 창조적이에요. 당신이 싫든 좋든, 당신은 멜빈이 아니에요."

"그러나 선생님. 그 여자 말이에요. 캐롤은 카렌과 많이 비슷하다고 생각지 않으세요? 그녀는 멜빈에게서 무엇인가를 발견했어요, 캐롤이 내게 그랬던 것처럼요."

"내가 비슷하다고 생각하는 것이 바로 그 점이에요. 그러나 우리는 끝이 어떻게 되었는지는 몰라요. 멜빈과 카렌이 그랬던 것처럼 첫날밤에 당신은 캐롤과 무척 잘 지냈고, 우리가 지난 화요일에 만났을 때도, 당신은 여전히 잘 지내고 있었어요. 멜빈과 카렌 사이에 무슨 일이 있었는지 우린 몰라요. 영화를 보고 나오면서, 만약 멜빈이 어떤 도움을 받지 못하면 그들 관계는 일주일을 넘기지 못할 것 같다고 나는 아내에게 말했죠. 그러니 멜빈은 잊어버려요. 여전히 캐롤과는 잘 지내고 있죠? 저번 주는 어떻게 보냈어요?"

"말씀드리죠. 대체로 아주 잘 지냈어요."

"자, 봅시다. 나는 당신이 멜빈과 아주 많이 다르다고 생각해요. 당신은 멜빈처럼 화를 내지도 않잖아요. 당신이 화가 난 경우에 대해 말했었지만, 멜빈처럼 레스토랑에서 모르는 사람에게 욕설을 퍼붓거나 동물을 해치려고 한 적이 있나요?"

"아뇨, 동물에게는 그런 적이 없어요. 오히려 그 고양이를 그럭저럭 좋아하게 되었는걸요. 그러나 레스토랑에서는 약간의 문제가 있었어요. 손님과는 아니고 좌석을 안내해 주는 사람과요. 예약을 했는데, 그들이 무시했기 때문에 내가 폭발해 버렸죠. 내가 덩치가 커서 그 상황이 험악해질 수도 있었어요. 우리가 만난 지 일주일 되고 캐롤과 함께 있을 때 한 번 그런 적이 있는데, 그녀가 레스토랑에서 나를 끌어냈어요. 그것도 내가 선생님을 만나는 이유 중 하나예요. 그녀는 아무 말도 안 했지만, 만약 그런 일이 또 생긴다면 어떻게 될지 알 만해요. 고맙게도 그런 일은 아직 없었지만. 그러나 그 이후로 예약을 받지 않는 레스토랑으로만 그녀를 데리고 갔어요. 자리를 잡는 것은 별문제가 없었어요. 그녀는 낮에 일하고 거의 매일 밤 여자들에게 화장을 해 주기 때문에 우리는 밤이 깊어서야 식사하러 가요. 캐롤이 화장을 해 준 여배우가 그녀에게 시사회에 오는 초대권을 주는 바람에 그날 밤도 내가 그녀를 만나게 된 거죠."

"당신이 지난 주말에 뭘 했는지 얘기해 봐요. 대체로 잘 지냈다고 했는데 무슨 일이 있었어요?"

"영화와 비슷해요. 그녀는 어딘가 가길 원했고, 나는 캐롤을 데려다 주었어요. 그녀는 자신이 얼마나 딸을 그리워하고 있는지 나에게 말하곤 했어요. 딸은 산타 바바라에 있는 대학에 다니고 있고, 캐롤은 너무 피곤하기 때문에 운전을 할 수 없었죠. '내가 운전할게요. 난 피곤하지 않으니까. 당신은 차 안에서 자면 돼요'라고 난 말했죠. 그녀는 토요일 밤에 가장 바빠요. 그래서 지난 토요일, 그녀가 마지막 고객과의 일을 마친 후 우리는 운전을 해서 캐롤의 딸에게 갔지요. 늦긴 했지만 우리는 그녀의 딸과 저녁을 먹을 수 있었어요. 참, 캐롤의 딸의 이름은 질이에요. 우리는 계획한 대로 했고, 캐롤은 그녀의 딸과 기숙사에 머물렀어요. 질의 룸메이트는 주로 주말에는 집에 간대요. 나는 근처 모텔에 묵었죠. 일요일은 굉장히 재미있었어요. 질은 엄마가 남자와 그렇게 행복해하는 것을 보고 신나했어요. 나는 내가 가진 매력을 한껏 발휘했고, 질은 정말로 나를 좋아했죠. 질도 내가 아주 기꺼이 엄마를 자신과 함께 자도록 해 주었다는 사실을 좋아하는 것 같았어요. 말씀드렸듯이, 질과 그녀의 엄마는 질의 아버지로 인해 많은 어려움을 겪었어요. 질은 자기 엄마가 남자나 성에 대해 어떻게 느끼고 있는지 알고 있고, 그녀의 느낌을 내가 존중했다는 것도 잘 알고 있었어요. 그것은 질에게 큰 효과가 있었어요. 그러나 이상하게도 우리가 그렇게 편안했음에도 불구하고 나는 손을 씻으려는 충동을 떨쳐 버릴 수 없었어요. 일요일 여러 번 중 한 번 나는 손을 씻으러 가는 것에 대해 양해를 구했어요. 캐롤이 내 문제에 대해 질에게 말했고요. 나는 캐롤이 그렇게 한 것이 맘에 안 들었어요. 질이 잠시 동안 나를 재미있다는 듯이 쳐다보았죠. 그러나 적어도 나는 호주머니 속의 식기를 사용하지도 않았고, 질이 알아차리지 못하게 길바닥의 틈새를 피했어요. 그래서 그날은 무사히 잘 지나갔어요. 캐롤은 나와 있으면 너무 행복해요. 그것은 도움이 돼요…. 선생님, 제가 나의 광기를 극복할 수 있을까요?"

"질도 그 영화를 봤나요? 당신이 그 영화를 화제에 올렸나요?"

"아니요. 그러지 않았어요."

"잘했어요. 영화에 대해 말하지 말아요. 나는 그녀가 당신을 멜빈처럼 생각하길 원치 않아요. 당신은 멜빈이 아니에요. 당신은 멜빈만큼 심술궂지도 않아요. 게다가 다른 면에서 당신은 멜빈보다 훨씬 나아요."

"무슨 뜻이에요?"

"당신이 그 영화를 직접 쓴 것은 아니지만, 당신은 실제로 성공한 작가예요. 나는 평론에서 당신의 이름을 본 적이 있어요. 그리고 신문의 연예란에 가끔 당신의 이름이 언급되더군요. 그들이 멜빈을 연애소설 작가로 설정한 것이 나에게는 억지처럼 보여요. 그처럼 연애소설을 쓴 사람이 다른 사람들, 그것도 전혀 모르는 사람들을 공격한다는 것을 나는 믿을 수 없었어요. 좋은 영화이기는 하지만 나를 설득시키기에는 부족한 것 같군요. 제리, 나는 당신 안에 많은 분노 감정이 있다는 것을 압니다. 예를 들어, 당신이 지난 목요일 내 사무실로 들어와 당신의 광기에 관심을 두지 않는다고 나를 비난한 것 같은 거 말이죠. 그러나 그것은 전혀 내 신경을 건드리지 않았어요. 나는 그것을 당신 자신이 얼마나 미쳤는지를 나에게 알리고 싶어 못 견뎌 한다는 것으로 알았어요. 당신은 내가 그 점에 관심을 두도록 애썼어요. 그러나 당신이 하는 행동은 증상을 가진 사람에게는 매우 흔한 일이에요. 우울한 사람들이 주로 더 그렇게 하죠. 당신들은 모두 내가 진짜 문제인 현재의 관계에 초점을 맞추지 못하도록 애를 써요. 진짜 문제는 당신의 경우, 그게 누구하고의 관계가 문제인지를 멀리서 찾아선 안 된다는 거지요. 당신의 강박증이 진짜 문제가 아닌 이유를 알고 싶습니까? 만약 당신이 약간의 실험에 기꺼이 동참한다면, 내가 보여 줄 수 있어요."

"아프게 하거나 하는 겁니까? 실험을 한다는 게 무슨 뜻이죠?"

"물론 고통은 없어요. 먼저 쉬운 질문 다음에 간단한 부탁이에요. 그게 다죠…. 그럼, 질문을 할게요. 당신이 앉아 있는 의자가 대부분의 내담자가 앉는 의자라고 보십니까?"
"선생님의 내담자들이 어디에 앉는지 내가 어떻게 알겠어요? 아마도 어떤 사람들은 서 있겠죠."

나는 그가 대답을 얼버무린 것을 무시했다. 그는 답을 알고 있었다.

"당신은 일어나서 다른 의자에 앉는 것을 선택할 수 있나요?"
"왜요? 나는 이 의자가 좋아요."
"내가 당신에게 요구하기 때문이죠. 만약 캐롤이 여기 있다면, 그녀 역시 당신이 다른 의자에 앉기를 원할 거예요."
"캐롤은 내가 어떤 의자에 앉든 개의치 않아요."
"제리, 그렇지 않아요. 그녀는 당신에 대한 관심을 아주 많이 갖고 있어요."
"선생님이 어떻게 알아요. 그녀와 얘기했나요?"
"당신은 영화 작가죠. 캐롤을 여주인공 중의 한 명이라고 생각해 봐요. 그녀는 미친 짓을 하기 시작하거나 혹은 한 번 예약이 잘못된 것에 폭발해 버리고 자기는 어쩔 수 없었다고 말하는 남자와 사랑에 빠졌어요. 당신이 일요일에 손을 씻으러 가면서 양해를 구할 때 어쩔 수 없는 일이라고 한 것처럼, 당신은 그녀에게 최근 계속 그렇게 이야기하고 있어요."
"음, 나도 어쩔 수 없어요. 할 수만 있다면, 그렇게 하고 싶지 않아요."
"당신은 그 의자에서 옮겨 앉는 것을 선택할 수 있습니까?"
"'선택하다'가 무슨 말인가요? 왜 계속 '선택하다'란 말을 쓰세요?"
"당신이 다른 사람과 다르다고 보지 않기 때문이죠. 우리는 뭐든지 우리가 하는 일을 선택해요. 기침을 하거나, 재채기를 하는 것, 혹은 경련 등은 아마 아니겠죠. 그러나 우리가 하는 모든 행동은 목적을 갖고 있어요. 그리고 그 행동 뒤에는 어떤 생각이 있죠. 제리, 당신은 레스토랑에서 폭발하기를 선택했지요. 그리고 이제는 예약을 하는 레스토랑을 피하기로 선택했어요. 왜냐하면 당신은 캐롤 앞에서 감정을 통제하지 못하는 위험 부담을 갖고 싶어 하지 않기 때문이지요. 당신은 당신이 하는 모든 행동을 선택하고 있어요. 선들이나 틈들을 피하는 것, 손 씻는 것, 문의 자물쇠들을 확인하는 것, 그림을 똑바로 거는 것, 뒷걸음질 치는 것 등 그런 미친 행동들 모두를 말이죠."

"나는 선택하지 않았어요. 무슨 소리를 하는 거예요? 나는 병에 걸린 거예요. 나는 강박-충동성 성격장애를 갖고 있어요. 나도 내 자신을 어쩔 수 없어요. 다른 두 명의 의사들이 그렇게 말했다고요."

지금은 다른 의사들의 견해에 대해 논할 때가 아니다. "당신은 캐롤과 처음 만나던 날, 스타벅스에서 당신의 식기를 주머니에 넣어 두기를 선택했어요. 당신은 자신이 그랬다는 것을 알고 있죠. 당신이 그곳에 앉아 있는 동안 당신은 자신에게 '나는 그녀 앞에서 지금 그것을 쓸 필요가 없어'라고 말했고, 그렇게 했어요. 당신은 아마도 그날 밤 집에 갈 때 반보 뒤로 걸으려 노력하는 긴장상태에서 풀려 있었을 거예요. 그러나 만약 당신이 그랬다면, 그것도 역시 당신이 선택한 것이죠. 만약 당신이 원한다면, 당신 자신을 도울 수 있는 선택을 할 수 있어요. 그렇게 못한다면 나와 같이 있는 시간을 낭비하는 거죠."

"알겠어요. 나도 항상은 아니지만 때론 스스로 도울 수 있어요."

"당신이 원할 때마다 당신 스스로를 도울 수 있어요."

"그러나 일요일날 캐롤과 있었을 때, 나는 손을 씻어야만 했어요. 원치 않았지만 그렇게 해야만 할 것 같았어요."

"당신은 긴장했고, 그래서 손 씻는 것을 선택했어요. 그렇게 하지 않았어도 돼요."

"그런데 내가 긴장한 이유가 뭘까요? 나는 캐롤과 있을 때는 더 이상 그렇게 긴장하지 않아요. 일요일은 다른 날과 무엇이 다른가요?"

"내가 단지 추측할 수 있는 것은 당신이 그녀의 딸과 같이 있었고, 당신은 딸에게 잘 보이려 애를 썼고 그녀가 당신을 좋아하기를 바랐다는 거지요. 당신은 신경이 예민해졌고 여러 해 동안 신경과민을 다루는 방법이 바로 당신의 광기였죠. 전에도 말했듯이 긴장을 풀어요. 당신이 왜 그랬는지는 나도 정확히 몰라요. 그러나 그런 것이 없으면 당신은 더 잘 살 수 있을 거예요. 그리고 당신이 하는 그런 허튼 짓들을 그만두는 첫 번째 단계는 당신의 모든 광기가 선택이라는 것을 배우는 거예요. 당신이 그것을 배우면, 당신은 자신에 관해 더 많은 것을 알 기회를 갖게 되고 그런 허튼 짓들을 떨쳐버릴 필요가 있다는 것을 알게 될 기회를 가질 거예요."

"난 믿을 수 없어요. 정말 솔직히 말해서 믿을 수 없어요."

"오, 제리. 나는 당신이 이 받아들이기 어려운 이야기를 할 때 당신이 날 믿을 거라고 기대하지 않았어요. 그렇다고 내가 포기한다는 의미는 아니에요. 당신이 포기하는 상담가를 찾았다면 잘못 찾아왔어요. 그런데 이건 어때요? 당신이 지금 하는 행동을 선택한 것이고 더 나은 선택하기를 배울 수 있다는 것과, 또는 당신이 정신병으로 고통받고 있어서 자신을 돕기 위해 아무 일도 할 수 없다고 믿는 것, 둘 중에 어느 것이 좋습니까? 아마도 후자의 경우에는 그건 뇌 치료약을 먹을 수 있는 유일한 기회겠죠? 확신컨대, 다른 의사들은 당신에게 약을 주었을 거예요. 당신이 지금 약을 먹지 않는다는 점은 놀라워요. 어쩌면 당신이 약을 먹고 있다는 사실을 내게 말을 안 했을지도 모르지요. 그런 경우도 많아요."

"나는 약을 많이 먹어 봤어요. 그래서 내가 두 의사에게 갔던 것이죠. 그런데 약을 먹었을 때 생기는 느낌들이 싫었어요. 솔직히 약을 먹으면, 일련의 역기능적 행동들을 덜 한다는 점은 인정해요. 그러나 전혀 글을 쓸 수가 없어요. 그런 약들은 내가 글을 쓸 때에 필요로 하는 것들을 내 머릿속에서 없애 버려요. 나는 그것을 느낄 수 있었어요. 약의 부작용에서 벗어나는 데 일 년이 걸렸어요. 선생님은 약을 사용하지 않는다고 캐롤이 들었다고 내게 말해 줘서 선생님께 찾아 온 거예요."

"나는 약에 대해 전적으로 반대하진 않지만, 언제나 상담을 먼저 해 보려고 해요. 내가 좋은 내담자를 만나서인지 혹은 운이 좋아서인지 아직 약을 써보지는 않았어요. 내 생각에 당신은 약이 당신의 머리에, 특히 당신의 창조성에 미치는 영향을 깨달았다고 봐요. 당신은 작가고, 창조성이야말로 당신이 가지고 있는 모든 것이지요. 당신이 신중한 것은 잘한 일이에요. 당신이 말한 내용과 비슷한 이야기를 몇 번 들었어요…. 그런데 자, 뭐 하고 있어요. 우린 시간을 낭비하고 있어요. 당신은 그 의자에서 옮겨 앉기를 선택할 수 있나요?"

그는 아주 절망스럽게 나를 쳐다보았다. 나는 그에게 단순히 다른 의자로 옮겨가는 것보다 더 많은 것을 요구하고 있었던 것이다. 그가 아마도 10대일 때부터 여러 해 동안 선택해 왔던 생활방식을 포기하는 것을 선택하도록 나는 그에게 요구한 것이다. 멜빈 유달과 같은 삶이 하루아침에 이루어진 것은 아니다. 나는 내가 느끼는 대로 해야만 했고, 시도할 가치가 있는 방법으로서 의자 바꿔 앉기를 그에게 요구할 만큼 충분히 우리가 친숙해졌다고 느꼈던 것이다. 그는 내가 의도하는 바를 알아차렸다. 그는

"내가 옮기는 것이 중요하군요. 그렇죠?"라고 말했다.

"만약 그렇지 않다면, 내가 당신에게 요구하지 않았겠지요."
"그러나 나는 옮기길 원치 않아요. 내가 왜 선생님을 위해서 옮겨야 하나요? 이제 겨우 만났을 뿐인데……."
"제리, 당신이 믿는 사람이 있습니까?"

그는 한참을 있더니 "나는 캐롤을 믿을 수 있어요. 그리고 선생님이 '그 의자에서 옮기라'는 헛소리를 하시기 전에는, 선생님을 신뢰한다고 생각했어요."라고 했다.

"그래서, 당신이 나를 믿게 하려면, 당신이 정신병자라는 당신의 믿음을 내가 따라야겠군요. 당신이 하는 행동을 당신도 어찌할 수 없다는 것도?"
"맞아요. 빌어먹을… 나는 정신병을 앓고 있어요. 그런데 선생님이 나를 돕기 위해 하는 것이라곤 나보고 의자를 바꿔 앉으라고 요구하는 게 전부이군요. 무슨 도움이 그래요?"

나는 그의 좌절에 대해 공감했다. 내가 그에게 하라고 한 것은 40년 동안 살아온 그의 방법을 바꾸도록 요구한 것뿐이다. 나는 나의 진의를 전달하기 시작했다. 더 밀고 나갈 필요는 없었다.

"나에게는 당신이 어디에 앉느냐가 중요한 것은 아니에요. 그러나 의자를 옮겨 앉으라는 내 말에 대해 당신이 심각하게 생각할 만큼 나를 신뢰하느냐는 매우 중요하다고 생각해요."[3]

"선생님을 신뢰한다니, 무슨 소리예요? 어떻게 선생님을 신뢰할 수 있겠어요? 나를 도와달라고 선생님에게 돈을 지불하고 있어요. 이야기하기 위해 돈을 지불해야 하는 사람을 어떻게 믿을 수 있나요?"

"나는 당신이 내게 상담료를 지불할 것으로 믿고 있어요. 내가 착각했나요?"

"이런 제기랄. 착각은 아니죠. 상담료를 낼 거예요. 이 상담이 끝나는 즉시 현금으로."

"그래서 당신을 믿어요. 그것으로 충분해요. 내가 당신을 신뢰하는 한, 우린 문제가 없을 거예요."

시간이 좀 걸릴 것 같았으나, 그는 나를 믿기 시작한 것으로 나는 믿었다. 다음 상담에서 보통 의자에 앉는 그를 보게 되리라는 것을 나는 의심하지 않았다.

"그런데 나는 왜 이렇죠? 뭐가 잘못되었나요? 나의 어린 시절인가요? 그리 나쁘지 않았다고 생각하는데."

"제리, 나는 당신의 어린 시절에 대해 듣고 싶지 않아요. 아마도 당신에게 영향을 주었겠지만, 오래 전 일이에요. 당신의 문제는 현재이지요. 당신은 외롭고 누군가를 필요로 합니다. 캐롤이 아마 그 누군가겠죠. 당신도 그녀이길 확실히 원하고요. 그러나 당신은 그녀를 잃을까 봐 두려워하고 있어요. 그게 당신이 여기에 온 이유고, 내가 당신을 도와주려는 것도 그 점이에요. 우리는 진전을 보고 있고, 과거로 돌아가지 않는 것이 내 방법입니다. 문제는 현재이지 당신의 과거가 아니에요. 우리는 당신의 삶 전체

---

3 역자의 주: 관계형성에 대한 Glasser의 관점이다.

를 거슬러 올라갈 수 있고, 왜 이런 일이 생기는지에 관해 온갖 추측을 할 수도 있습니다. 그런데 그런 추측을 왜 해야 하죠? 당신에게 일어났던 어떤 일도 당신이 그 의자로 옮겨가는 것을 막지는 못해요. 그리고 당신에게 일어났던 그 어떤 일도 당신이 나를 신뢰하는 것을 막지 못합니다. 또 당신이 지금처럼 캐롤과 잘 지낸다면, 당신에게 일어났던 어떤 일도 당신이 캐롤을 사랑하는 것을 멈추게 할 수 없어요. 당신의 삶이 심각하게 잘못되고 있다는 것을 당신은 알아요. 오랫동안 당신은 그것을 알고 있었지만, 지금 그것에 대해 무언가를 하려 하고 있어요."

"선생님은 나를 도울 수 있다고 정말 생각하세요? 그래요?"

"예. 나는 정말로 당신을 도울 수 있다고 생각해요. 그러나 당신도 돕지 않으면 안 돼요. 해볼 생각도 전혀 못했고, 아무도 하라고 요구하지 않았던 무언가를 자신을 위해서 하지 않으면 안 돼요."

"선생님. 나는 그녀를 잃고 싶지 않아요. 선생님이 제안하는 것은 무엇이든 해 보겠어요."

그는 나를 신뢰했다. 약간 시간이 필요했지만, 나는 그를 도울 수 있을 거라고 생각한다.

"제리, 당신은 오랫동안 강박증을 선택해 왔어요. 그 선택을 하는 것을 그만두는 것은 쉽지 않을 거예요. 그리고 나는 억지로 당신이 그만두길 원치 않아요. 일요일에 캐롤이 질에게 말했던 그 문제행동을 중단하지 않은 것은 잘한 일이에요. 만약 당신이 억지로 스스로에게 중단하기를 강요했다면, 그것은 불가능했을 것이고, 상황이 악화되어, 아마도 주말을 완전히 망쳤을 거예요. 지금부터 다음 주에 우리가 다시 만날 때까지 당신의 일을 하세요. 그러면 돼요. 그러나 일할 때마다 자신에게 얘기해 봐요. '제리, 나는 이것을 하기로 선택했어. 그것이 무엇이든지 간에.' 그것이 선택이라는 것을 이해하도록 노력해 봐요. 그게 다예요. 해보겠어요?"

그는 고개를 끄덕였다.

"다음 화요일에 다시 올 수 있어요? 그렇게 오래 기다릴 수 없다면 전화해요. 그럼 당신을 만날 수 있어요. 혹 당신이 잠깐 동안만 얘기하길 원한다면 전화하세요. 우리가 말한 것을 캐롤에게 틀림없이 말할 거죠? 당신의 문제행동들을 캐롤이 볼 때마다, 당신에게 그것이 선택이라는 것을 일러달라고 그녀에게 부탁해요. 그게 다예요. 단지 상기만 시켜달라고 하세요. 만약 괜찮다면 다음 주 이 시간에 만나죠."

그는 떠나기 전에 2회분 상담료를 현찰로 냈다. 이 책의 뒷부분에서 나는 제리를 다시 만날 것이다.

제2장
현실치료상담의 실제는 선택이론을 기저로 한다

내담자들이 상담과정에서 배운 선택이론을 계속해서
삶에 적용하는 한, 치료는 계속 이어지는 것이다
(역자 주: 선택이론을 잘 배우면,
상담이 끝나도 계속 자기치료가 될 수 있다는 뜻임).

내가 이 책에서 모든 내담자들에게 적용한 현실치료상담을 여러분들이 더 잘 이해할 수 있게 하기 위해 이 장에서는 선택이론에 대해 좀 더 설명하고자 한다. 선택이론에 기초한 현실치료상담은 독특한 상담 기법이다. 예를 들면,

1. 나는 사람들이 항상 현재의 불만족스러운 관계 또 관계가 전혀 없는 더 나쁜 상태에 대처하기 위한 최선의 노력으로서 상담받는 행동을 선택한다고 믿는다.

2. 상담자의 과제는, 내담자들이 현재 선택하고 있는 자기들의 행동보다는 다섯 가지 욕구 중 하나 혹은 그 이상의 욕구를 더 잘 충족시킬 수 있는 개선된 행동들을 찾아냄으로써 새로운 관계를 향상시키는 행동을 선택하게끔 돕는 것이다. 이는 사랑과 소속, 힘, 자유, 즐거움을 더 충족할 수 있도록 그들의 능력을 증진시키는 것을 의미한다. 또한 생존도 기본적인 욕구이기 때문에 어떤 사람들은 그들의 생명의 위협을 느낄 때 상담을 받으러 온다.

3. 모든 욕구들을 충족시키기 위하여 우리는 다른 사람들과 좋은 관계를 맺어야 한다. 이는 사랑과 소속의 욕구를 충족시키는 것이 다른 네 가지 욕구를 충족시키는 열쇠가 된다는 뜻이다.

4. 사랑과 소속의 욕구는 다른 모든 욕구들과 마찬가지로 오직 현재에서만 충족될 수 있기 때문에 현실치료상담은 거의 전적으로 지금-여기를 강조한다.

5. 우리들 중 많은 사람들은 과거에 상처를 받았던 경험이 있다. 하지만 우리가 과거의 희생자이기를 선택하지 않는 한 우리는 희생자가 아니다. 과거의 성공에 초점을 맞추지 않는 한 우리 문제의 해결책을 과거 탐색하기에서는 좀처럼 찾기 어렵다.

6. 내담자가 선택하는 고통이나 증상은 상담과정에서 중요하지 않다. 한 외로운 사람이 우울해하기를 선택하고, 또 다른 사람은 강박적이기를 선택하고, 세 번째 사람이 미치기를 선택하고, 네 번째 사람은 술을 왜 마시는지, 우리는 그 이유를 절대로 알아낼 수 없을 것이다. 사실 우리가 증상에 초점을 맞춘다면, 우리는 내담자가 현재의 관계를 개선해야 하는 진짜 문제를 회피하게 하는 것이다.

7. 현실치료상담의 계속적인 목표는 상담자와 내담자 간에 선택이론적인 관계를 형성하는 것이다. 이런 만족스러운 관계를 경험함으로써, 내담자가 상담을 받으러 오게 된 '문제가 된 관계'를 어떻게 개선시킬지에 대해 많은 것을 배울 수 있게 된다.

8. 현실치료상담을 적용하는 데 있어서 위에서 언급한 7가지 논점을 이해하는 것이 왜 필요한지 알려면, 내담자가 1998년도 책인『행복의 심리, 선택이론-자유를 위한 새로운 심리학(Choice Theory : A New Psychology Personal Freedom)』과 1999년 책인,『선택이론의 언어(The Language of Choice Theory)』를 읽는 것이 도움이 될 것이다. 만약 내담자가 이 책들을 읽을 수 없거나 읽으려 하지 않으면, 상담자는 상담을 진행하면서 내담자들이 알아야 할 선택이론에 대해 가르쳐 줄 수 있다.

일반적으로 상담에 관해 잘못된 생각을 많이 가지고 있다. 대부분의 사람들은 상담은 천천히 진행되고 많은 비용이 든다고 여긴다. 하지만 현실치료상담의 경우는 전혀 그렇지 않다. 많은 사례에서 한 번의 상담에서 많은 것이 이루어질 수 있고, 10회에서 12회 정도 상담이면 대체로 충분하다.
 만약 내담자가 내가 열거한 두 권의 책들을 적극적으로 읽게 되면, 상담 시간은 충분히 짧아질 수 있다.

책을 통해 얻어지는 효과를 제쳐 두고라도, 현실치료상담을 특히 효과적으로 만드는 것은 과거의 강점을 찾는 것 외에는 과거에 대해 많은 시간을 허비하지 않는 것이다. 우리는 들어 준다. 그러나 고통이나 증상에 초점을 두지는 않는다. 현실치료상담은 실제적인 문제를 신속히 다룬다. 즉, 현재의 관계를 개선하거나 새롭고 좀 더 만족스러운 관계를 찾는 것이다.
 상담기간은 다른 것보다도, 선택이론에 기초해서 상담자가 얼마나 빨리 좋은 상담자-내담자 관계를 형성할 수 있느냐와 주로 관련이 있다. 이런 관계가 빨리 형성될수록 상담에 필요한 시간은 줄어들게 된다. 만약 상담자가 그런 관계를 형성하지 못하면 상담은 거의 항상 실패하게 된다. 현실치료상담을 사용할 때, 우리는 전통적인 전략을 따르지 않는다.

1. 꿈은 탐색할 필요도 심지어 언급할 필요도 없다. 꿈 해석에 시간을 보내는 것은 시간 낭비다.

2. 보험 때문에 필요한 경우를 제외하고는, 내담자를 정신과적인 진단으로 명명해서는 안 될 것이다. 우리의 관점에서 보면, 진단은 현재의 불만족스러운 관계에 대한 특유의 고통이나 좌절에 대처하기 위해 사람들이 선택한 행동에 대한 묘사일 뿐이다.

3. 우리는 정신병 환자를 통제할 수 없는 신경화학물질의 불균형으로 인한 희생자들이라고 받아들이는 현행의 개념이 틀렸다고 믿는다. 만약 그게 사실이라면, 어떤 심리치료도 효과가 없다. 정신병의 주된 원인으로 언급되는 소위 신경화학물질의 불균형이라는 것은 신화적인 주장이다. 뇌는 불완전하지 않다. 내담자가 선택하는 행동에 있어서 뇌의 화학적 작용은 정상이다(『행복의 심리, 선택이론 :Choice Theory』의 4장을 보라). 프로작 같은 뇌 치료 약물은 내담자의 기분을 좋게 만들 수는 있으나, 그들이 필요로 하는 사람들과 관계를 새로 맺거나 다시 맺는 방법을 가르쳐 줄 수 없다.

4. 우리가 정신병이라고 부르는 것들은 특수한 상태를 말한다. 예를 들어 다운증후군, 헌팅턴(Huntington)무도병, 자폐증 같은 유전적 결함뿐만 아니라, 알츠하이머(노인성 치매), 간질, 두뇌 외상, 뇌 감염 같은 것이다. 이런 상태에 있는 사람들은 뇌의 비정상 상태로 인해 고통받고 있고, 이들은 주로 신경과 의사에게 치료를 받아야 한다. 비록 현실치료상담에

서 그들을 다루지는 않지만, 그들도 대체로 따뜻하고 지지적인 사람과의 관계로부터 도움을 받을 수도 있다.

이 책의 전체적인 목적은 여러분을 내 사무실로 초대해서 내가 상담하는 것을 명료하게 볼 수 있게 하는 것이다. 여러분이『행복의 심리, 선택이론: Choice Theory』를 읽고, 그 책의 이론을 여러분이 알고 있는 다른 이론들과 비교해 보았으면 한다. 그렇게 하면, 여러분들은 나의 이론과 다른 이론 사이의 실제적 차이를 쉽게 식별할 수 있게 될 것이다. 이런 차이가 현실치료상담이 다른 것들보다 더 낫다는 것을 의미하지는 않는다. 그것은 독자들과 내담자들이 결정할 문제이다.

현실치료상담과 다른 기법들 사이의 중요한 차이는, 우리는 내담자들에게 상담의 한 부분으로 선택이론을 가르친다는 것이다. 나는 이 책에서 우리가 어떤 식으로 하는지를 보여 주려고 노력했다. 나는『행복의 심리, 선택이론 : Choice Theory』을 읽은 많은 사람들로부터의 피드백을 통해 많은 사람들이 그들의 생활에서 관계를 유지하고 개선하면서 살아가는 법을 배웠다는 것을 믿게 되었다. 일반적인 상담에서는 상담자와의 만남이 끝나면 치료는 끝난 것이다. 그러나 내담자가 현실치료상담에서 배운 선택이론을 계속 사용하는 한 치료는 계속 된다는 것이다.

끝으로 의미론적인 입장에서 볼 때, 만약 우리의 행동이 선택된 것이라면 명사나 형용사를 사용함으로써 행동들을 묘사하는 것은 정확하지 않다는 것이다. 더 정확하게 말해서 행동을 묘사할 때 사용하는 방법으로는, 위의 단어들을 동사형으로 표현해야 한다. 즉 동사로 행동을 묘사하는 데 사용해야만 한다. 예를 들어, 일반적으로 사용하는 용어인 우울(명사) 혹은 우울한(형용사)은 정확하지 않다. 선택이론에 따르면, 우울해하기(동명

사)나 우울을 선택하기(부정사) 같은 형태의 동사를 사용해야 한다. 그래서 동사형을 사용하는 것은 단지 올바른 문법을 사용하는 것보다 더 중요하다. 이는 즉, 우리가 우울하기를 선택한 것이라면 또한 우울해하기를 그만두는 것도 선택할 수 있다는 논리이다. 동사형을 사용하는 것은 좀 더 효과적인 행동을 선택하는 데 있어서 방향을 제시해 준다. 우울해하기에 대한 우리의 선택을 묘사하기 위하여 명사나 형용사(예를 들어, 우울과 우울한)를 사용하면, 대부분의 사람들이나 거의 모든 상담자들이 그렇게 하고 있듯이 진짜 문제를 회피하게 되기 쉽다. 우리가 불만을 갖는 것은 선택에 대한 것이다.

영화, '이보다 더 좋을 수는 없다(As good as it gets)'의 멜빈 유달처럼 제리는 그가 하는 행동을 선택했고, 상담을 통해 그가 좀 더 나은 선택을 하기 시작할 것은 분명하다. 첫 장의 첫 번째 문단에서, 여러분은 아마 내가 그의 행동을 묘사하기 위해 '강박적이기'와 '충동적이기'처럼 동사를 사용한 것을 눈치 챘을 것이다. 이 책을 더 읽어 가면서 여러분들은 이런 어법을 사용한 많은 예를 보게 될 것이고, 결국은 여러분이 이해하게 될 것으로 나는 믿는다.

예를 들어, 다음번에 여러분들은 자신이나 혹은 다른 사람에게 '약간 우울한'이란 단어를 사용하지 말기 바란다. "나는 우울해"라고 말하는 대신, "나는 지금 내 생활에서 관계가 제대로 되어 가고 있지 않기 때문에 우울해하기를 선택했어. 나는 더 나은 선택을 하기 위해 노력하려고 해"라고 해 보라. 만약 여러분이 이런 제안을 받아들인다면, 여러분은 선택이론적인 입장에서 사용하는 바른 문법으로 즉시 다음과 같은 결론을 내리게 될 것이다.

"만약 내가 하는 모든 것을 내가 선택하는 것이라면, 더 나은 무언가를 하기 위해 나는 다른 것도 선택할 수 있을 것이다."

제3장
남편을 믿지 못하는 루시

우리 모두는 자신들처럼 완벽한 사람들만 살고 있는
완벽한 세계를 원하고 있지만,
그런 세계는 결코 존재하지 않았다.

　루시는 첫 상담약속에 일찍 온 자발적인 내담자이다. 나는 그녀와의 첫 상담을 내가 늘 해 왔던 과정대로 진행할 것이다. 치료상담 시간은 귀중한 것이다. 나는 그녀가 이 첫 상담 후 조금이라도 도움을 받았다는 믿음을 가지고 가길 바란다. 이 책에 포함되어 있는 내담자-상담자 간 대화의 대부분은 상담과정에 있었던 사소한 잡담은 생략하고, 다만 내담자가 변화를 위한 선택을 하도록 인도하는 데 초점을 맞춘 것이다.
　루시가 문으로 들어섰을 때, 나는 악수하면서 그녀를 맞이했다. 그녀는 약 50세 정도로 보이는 옷매무새가 단정한 매력적인 여성이었다. 그녀의 키와 몸무게는 표준이었고 건강해 보였으나, 행복해 보이지는 않았다. 그녀는 거의 억지웃음을 띠면서 들어왔다. 루시가 결혼반지를 끼고 있었기 때문에 나는 그녀가 결혼했거나 과부일 거라고 추측했다.
　나는 그녀의 이름과 주소를 적었다. 그녀의 전화번호는 그녀가 상담예약을 했을 때 이미 말했기 때문에 가지고 있다. 그녀의 재정상태에 대해서는 묻지 않았다. 나는 상담료를 받을 것이라고 여겼고, 상담 시작부터 내담자와의 좋은 관계 맺기는 매우 중요하기 때문에 상담료에 대해 언급하는 것은 역효과를 초래할 것이라고 생각해서 언급하지 않았다. 내가 만약 첫 상담에서 그녀를 돕게 된다면, 그리고 물론 나는 그렇게 할 수 있을 것이라고 믿기 때문에 나는 내담자 형편에 알맞은 상담료를 받을 수 있을 것이라 생각했다. 모든 내담자들과 마찬가지로 그녀가 낼 수 있는 상담료 지불 방법을 그녀와 함께 생각해 낼 것이다.

앞장에서처럼 상담을 진행하면서 나는 내가 생각하는 것을 설명할 필요가 있다고 여길 때마다 상담을 중단할 것이다. 자발적인 내담자들과 항상 그랬던 것처럼, 나는 "루시, 당신이 이곳에 와야 할 진짜 이유가 있었을 것입니다. 당신이 먼저 마음속에 무얼 생각하고 있는지 내게 말해 주기 시작한다면 많은 도움이 될 것 같군요" 하고 시작했다.

나는 그녀에게 문제가 무엇인지를 묻지도 않을 것이며, 그녀를 어떤 특정 방향으로 이끌지도 않는다. 단지 그녀가 나를 보러 오게 된 이유가 있을 것이라고 추측하고 개방적 질문을 한 것이다. 그녀도 다른 내담자들과 마찬가지로 불만족스러운 관계 때문에 고심하고 있고, 그런 악전고투로 인해 상당한 고통 속에 빠져 있다는 것을 나는 알고 있다. 관계에 대해 그녀가 얘기를 꺼낼지, 혹은 내가 먼저 물어 봐야 하는지 나는 항상 궁금해한다.

"나는 불행해요. 오랫동안 5년 넘게 그랬고, 더 나아질 것 같지도 않아요. 주로 나는 우울하긴 하지만, 최근에는 더 격해지는 것 같아요. 나는 어떤 것을 깨뜨리거나 내던지고 싶어졌어요. 나는 아무 때나 누구하고 있더라도 자제력을 잃어요. 어제 나의 어머니가 전화해서는 내가 어떻게 지내고 있는지 물었는데 난 폭발하고 말았어요. 난 큰소리를 지르고, 욕지거리를 하고, 어머니가 상관할 바가 아니라고 말했어요. 어머니가 내가 기분이 좋지 않다는 것을 알고 있었기 때문에, 나에게 해를 끼칠 의도가 전혀 없었다는 것을 알고 있었는데도 돌아버린 거죠. 쇼핑하러 가서 가게에서도 그런 일이 일어날 수 있어요. 제 아이가 전화했을 때도 그랬고. 그 외에도 많아요. 그리고 남편과도 계속 그랬고요. 내가 마음 편히 느끼는 곳은 오직 학교밖에 없어요. 난 중학교 영어교사거든요. 그 부분이 내가 편안해하는 생활이에요. 나머지는 악몽이죠. 나는 침울해하고 있지 않으면 화내고 있어요. 최근에는 주말이면 머리가 깨질 것 같은 두통 때문에 시달리고 있어요. 나는 이런 식으로는 계속 지낼 수가 없어요. 주변에서 선생님에 대한 이야기를 들었어요. 선생님, 나는 도움이 필요해요."

무엇인가 잘못되어 가고 있는 것이 분명했다. 나는 첫 질문부터 많은 것을 알아냈다. 우선, 내 추측으로는 그녀는 엄청난 갈등 속에 있다. 그녀는 주변 사람들을 못살게 굴고 있고 우울해하고 있으며 화를 내고 있고 두통에 시달리고 있다. 어떤 관계가 망가졌는지를 알아내는 것은 전혀 어려울 것 같지 않았다. 나는 그녀의 주변관계에 초점을 맞출 것이다. 그녀가 내게 말할 준비가 이미 되어 있다는 것으로 확실하게 알 수 있었다.

"만약 당신이 무엇이 정말로 잘못되었는지를 내게 말해 줄 수 있다면, 우리는 많은 시간을 절약할 수 있어요. 내 경험으로 보아 중요한 관계가 지금 잘못되어 가고 있다는 것을 나는 알 수 있어요. 누구와인지, 무엇이 잘못되었는지를 알고 싶군요."
"누구와 무엇이 잘못되었냐고요? 나는 방금 전에 저 문으로 걸어 들어왔는데, 선생님은 내게 그런 것을 물으시는군요. 내가 선생님을 믿을 수 있는지를 어떻게 알아요? 난 선생님을 몰라요. 난 대답하지 말까 봐요."
"오, 아닐걸요. 아마 당신은 대답하길 원하고 있을 거예요. 그 질문은 늘 당신의 마음속에 있었어요. 당신이 맞아요. 당신이 나를 믿을 수 있는지 모르겠다는 것은… 그러나 만약 당신이 나를 믿을 수 없다면 내가 당신을 도울 수 없다는 것을 아는 것은 그리 어려운 일이 아니죠. 그 문제가 분명히 당신 마음속에 걸려 있기 때문에 아마도 우리는 신뢰에 대해 먼저 얘기를 해야 할 것 같군요. 그게 당신에게 도움이 될 것 같아요."

지금 그녀는 비밀을 조금 누설하고 있는 것이다. 관계에서 무엇이 잘못되었든지 그것은 신뢰와 관련된 것 같았다. 그녀의 나이라면 대부분 주로 남편과 관련이 있을 것이다. 그리고 그녀의 우울해하기는 더 이상 분노를 억제하지 못하고 있다. 그녀는 모든 사람에게 폭발하고 있다. 그녀는 그녀가 왜 화를 내는지를 사람들이 알기를 원한다. 그녀는 또한 도와 달라고 소리치고 있으나 너무도 화가 나서 분별없이 모든 관계를 위태롭게 만들고 있다. 그녀는 다른 누구보다도 남편을 필요로 했기 때문에 남편에게 화내는 것을 그동안 참아 왔지만 이제는 그에게도 화내기를 시작하게 된 것이다. 그러나 이런 분노들은 좋은 징조가 될 것이다. 그녀는 우울해하기, 화내기, 두통 혹은 신체화하기를 선택함으로써 문제를 부인하는 대신에 문제에 부딪쳐 싸우길 원한다.

"내가 명청하게 굴고 있지요, 그렇죠? 난 선생님을 믿어야만 해요, 그래야 하죠?"

"사실, 그렇지요. 그러나 천천히 합시다. 내가 하는 모든 말에 질문해요. 내 자신에 대해 물어 보세요. 만약 당신이 내 배경을 이해한다면, 당신은 내가 당신에게 상처 줄 것이라고 걱정하지 않아도 되겠죠. 나는 비밀로 할 것이 전혀 없어요. 나는 내가 말하는 모든 것에 대해 언제나 설명할 수 있어요."

내가 그녀를 안심시킨 것 같았다. 나는 그녀가 긴장을 푸는 것을 보았다. 이러한 접근은 상담에서 내가 즐겨 쓰는 방법이다. 내담자에게 나와 함께 생각하도록 단서를 주고, 그녀가 이해하지 못하는 부분에 대해서 질문하게 한다. 이 방법으로 우리는 정직한 관계를 만들 수 있다. 그런 유형의 관계는 확실히 지금 그녀의 생활에서는 빠져 있을 것이 분명하다.

"좋아요. 선생님에게 무엇이 잘못되었는지를 말할게요. 나의 남편이에요. 선생님이 많이 들어 보신 이야기겠지만, 이건 좀 달라요. 그는 여자 밑에서 일해요. 그녀는 사장이죠. 그들은 함께 여행을 많이 가곤 했고, 그러다 불륜에 빠졌어요. 3년 되었지요. 그 여자가 여러 해 동안 그렇게 해왔다는 것을 알았죠. 그가 첫 번째인 것도 아니에요. 다른 부인 두 명이 제게 그런 얘기를 해 줬어요.

그들은 같은 문제로 고통받았고, 남편들이 무슨 일이 있었는지를 그들에게 말했다고 하더군요. 그리고 그녀들은 나에게 얘기하는 것이 자신들의 의무라고 생각했대요. 그 여사장은 한 번에 한 남자씩 상대했다더군요. 나는 그녀가 어떤 식으로 하는지 소문을 들었어요. 그런데 난 믿을 수가 없어요. 내 남편과 그랬다는 것을. 그런 일이 가능하다는 것을 생각할 수 없었어요. 어쨌든 지금은 끝났어요. 그녀는 누군가 딴 사람과 사귀고 있고, 남편은 회사에서 다른 일을 맡아서 더 이상 그녀와 여행을 가지도 않아요. 그러나 내 입장은 이래요. 나는 그것을 잊을 수가 없어요. 나는 그가 한 짓을 용인할 수 없어요. 나는 그를 더 이상 신뢰할 수 없어요. 그는 기회가 있었다면 또 다른 누군가와 관계를 맺었을지도 몰라요. 그 점이 내 인생을 망치고 있어요. 왜냐하면 내가 아직도 그를 사랑하기 때문이죠. 그가 내게 잘해 주려고 할 때면 나는 진짜 화가 나고 폭발해 버려요. 나는

52살이에요. 나는 다시 새로운 삶을 시작하고 싶지도 않아요. 그러나 나는 그를 용서하지 못하는 것 같아요. 나는 완전히 노이로제에 걸렸어요. 선생님은 어떻게 나를 도와줄 수 있나요?"

"당신의 남편은 그런 사실을 다 인정했나요?"

"아뇨, 그는 모든 것을 부인하고 있어요. 내가 남편에게 문제를 직면시켰지만, 그는 아무것도 인정하지 않았죠. 그는 다른 남자들이 그녀와 잠자리를 함께했다는 것을 알고 있지만, 자신은 아니라고 해요. 그는 그녀를 좋아하지도 않는다고 하더군요. 그리고 나를 사랑한대요. 내가 그를 믿어야만 한대요. 확실하지 않은 것에 대해서 나 자신을 미쳐 버리게 하고 있다나요. 그러나 나는 그를 믿지 않아요. 나는 그가 거짓말을 하고 있다는 사실을 증오하고 있어요. 솔직히 말하자면, 그가 차라리 그 사실을 인정하는 것이 훨씬 나을 것 같아요. 적어도 그는 정직하긴 한 거죠."

"만약 그가 지금까지 내내 그것을 인정하지 않았다면, 앞으로도 인정할지 의심스럽군요. 어쨌든 지금 그렇게 한다고 무엇이 좋아지나요?"

"무엇이 좋아지냐고요? 정직해지는 거죠. 나는 거짓말쟁이와 산다는 것이 참을 수 없이 화가 나요."

"저는 그가 했든 안 했든 지금에 와서는 아무런 차이가 없다고 생각해요."

"선생님은 어떻게 그렇게 말할 수 있어요? 엄청난 차이가 있다구요. 그는 그렇게 했고 나는 그가 했다는 것을 알아요."

"루시, 그게 바로 내가 당신에게 말하려는 것이에요. 지금 당신은 그가 했다고 알고 있어요. 그가 어떻게 말하든 달라질 것은 아무것도 없죠. 당신은 그를 심판했고 그가 유죄라는 것을 알아냈죠. 당신이 이런 식으로 생각하는 것이 틀렸다고 말하진 않겠어요. 내 말은 오늘, 바로 지금 당신이 어디에 있느냐는 거죠. 비록 당신이 우울해하기를 어떻게 선택하든, 당신이 화내기나 두통을 얼마나 많이 선택하든, 그것들은 그가 '했는지 혹은 안 했는지'라는 사실을 전혀 변화시키지는 못한다는 것이죠. 당신 마음속에서는 그가 유죄이지만, 그 점에 대해 당신 남편이 할 수 있는 것은 아무것도 없어요. 루시, 말해 봐요. 지금 당신이 정말로 무엇을 원하고 있는지."

"내가 우울해하기를 선택했다는 것이 무슨 소리예요? 도대체 선생님은 무슨 말을 하시는 거죠? 나는 이런 느낌이 드는 것을 원하지 않아요. 그가 한 짓이 나를 이런 기분에 빠지게 하고 있죠."

나는 선택이론에 대해 약간 설명을 했고, 그녀는 남편을 비난하는 외부통제를 선호하면서 선택이론을 부인했다. 그러나 선택이론을 소개하는 것은 그녀를 도울 수 있는 씨뿌리기가 된 것이다. 즉, 그녀가 통제할 수 있는 것은 자신의 행동뿐이고 무슨 행동을 하든 그것은 그녀의 선택이라는 것이다. 그녀가 남편이 외도했다고 확신하는 한 아무도 그녀를 도와줄 수 없기 때문에 나는 뿌린 씨를 잘 가꿔야만 한다. 그가 외도를 했든 안 했든 그것은 문제가 안 된다. 그녀는 그가 실제로 무엇을 했는지를 결코 알아낼 수 없을지도 모른다. 그러나 그녀는 그를 사랑하고 그와의 결혼 생활을 계속 유지하길 원한다고 말했다. 만약 그녀가 그렇지 않았다면 그렇게 혼란해하는 것을 선택하지 않았을 것이다. 나는 그녀가 어떻게 남편을 다시 받아들일지를 알아내도록 도와주어야 한다. 만약 그녀가 할 수 없다면, 그들이 이혼하든지 안 하든지 간에 그녀는 불행한 삶을 그녀의 운명으로 여길 것이다. 그녀는 사랑을 원하는 것과 믿을 수 없다는 것 사이에서 갈등하고 있고, 오직 그녀만이 그것을 해결할 수 있는 것이다. 어쨌든 그녀를 나는 도울 수 있다.

"당신이 방금 전에 내가 물은 질문에 대답을 한다면 도움이 될 거예요. 제발 해봐요."

"무슨 질문이요? 선생님은 내가 느끼고 있는 이런 것들을 느끼는 것을 내가 선택했다고 했어요. 그건 질문도 아니에요. 엉뚱한 소리죠."

"유감이군요. 내가 선택에 대해서 말했을 때 당신은 그것만 들은 것 같아요. 내가 실제로 물었던 질문은 지금 당신이 무엇을 원하고 있느냐는 것이었죠."

"오, 그건 쉬워요. 나는 남편을 신뢰하기를 원해요. 나는 내가 누리고 있었다고 생각했던 좋은 결혼 생활을 원해요."

"그러나 내 추측으로는 당신이 그를 믿기에는 너무 화가 나 있는 것 같아요."

"화가 나 있다는 것은 적당치 않은 표현이에요. 나는 격분하고 있어요."

자, 이제 문제를 찾아 낸 것으로 보아도 된다. 그녀는 계속 화내기를 선택하는 것은 자신의 불행을 계속하게 한다는 것을 인정했다. 그리고 그녀는 그를 신뢰하기를 원하고 결혼을 계속 유지하길 원하고 있다. 그것은 긍정적인 것들이다. 나는 이제 그녀를 과거에 계속 얽매여 있게 하기보다는 현재로 돌아올 수 있는 다른 질문을 하겠다.

"이 질문은 어때요. 당신에게 바람이 있다면, 당장 무슨 바람을 빌고 싶어요?"

"그건 쉽죠. 항상 내 마음속에 있던 바람이죠. 나는 그 일이 안 일어났기를 바라요. 나는 남편이 그 여자를 결코 안 만났기를 바라요. 나는 여기에 앉아서 선생님과 이야기를 하지 않으면 해요. 내가 우울하지도 않고 화도 내지 않았으면 해요. 그리고 지금, 난 두통이 다시 생기는 것 같아요. 그래서 두통이 사라졌으면 해요. 만약 선생님이 나의 바람에 대해 말하라고 한다면, 나에게는 바람이 너무 많아요."

이제 나는 그녀가 불가능한 일에 직면하고 있다는 것을 그녀가 깨달아야 할 시점까지 오게 한 것이다. 시간이 걸리겠지만 나는 누구도 과거를 사라지게 할 수는 없다는 것을 그녀에게 가르쳐야만 한다. 우리 모두가 통제할 수 있는 것은 현재 자신의 행동뿐이라는 것이다. 우리 모두는 우리처럼 완벽한 사람들이 살고 있는 완벽한 세계를 원하고 있지만, 그런 세계는 결코 존재하지 않았다. 만약 있었다면, 심리치료는 더 이상 필요 없었을 것이다. 여러분들이 보다시피, 나는 그 일이 일어났는지 아닌지에 대해서는 다루지 않을 것이다. 그녀의 남편만이 그 사실을 알고 있다. 사실을 캐내려는 것은 물을 더 흐리게 하는 것이다. 나는 그녀의 남편이 유죄이건 무죄이건, 지금 그녀가 무엇을 할 수 있는지로 접근하려고 한다. 그녀가 현실을 바로 볼 수 있도록 하는 것이 내가 다룰 과제이다.

"나 또한 그 일이 안 일어났더라면 해요. 확신컨대, 만약 당신 남편이 유죄라면 그도 그 일이 없었기를 바랄 거예요. 그러나 만약 그가 죄가 없다면, 내가 확실하게 말해 줄 수 있는 것은 당신이 그를 비난하는 것을 중단해 주기를 그는 바라고 있을 거라는 것이죠. 여기에는 당신 혼자만이 그렇게 여러 가지 바람을 가지고 있는 게 아니죠."

내가 그녀의 남편도 역시 바람이 있을 것이란 생각을 꺼내 놓은 것은 초점을 바꾸기 위한 것으로, 즉 그녀가 남편의 입장에서 상황을 볼 수 있도록 하는 데 도움이 되었을 것이다. 지금 그녀 머릿속에는 온통 그녀 자신뿐이다. 그리고 그녀는 꼼짝 못하고 있다. 그녀는 예리한 뺑뺑이 축에 꽂힌 종잇조각 같다. 그녀는 비틀고 돌 수는 있지만 축에서 벗어나기를 바랄 수는 없다. 그녀의 남편에 대한 나의 언급에 대해 그녀가 뭐라고 했는지 한번 보자.

"그게 무슨 말이세요? 내가 그냥 잊어 버려야만 한다고요? 선생님은 내가 노력을 안 해 본 줄 아세요?"

"당신은 확실히 노력했을 거라고 믿어요. 그러나 당신은 혼자서만 했어요. 당신은 남편을 전혀 포함시키지 않았죠. 당신이 금방 뭐라고 했는지 알죠?"

"내가 방금 말한 게 뭐죠?"

"자, 나는 당신이 '내가 그냥 잊어버려야만 한다'는 것을 들었어요. 그리고 당신은 노력했다고 했어요."

"그랬죠. 거의 잊어버릴 수 있었던 때도 있었지만, 나는 그렇게 할 수 없었어요."

"아니요. 그렇지 않아요. 당신은 지금까지 잊으려는 의지가 없었어요. 그리고 당신은 나중에 무엇을 할 수 있는지도 몰라요. 그것을 추측해 볼 필요도 없어요. 당신은 지금 무엇을 할 수 있고, 무엇을 할 수 없는지에 대해서만 알고 있는 거예요. 그러나 당신은 내게 이렇게 말했죠. '나는 더 이상 이런 식으로 살 수 없어요!' 하고. 그건 무슨 의미죠?"

"네, 난 이렇게 살 수 없어요. 나는 불행해요. 만약 내가 그를 사랑하지 않았다면, 난 차라리 괜찮았을 거예요. 나는 이혼을 원치 않아요."

"만약 당신이 이혼을 원했다면, 당신은 나를 만나러 오지 않았을 거예요. 그러나 당신 주변에서 일어나고 있는 일들은 바뀔 수 있어요. 그런 것들이 계속 일어나기를 당신이 계속 선택하지 않는 한 그것은 계속 일어날 필요가 없어요. 관계 안의 것들은 언제나 변하죠. 우리는 지금 당신이 한 번도 해보지 않았던 일을 하려 하고 있어요. 당신은 지금 그 상황에 대해서 믿을 수 있는 사람과 합리적으로 얘기하고 있어요. 그것은 많은 차이를 가져올 겁니다."

"나는 너무도 당황스럽고 혼란스러워서 내가 무엇을 원하는지도 모르겠어요. 그리고 선택하기에 대한 선생님의 헛소리가 나를 혼란스럽게 하는군요."

"난 당신을 혼란스럽게 하는 것이 아니에요. 당신은 자신이 무엇을 원하는지 정확히 알고 있어요. 나에게 말했어요. 당신이 무슨 말을 듣길 원했는지 내가 말하고 있나요?"

"무슨 일이 있었는지 잊어버리는 것이 좋다는 말인가요?"

"루시, 세상은 완벽하지 않아요. 당신은 완벽한 남자와 결혼하지 않았지만 그를 사랑해요. 그리고 당신도 완벽한 여자가 아니죠. 당신의 입장은 이유가 있어요. 5년간의 고민이면 충분해요…. 말해 봐요, 어젯밤에 당신은 뭘 했죠?"

그것에 대해 그녀가 생각하는 동안, 나는 마지막 질문으로 방향을 바꿀 것이다. 그건 내가 여러 해 동안 사용해 온 방법이다.

보편적인 질문은 피하고 구체적으로 질문하라. 보편적인 질문은 진전을 막는다. 어젯밤에 있었던 일은 다른 무엇보다도 그녀의 현재 결혼 상태에 대해서 자세히 알 수 있게 한다. 그리고 그녀가 어젯밤과 같은 밤을 얼마나 원하는지 알아볼 수 있다.

"어젯밤에 별 특별한 일은 없었어요. 아니, 선생님의 의도가 뭐예요? 어제 저녁을 먹고 남편은 잠시 TV를 보았고 나는 답안지를 채점했어요. 그리고 우린 잠자리에 들었어요. 얘기는 많이 안 했어요. 나는 평소대로 우울했고, 어젯밤에는 심지어 화도 안 냈어요."
"당신은 그런 밤을 얼마나 더 원하나요?"

이 질문은 또 한 번의 구체적인 것이다. 그녀의 분노가 사그라드는 것처럼 보였다. 이는 좋은 징조가 아니다. 체념하는 것처럼 볼 수 있었는데, 나는 그것이 염려가 된다. 그러나 다른 한편으로 좋게 본다면 계속되고 있는 상황에 대해서 그녀가 지긋지긋해하고 있는 것이 분명하기 때문에 그것은 오히려 잘된 일이다.

"내게 무슨 말을 기대하는 거죠? 나는 더 이상 그를 신뢰하지 못해요. 우리는 그냥 지내요. 그 이상은 없죠. 그는 내가 이게 내 방식이란 것을 인정하고 있어요."
"성 관계는 어때요?"
"그가 원할 때만요. 드물게요. 선생님의 의도가 뭔지 몰라도, 내가 먼저 접근하지는 않아요. 우리는 가끔 몸이 닿기는 하지만 옆에 사람이 있다는 사실을 피하고 싶지는 않는 것 같아요. 내 생각에 아마 그것마저 없다면, 우리의 결혼은 진짜 끝나는 거죠."
"어젯밤에도 난리가 났었나요? 분노를 느꼈어요?"
"그렇죠. 표면 밑에는 항상 분노가 있어요."

그것은 좋은 징조이다. 그녀는 포기하지 않은 것이다.

"그를 향한 분노를 느꼈다고요?"

"아마 그런 것 같아요. 그러나 나는 폭력적인 사람이 아니에요. 물건에다 더 직접적으로 화풀이해요. 최근에 나는 TV를 때려 부수고 싶다는 생각이 들었어요. 접시는 실제로 깼었죠. 나는 뭔가가 깨지는 소리가 듣고 싶어요."

그녀가 어떤 변화를 원하고 있다는 것을 나는 알 수 있었다. 그러나 만약 그녀가 TV를 때려 부순다면 상황은 더 악화될 것이다. 폭력은 절대로 문제를 해결하지 못한다. 내가 개입해서 직접적인 제안을 해야 할 시간이다. 만약 그녀가 거절한다면 잠시 뒤로 물러서겠지만, 계속 그녀가 직면하도록 할 것이다.

"좋아요. 난 당신에게 많은 질문을 했어요. 그래서 당신에 대해 많은 것을 알게 되었죠. 당신이 방금 뭔가가 깨지는 소리가 듣고 싶다고 말했어요. 나도 아마 그럴 거예요. 당신 생활을 파격적으로 만들기 위해 당신은 무엇을 할 수 있나요? 내 말은 TV를 때려 부수는 것 말고, 긍정적인 파괴를 의미해요."

"긍정적인 파괴요? 무슨 말인지 모르겠어요."

"당신 남편에게 '당신을 사랑해요. 과거는 끝났어요. 당신이 무엇을 했든 안 했든, 그것에 대해 내가 할 수 있는 일은 없어요. 나는 여러 해 동안 과거를 바꾸려 했지만 그것을 할 수 없었어요'라고 말하세요. 루시, 당신은 과거를 바꾸려 했기 때문에 성공하지 못했어요. 당신은 결코 성공하지 못할 거예요. 당신은 알고 있죠. 오랫동안 알고 있었어요. 상상으로 통 속에 과거를 담아서 그것을 창문 밖으로 던져 버려요. 그것은 수많은 조각으로 깨질 거예요."

"그렇지만 내 감정들은 어떻게 해요?"

"과거와 같이 통 속에 넣어 버려요. 시간이 필요하겠지만 당신은 할 수 있어요. 당신은 떨쳐버릴 방법을 찾고 있어요. 그렇지 않았다면 당신은 여기에 오지도 않았을 거예요."

"그가 나를 거절하면 어쩌죠? 나는 오랫동안 그를 힘들게 했어요."

"만일 그가 그렇게 하지 않는다면, 그것이 지금까지 당신의 걱정거리였나요?"

"선생님은 이제까지 내가 해왔던 것을 그냥 멈추란 거예요?"

"당신이 이제까지 선택해 왔던 것을 멈추라는 거예요. 그만하면 충분해요. 5년이면 됐어요. 당신의 뜻은 전달이 되었을 거예요. 그쯤 해둬요. 당신이 그를 벌하려고 했다면 당신은 성공했어요. 당신이 자신을 벌하려고 했다면 그건 또 너무나 잘했지요."

"남편이 무슨 일이 있었는지, 내가 왜 바뀌었는지 물으면 어떻게 해요?"

"사실대로 얘기해요. 나에게 왔었다고 말해요. 그리고 다음에 당신과 같이 가자고 요구해 봐요. 한 시간 정도 두 사람 모두를 만나고 싶군요."

"그런데, 이런 거예요? 사람들이 말하길 상담은 여러 해가 걸린다고 하던데."

"끝난 것은 아니지만 우리는 좋은 출발을 했어요. 일어난 일을 그 이상 언급하지 않는 것은 어려운 일이 될 거예요. 만약 당신이 남편과 같이 올 수 있다면, 나는 둘 다 도와줄 수 있다고 생각해요. 그러나 당신에게 경고하겠는데, 만약 그가 온다면 나는 무슨 일이 일어났는지 안 일어났는지에 대해서는 얘기하지 않을 거예요. 나는 현재나 가까운 미래에 대해서만 얘기할 거예요. 괜찮겠어요?"

"난 과거에 넌더리가 나요. 그렇지만 놓아 버리는 것은 약간 두려워요."

"오랫동안 붙잡고 있던 것을 놓으려 하니까 두려운 거지요. 당신의 고집스러운 부분이 당신에게 이렇게 말하고 있어요. '그렇게 할 수 없어' '남편은 내가 용서할 거라고 기대할 권리가 없어'라고 말이지요. 그래서 우리는 상담을 얼마간 계속해야 해요. 만약 얘기하고 싶다면 전화해요. 다음 주에 같은 시간에 봅시다."

내담자들이 그들의 생활에서 큰 변화를 가지려고 노력할 때, 나는 언제나 만나 주겠다고 한다. 그렇다고 해서 내담자들은 그들의 특권을 남용하지 않는다. 루시가 남편을 설득하여 같이 온다면, 난 부부상담을 대환영할 것이다. 그러나 그렇게 되지 않았다. 그녀는 다음 날 전화해서 남편이 그녀와 함께 또는 자기 혼자서 오는 것을 단호하게 거절했다고 말했다. 그는 그녀로부터 듣는 것만으로도 충분하고, 또한 자신을 공격하는 데 의사까지 합세하는 것을 원치 않는다고 말했다고 한다. 게다가 그는 치료자가 필요 없다고 말했다고 한다. 그는 그가 하지도 않는 일에 대해 그녀가 그를 비난하는 것을 그만두길 요구하고 있다.

나는 그녀를 계속 만났지만 다양한 방법으로 그녀에게 이 과정을 반복해 질문했을 뿐이다: 얼마나 오랫동안 불행에 머무는 선택을 원하느냐? 만약 그녀가 남편을 비난하는 것을 포기하지 않는다면 결혼생활도 끝이라는 것을 그녀가 알게 된 것은 주1회 상담을 여섯 번 거친 후였다. 결혼생활은 이미 악화된 상태였었다. 우리는 6회 상담동안 많은 것을 성취하지는 못했지만, 내가 보기에는 그녀가 과거를 놓아 버리는 것을 상기시키기에는 충분했다. 외부통제 속에 있는 루시 같은 사람들은 거기서부터 벗어나는데 시간이 걸린다. 상담하는 기간에 나는 그녀에게 『행복의 심리』를 읽으라고 주었고, 그 책을 읽는 것이 그녀에게 도움이 되었다.

제4장
또 다른 부부상담을 원하는 비아와 짐

> 선생님은 어떤 상담가죠? 선생님은 무엇을 하고 있는지
> 모르고 계신 것 같아요.
> 내가 어떻게 느끼고 있는지는 묻지도 않으시고,
> 나의 고통에 대해 듣기를 원치 않으시는군요.
> 도대체 우리는 여기서 지금 무엇을 하고 있는 거죠?

남편이 같이 오기를 거부한 루시와는 다르게, 비슷한 문제를 가지고 있는 비아와 짐은 도움을 받으러 같이 왔다. 루시처럼 비아는 몹시 화가 나 있는 상태지만, 그녀의 화내기는 훨씬 더 타당했다: 짐은 불륜 사실을 인정했다. 내가 여기에서 보여 주고 싶은 것은 문제가 무엇이냐와 상관없이 결혼한 부부를 내가 어떻게 상담하는가이다. 만약 루시의 남편이 왔다면 똑같이 했을 것이다.

부부가 상담을 받으러 오면, 나는 내가 개발한 구조화된 현실치료상담으로 부부상담을 한다. 이 기법은 결혼이 협력관계라는 것을 강조하며, 그것만이 비아와 짐 같은 문제가 있는 부부에게 도움이 되는 방법이다. 이 기법은 부부 어느 한쪽에게 좋은 것이 무엇이냐가 아닌, 그들의 결혼관계에 좋은 것이 무엇이냐에 초점을 맞춘다.

이 상담은 엄격한 구조를 가지고 있기 때문에 대부분의 부부들이 놀라워한다. 그들은 특히 피해자라고 믿고 있는 사람에게 내가 좀 더 동정적이기를 기대한다. 내가 상대방이 어떻게 느끼는지에 대한 논의에 관심을 두

지 않는 데는 목적이 있다. 내 경험에 의하면 이런 논의는 상담을 잘못된 길로 이끌게 된다. 엄청난 불행을 표현할 기회를 주게 되고, 부부 각자는 어김없이 상담자를 자기편으로 끌어들이기 위해 애쓰게 된다.

심지어 어떤 결혼 상담사는 부부 중 어느 한 사람이 다른 사람보다 문제발생에 더 책임이 있다는 것을 넌지시 암시하여, 결혼생활에 더 해를 끼치는 위험을 초래하기도 한다.

처음 언뜻 보기에 내가 사용하는 이 기법은 부부를 상담하는 데 있어 아주 단순하게 보일 것이지만, 당신이 결혼상담자라면 이렇게 해볼 것을 강력히 권한다. 2회 상담종료 전에 부부는 그 점을 이해하고, 그것을 그들이 어떻게 사용할지도 알게 된다는 것을 당신은 알게 될 것이다. 그것은 결혼생활을 파괴하는 외부통제로부터 부부를 벗어나게 하여 결혼생활을 지키는 선택이론으로 빨리 들어가게 한다. 상당히 구조화된 이 접근에서 상담이 어떻게 이루어지는지는 내가 비아와 짐을 상담하는 과정에서 명백해질 것이다.

비아와 짐은 40대 초반으로, 외모나 배경에서 특별한 것이 없었다. 그들에 대해 묘사하지 않을 테니 여러분이 각자 상상해 보길 바란다. 우리 모두는 주변에서 행복하지 않은 결혼생활을 하는 40대 초반의 부부들을 한 쌍쯤은 알고 있다. 당신들이 그런 부부를 연상해 낸다면, 내가 상담하는 것을 보면서 더 개인적으로 느껴질 것이다.

서로 친숙해지기 위한 여러 가지 평범한 질문을 한 뒤에 나는 시작했다.

"상담을 하기 위해 나는 다섯 가지 질문을 할 겁니다. 상담이 효과적으로 되려면, 각 질문에 대해 자기 나름대로 각자 답변을 해 주는 것이 매우 중요해요. 제발 둘이 동시에 말하려고 하지는 마세요. 질문은 어렵지 않지만 각자가 내 질문에 대한 만족스러운 대답을 해 주어야만 해요. 나는 게임을 하자는 것이 아니에요. 물론 나는 어떤 대답이 내 마음에 들지 않으면 그 이유를 설명해 줄 겁니다. 거칠게 굴려는 의도는 없지만, 내가 만약에 그렇게 한다면 그것은 당신들이 내 질문에 충실하게 대답하는 것이 얼마나 중요한지를 당신들에게 확실히 이해시키고 싶기 때문이에요."

상담자: 당신들의 결혼생활을 위해 도움을 얻으려고 비아와 짐이 여기에 있어요. 내 말은 당신들이 이혼을 원하기 때문에 여기에 있는 것이 아니고, 결혼생활이 깨지는 것에 대한 죄책감을 느끼고 싶지 않기 때문에 나를 우선 찾아온 거라는 거죠. 좋아요. 누가 먼저 시작할래요?

짐: 나는 도움을 원해요. 이 결혼은 실패작이에요. 나는 그녀와 이렇게 살기 싫어요. 나는 그녀를 사랑하지만, 내가 그녀를 만족하게 해 줄 수 있는 것이 더 이상 없는 것 같아요.

비아: 나는 남편 때문에 여기에 왔어요. 나는 속은 느낌이에요. 그런 감정을 없앨 수가 없어요.

상담자: 비아, 당신이 어떻게 느끼는지 나는 이해해요. 내 생각에 짐도 당신이 어떻게 느끼고 있는지 알고 있는 것 같아요. 간단한 질문을 할 테니 대답해 봐요. 당신은 결혼생활에 도움을 받길 원하나요, 아님 이것이 이혼의 전조가 되는 겁니까?

비아: 물론 난 도움을 원해요. 이혼은 원치 않아요. 저번 주에 상담 약속을

할 때 선생님에게 말씀드렸죠.

상담자: 좀 더 자세히 말해 봐요. 당신 개인을 위해서 아니면 당신의 결혼생활을 위해서 도움을 원하는 겁니까? 여전히 난 그 질문에 대한 당신의 대답을 듣고 싶군요.

비아: 더 나은 결혼생활을 하는 데 필요하다면 난 둘 다 원해요. 만약 나의 결혼생활이 좋아진다면, 나도 역시 기분이 좋아질 거예요.

상담자: 자, 좋아요. 그만하면 충분해요. 다음 질문이 있어요. 당신은 누구의 행동을 통제할 수 있나요? 짐.

짐: 그건 쉬워요. 나는 그녀의 행동을 확실히 통제할 수 없어요.

상담자: 내가 너무 까다로운 것 같아 미안하지만, 내가 당신에게 물은 것은 그게 아니에요. 당신이 통제할 수 없는 것이 누구의 행동이냐고 묻지 않았어요. 내가 질문한 것은 당신이 통제할 수 있는 것이 누구의 행동이냐죠.

비아: 내가 만일 남편을 통제할 수 있었다면, 나는 여기에 오지 않아도 되었을 거예요. 나는 그렇게 할 수 없었어요. 그것이 여기에 오게 된 이유죠.

상담자: 저런, 협조를 부탁해요. 이건 아주 간단한 질문이에요. 당신들은 그냥 대답만 해요. 당신들 각자는 누구의 행동을 통제할 수 있죠?

비아: 음. 선생님의 의도가 무엇인지 알겠어요. 나는 나의 행동만을 통제할 수 있어요…. 남편과 함께 사는 데 있어서 그런 접근은 나에게 큰 도움이 되죠.

짐: 내 행동이요. 내 행동만을 내가 실제로 통제할 수 있어요.

여러분들은 그들이 어떻게 문제의 근원을 전적으로 상대방에게 초점을 맞추고 있는지를 알 수 있을 것이다. 선택이론에 따르면 우리가 통제할 수 있는 행동은 오직 자신의 행동뿐이기 때문에, 나는 그 점을 그들이 깨달을 수 있도록 주의를 환기시켜야만 한다. 그런 이유에서 나는 그것을 강력하게 주장하는 것이다. 결혼상담에서 어느 한 편이 상대방을 비난하는 것을 허용한다면 결혼관계에 해를 끼칠 수 있다. 나는 공손한 태도를 유지하겠지만 이 점에 대해서만은 단호한 태도를 취해야 한다. 다음 질문은 그들이 상대방을 비난할 수 있는 약간의 기회를 허용한다. 이것을 나는 필요한 단계로 보는데 그렇게 함으로써 그들이 나중에 배우게 된 선택이론에 따라 그들을 지배했던 외부통제를 포기했을 때, 그것이 결혼생활에 끼친 차이를 알 수 있게 해 주기 때문이다.

상담자: 좋아요. 이해하고 있군요. 당신들은 다른 이들의 행동이 아닌, 오직 당신의 행동만을 통제할 수 있다는 것이죠. 다음 질문은 당신들의 감정을 표현할 수 있는 기회입니다. 서두르지 맙시다. 알았죠? 세 번째 질문입니다. 각자 대답해 봐요. 당신들이 믿기에는 지금 당신들의 결혼생활에서 어떤 것이 잘못되었다고 보나요?

비아: 남편이요. 설명을 드렸죠. 그는 불륜관계를 맺었었고, 나는 어떻게 대처해야 할지를 모르겠어요. 남편은 자기 외도를 부인하지는 않지만, 그 일에 대해 더 이상 말하려 하지 않아요. 그는 그 일은 이미 끝났다고 얘기해요. 그러나 정말 끝났는지 알게 뭐예요? 그가 무슨 일을 저질렀는지 알게 된 때부터 나는 그가 하는 말을 하나도 믿지 않게 됐어요. 나에게 있어서 그 사건은 결혼생활의 끝처럼 느껴져요. 그가 그 일을 단순히 인정하고 끝났다고 말하지만 말고 그 일에 대해 말해 주길 원해요. 그가 그렇게 하면 나는 아마 극복할 수 있을 것 같아요. 적어도 내가 어떻게 느끼는지 관심이 없는 사람과 같이 살고 있는 것처럼 느껴지지는 않을 것 같아요.

짐: 내 느낌에 대해서는 당신 생각해 봤어? 나는 그 일을 부인하지 않았어. 몇 번 그런 일이 있었지만 끝났다구. 왜 사소한 일들을 되씹어야 하는 거야? 그렇게 심각한 것도 아니었어. 아내는 내가 많은 것을 숨기고 있다고 생각해요. 내가 아내에게 진실을 말했는데도, 아내는 만족하지 않아요. 선생님, 도대체 그런 일에 어떻게 대처하는 방법이 있는지 제게 말씀 좀 해 주시겠습니까?

상담자: 그 밖에 또 다른 것은요? 그게 다입니까?

짐: 나는 우리가 완벽한 결혼생활을 하고 있다고 말하는 것은 아닙니다. 그렇지만 그런 대로 우리 결혼은 괜찮았어요. 내가 어떤 짓을 했건 간에 나는 아내를 사랑하기를 그만둔 적이 없었어요. 이제 모든 것이 변했어요. 선생님, 나는 내가 방금 한 얘기 이상은 절대로 말하지 않을 작정이라는 것을 말씀드리겠어요. 그러나 아내가 원한다면 나는 그 얘기를 계속해서

반복할 수밖에 없어요.

비아: 뭐가 잘못되었는지 아시겠지요? 그는 부정한 짓을 저질렀지만 그것에 대해 내게 얘기하지 않으려 해요. 나는 그 여자가 누군지 알고 싶어요. 언제 어디서 그랬는지도 알고 싶어요. 그 여잔 지금 어디 있죠? 나는 그 여자의 전화번호를 알고 싶어요. 아마도 그녀와 얘기하고 싶은가 봐요. 그가 말하지 않으니까 그녀로부터 얘기를 직접 듣고 싶어요. 끝났다는 것만으로는 난 만족하지 않아요. 내 머릿속에서는 끝나지 않았어요. 나는 그를 믿을 수 없어요. 나는 이런 식으로 남편과 같이 살 수 없어요.

여기서 여러분들은 그들이 각각 나를 자기편으로 끌어들이기 위해 자기 입장을 어떻게 설명하는지 자세히 볼 수 있다. 내가 구조를 고수하는 한, 그들은 그렇게 할 수 없을 것이다. 비아의 마지막 말이 끝난 후, 짐은 체념한 표정을 지으면서 그냥 듣고 있었다. 그는 아무런 반박도 하지 않았다.

상담자: 좋습니다. 나는 당신 둘 다 세 번째 질문에 대해 만족하게 대답했다고 생각해요. 다음 질문에 대답할 준비가 되었나요?

비아: 우리 둘 다 질문에 만족스럽게 대답했다는 게 무슨 소리예요? 선생님은 남자세요. 선생님이 남자이기 때문에 남편이 완전히 숨기는 것에 만족할 수 있겠죠. 선생님은 어떤 상담가죠? 선생님은 무엇을 하고 있는지 모르고 계신 것 같아요. 내가 어떻게 느끼고 있는지를 선생님은 묻지 않으시고 나의 고통에 대해 듣기를 원치 않으시는군요. 도대체 우리는 여기서 무엇을 하고 있는 거죠?

이것은 나를 자기편으로 억지로 끌어들이려는 비아의 또 다른 시도이다. 나는 그들 중 어느 쪽의 편도 들지 않는다. 내가 만약 그렇게 했다면, 또 다른 편이 나를 원망할 수도 있을 것이며 내가 피하고 싶은 것이 바로 그것이다. 나는 누구편도 들지 않지만 내가 편을 드는 것이 있다. 나는 결혼관계에 편을 들 것이다.

짐: 내가 뭘 참아야 하는지 아시겠죠? 선생님은 아내가 몇 분 동안 고래고래 소리치는 것을 들으셨어요. 나는 밤낮 없이 그것을 듣고 살아야 해요. 불륜은 끝난 일이에요. 만약 아내가 나를 감시하고 싶다면 그렇게 하라고 하세요. 나는 협조할 겁니다. 아내에게 내 스케줄을 알려주고, 전화하고, 아내가 원하는 것을 할 수 있지만, 그 일에 대해서는 더 이상 말하지 않을 거예요. 어쩌면 아내가 도리어 자기가 어떤 일을 숨기고 있기 때문에 그렇게 더 우기고 있는지도 모르죠. 그런 일이 있었나 봐요.

비아: 당신은 나쁜 사람이에요. 알다시피 난 항상 당신에게 100퍼센트 성실했어요.

짐: 내가 그걸 어떻게 알아?

비아: 내가 당신에게 얘기하고 있잖아요. 나를 의심할 만한 이유라도 있었어요?

상담자: 이것들 봐요. 당신들은 둘 다 불행해요. 나는 도와주려 하고 있고요. 지금까지 당신들은 내 질문에 잘 대답했어요. 계속합시다. 여기서 싸

우는 것은 필요 없는 짓이에요. 상황은 이미 나빠요. 왜 상황을 더 악화시키죠?

그 말을 끝낸 후, 나는 잠시 멈추고 그들을 쳐다보면서 만약 내가 그들에게 요구하는 것을 그들이 주의 깊게 듣는다면 우리 모두가 좋아질 것이라는 메시지를 보내려고 노력했다.

상담자: 나는 당신들의 '결혼생활'에 도움을 주려고 노력하고 있어요. 그것 때문에 당신들은 여기에 왔고요.

의견 차이가 있었음에도 불구하고, 나는 그들이 이야기의 요점을 이해하기 시작했다고 생각했다. 여기에서 누가 옳으냐를 가려 내는 것보다는 결혼이 더 중요하다.

상담자: 좋아요, 당신 둘 다 결혼생활에 많은 문제가 있다는 것을 나에게 확신시켰어요. 우리는 이제 네 번째 질문으로 들어갈 겁니다. 지금 당신들의 결혼생활에서 무엇이 좋은지 당신들의 의견을 내게 말해봐요. 시간을 갖고 생각해봐요. 단, 무엇이 좋은지에만 초점을 맞추어야 해요. 미리 당신들에게 주의를 주겠는데, 만약 당신 둘 중 어느 한쪽이 결혼생활에서 좋은 것이 없다고 믿는다면, 상담은 이것으로 끝이에요. 그리고 상담료는 안 내도 돼요. 상담의 효과가 있을 때만 당신들은 상담료를 지불하면 됩니다.

잠시 침묵이 있었다. 비아와 짐은 당황하고 약간은 의심스러운 표정으로 바라보았다. 이건 전혀 예상치 못한 질문이었다. 그들 중 누구도 오랫동안, 어쩌면 신혼여행 이후로 결혼생활에서 좋았던 것이 무엇인지에 대해 생각해 보지 않았을 것이다. 나는 그들이 다시 용기를 내게 하기 위하여 말했다.

상담자: 자, 시간을 들여 생각해 봐요.

짐: 글쎄…. 아내는 좋은 엄마죠. 집안일도 잘하고요. 아내는 돈을 낭비하지도 않아요…. 그리고 아내는 아주 재미있는 사람이었고요.

상담자: 짐, 나는 트집 잡는 것을 싫어하지만, 그녀가 어땠었다는 것에 대해 묻지 않았어요. 지금도 그녀는 재미있는 사람인가요?

짐: 여전히 그래요. 그러나 그녀는 흥겨워지려고 할 때마다 마치 뭔가 잘못을 저지르는 사람처럼 갑자기 멈춰요. 이런, 잊고 있었어요. 그녀는 요리를 잘해요. 아, 이건 틀린 말이에요. 그녀는 위대한 요리사죠. 그녀는 결혼생활에서 그 부분을 놓친 적이 없어요.

비아: 나는 결혼생활 중 어떤 부분도 중단한 것이 없어요. 그러나 내가 어떻게 이제 당신과 성관계를 즐길 수 있겠어요? 확실히 예전에는 좋았지만 이제는 아니에요. 목사님이 성생활을 중단하지 말라고 했기 때문에 나는 중단하지 않았죠.

상담자: 제발 비아. 당신 결혼생활에서 좋은 것이 분명히 남아 있을 거예요. 만약 없다면 난 당신을 도울 수 없어요.

비아: 나는 선생님에게 나를 도와달라고 요구하지 않아요. 남편을 도와달라고 요구하고 있는 거라고요. 그가 모든 것을 덮어 버린다면, 우리가 어떻게 결혼생활을 유지할 수 있겠어요? 맙소사, 짐, 당신은 심지어 사과조차 하지 않아요.

짐: 제발, 나는 내가 잘못했다는 것을 기꺼이 인정해. 모두 내 잘못이야. 난 당신을 전혀 비난하지 않아. 당신은 항상 좋은 아내였고 이런 고통을 받아야 할 이유가 없어. 그러나 이것이 내가 말할 수 있는 전부야. 내가 당신에게 말할수록 당신은 더 듣기를 원할 거야. 당신은 지금 우리 생활에서 아무것도 아닌, 3년 전에 있었던 일을 대단한 사건으로 만들길 원하고 있어. 난 당신에게 그 여자의 이름을 말하지 않을 작정이야. 그녀는 결혼했고 당신은 그녀나 그녀의 남편에게 전화할 필요가 없다구. 만약 우리가 이것에 대해 계속 얘기해야 한다면, 당신은 남은 50년 동안 그것을 되씹을 거야. 선생님의 질문을 기억해 봐. 당신은 누구의 행동을 통제할 수 있지? 음. 난 당신의 행동을 통제할 수 없어. 그리고 당신도 나를 통제할 수 없어. 난 선생님이 그 질문을 왜 했는지 알겠어.

상담자: 비아. 제발 무엇이 좋은지 내게 말해 봐요. 난 당신을 돕고 싶어요. 결혼생활에 남아 있는 좋은 것이 무엇인지 당신으로부터 듣고 싶어요.

짐: 비아. 선생님께 말씀드려. 제발, 우리도움 받읍시다. 질문에 대답해요.

비아: 좋아요. 그는 가족에게 윤택한 생활을 제공하는 사람이죠. 아이들 대학을 위해 우린 월급을 저축했어요. 그는 좋은 아빠고, 지난 3년 전까

지 그는 언제나 같이 살기에 아주 편안한 사람이었죠. 난 친구들에게 말했어요. 친구들의 남편들은 같이 지내기에 까다로운 사람들이라고 하더군요. 짐은 이런 문제를 일으키기 전까지는 그렇지 않았어요. 그 정도면 어때요? 그거면 선생님에게 만족스러운 대답이 되나요?

상담자: 고마워요. 난 당신들 대답을 고맙게 생각해요. 그 정도면 내가 하려고 하는 것에 진짜 도움이 되지요. 이제 마지막 질문으로 들어갑시다. 이 질문은 자신이 무엇을 원하는지 알아내는 것이 그렇게 중요하지 않다는 점에서 다른 질문들과는 다르죠. 그것은 다른 사람을 즐겁게 해 주는 것이 더 중요하다는 뜻이죠. 비아, 그리고 짐, 당신들이 다음 주에 결혼생활이 나아지기 위해 당신들이 할 수 있는 일이 뭐가 있는지 한 가지씩 내게 각자 말해 주겠어요? 당신들 각자가 무엇을 할지 생각하고, 집에 가서 일주일 동안 그것을 실행하는 겁니다. 만약 당신들이 실행하지 않거나 혹은 그것이 결혼생활에 도움이 안 되면, 난 당신들을 만날 필요가 없어요. 그러나 지금 당장 그것에 대해 걱정하지 말아요. 당신들이 무엇을 생각해 낼지 봅시다.

나는 이 질문이 얼마나 중요한지를 그들에게 확실히 이해시키기 위해 이 말을 했다. 상담이 성공하느냐 않느냐는 그들이 지금 상대방에게 말한 것을 실천하는 그들의 능력에 달려 있다.

비아: 만약 우리가 그 질문에 대답하지 못한다면, 이게 마지막 상담이 될 거라는 소리군요? 나는 이 사람 때문에 3년 동안 고통받아 왔어요. 우리가 이 문제를 해결하기 위해서는 시간이 좀 더 필요해요. 짐, 당신도 동의하지요?

이것은 좋은 징조이다. 그녀는 나에게 반대하려고 도움을 청하기 위해 그에게 의지하고 있다. 이것은 그녀가 나를 자기편으로 끌어들이려는 것을 그만두는 것이다. 그들이 목적하는 것은 나에게 맞서려고 서로 연대를 맺으려는 것이다.

짐: 비아, 선생님은 우리를 저버리지 않아. 그리고 난 선생님이 우리에게 무엇을 하려는지 감을 잡기 시작했어. 선생님이 말한 것을 우리가 한다면, 우리가 나아질 거란 생각이 들어. 나는 선생님이 하자는 대로 할 거예요. 당신도 그렇게 했으면 좋겠어.

상담자: 비아, 날 믿어요. 나는 내가 무엇을 하고 있는지 알고 있어요. 만약 내 기대대로 당신이 생각해 낸 것을 한다면, 다음 상담은 당신에게 평생 동안 도움이 되는 결혼 상담이 될 거예요. 난 그것이 가치 있다고 생각해요. 그렇지 않다면 당신에게 하라고 하지도 않았을 거예요.

비아: 알겠어요. 대장님. 당신은 선생님이 무엇을 하고 있는지 안다고 말하는군요. 그럼 당신은 다음 주에 우리의 결혼생활이 나아지게 하기 위해 무엇을 하려는지 내게 말해 봐요?

짐: 난 먼저 말하고 싶지 않아. 당신이 먼저 해. 화내는 걸로 결혼생활을 망치고 있는 사람은 당신이니까. 난 당신이 무엇을 할 건지 듣고 싶어. 그러면 그것이 무엇이든지 간에 더 좋아지게 하기 위하여 노력할 거야.

비아: 좋아요. 난 매일 밤 훌륭한 저녁식사를 차리지요. 당신이 좋아하는

모든 것으로.

상담자: 훌륭한 저녁식사가 중요하지 않다고는 말하지 않겠어요. 그러나 난 그 이상의 것을 찾고 있어요. 약간은 개인적인 것 – 당신이 남편과 같이 할 수 있는 어떤 것 말이죠.

짐: 잠깐만요, 좋은 생각이 있어요. 지금은 여름이고 곧 다음 주가 올 텐데, 난 늦게까지 꽤 많이 초과근무를 했어요. 난 일주일 휴가를 낼 수 있어요. 아이들은 부모님께 맡기고, 차를 타고 샌프란시스코로 가서 일주일 동안 지내보지요. 우린 여유가 있어요. 내 기억으로는 우린 오랫동안 휴가를 위해서 돈을 쓴 적이 없어요. 샌프란시스코에서 우리는 사랑에 빠졌었죠. 갑시다.

비아: 그런데 그런다고 뭐가 바뀌죠? 그래요, 우리 즐거운 일주일을 보내요. 그래서 그게 어쨌다는 건가요?

상담자: 당신이 방금 말한 것을 들어 봐요. "그래요 우리 즐거운 일주일을 보내요"라고 했죠? 당신이 마지막으로 일주일을 즐겁게 보낸 게 언제인지 말해 봐요? 당신 생각에 짐과 일주일을 즐겁게 보내는 것이 결혼생활에 도움이 될 것 같은가요?

짐: 이기적으로 들리는 것은 싫지만, 내겐 도움이 된다고 확신해요.

잠시 침묵이 흐른 후,

비아: 좋아요. 갈게요…. 그리고 그 일주일 동안 그 여자에 대해서는 한 마디 언급도 않겠어요…. 샌프란시스코에 가려는 생각은 정말 맘에 들어요.

상담자: 당신들이 집에 돌아오자마자 곧바로 내게 와요. 정확히 일주일 후가 아니어도 돼요. 전화하세요.

 내가 방금 한 상담에 대해서 사람들이 비판할 수도 있겠다. 너무 간단하다고 사람들은 말할 것이다. 화난 여자가 그렇게 쉽게 화를 가라앉히지 않을 것이라고 말할 것이다. 나는 그 반대를 믿는다. 상담자가 그녀의 화에 대해 얘기하면 할수록, 그녀가 화를 푸는 것이 더 어려워진다. 짐이 비아가 원하는 대로 해 주는 것은 불가능하다. 비아는 자기가 가지지 못한 무언가를 다른 여자들이 가지고 있는지에 대해 궁금해할 수도 있겠다. 그러나 이유가 어떻든 그녀가 남편으로 하여금 불륜에 대해 아무리 말하게 하려 해도 그는 그렇게 하지 않을 것이다. 그녀가 아무리 원해도 남편이 원하지 않는 것을 그녀가 하게 할 수는 없다. 어떤 상담도 현실을 바꿀 수는 없다. 일어난 일은 일어난 것이다. 그들은 평생 동안 그것에 대해 이야기할 수 있다. 그러나 그것은 절대로 바뀌지 않을 것이다.

 내 경험에 의하면, 불행한 결혼생활을 하는 사람들은 어쩌면 결혼생활 이외에서는 상당히 유능할 수도 있다. 그러나 결혼관계 이외에서는 훨씬 성공하기가 쉽다. 왜냐하면 외부 통제가 있다 하더라도 결혼생활 같지는 않기 때문이다. 결혼에서는 상대방이 다르게 하기를 계속 강요하거나 모든 문제의 원인이 지각된 것이든 사실이든 간에 서로의 잘못이라고 서로를 벌하기 때문이다. 사과하는 것이 다소 도움은 되나, 고통받는 쪽에서 사과를 더 원하면, 비아의 경우가 그렇듯이 그것은 소용이 없다.

불행과 화에는 어떤 치료도 소용이 없다. 그러나 만약 그들이 샌프란시스코에 가서 좋은 시간을 보낸다면, 그들이 돌아오자마자 많은 것을 할 수 있다. 만약 그들이 즐거운 주말을 보내지 못한다면 나는 내가 했던 것을 다시 반복하든가 상담을 포기하든가 하라고 할 것이다. 이러한 접근 이외에는 다른 대안이 없다. 그러나 처음에 내가 상담을 포기하겠다고 한 위협은 그들에게 약간의 압박감을 주었다. 자신들이 포기하길 원하지 않기 때문에 그들은 내가 포기하는 것도 원하지 않는다. 그렇지 않았다면 그들은 애당초 여기 오지도 않았을 것이다.

실제로, 대부분의 부부에게 말썽이 되는 것은 마지막 두 개의 질문이다. 만약 그들이 네 개의 질문에 대답을 못한다면, 나는 그들의 결혼생활에 더 이상의 희망이 없다고 생각한다. 만약 그들이 다섯 개의 질문에 훌륭한 대답을 하지 못하면서 그대로 계속 나간다면 나는 의심하기 시작한다. 그러나 내가 상황을 어떻게 평가하느냐에 달려있지만, 나는 아마도 그들이 결혼생활에 도움이 되는 것으로 서로 같이할 수 있는 것을 결국은 찾아 낼 것이라는 희망을 가지고 상담을 계속 진행할 것이다. 만약 다섯 번째의 질문에도 대답하기를 거부하거나 다섯 번째의 질문에 대해 그들이 하겠다고 대답한 것을 하기를 거부한다면 그들이 진정으로 도움을 원하지 않는다는 내 생각을 말해 주겠다. 만약 그들이 누군가 비난할 사람을 찾는다면 그들 자신을 비난하라고 말하겠다. 구조화된 현실치료상담 결혼상담의 진정한 강점은 전체 과정이 너무도 분명하고 간단하다는 것이다.

대부분의 부부가 하는 것처럼 그들도 끝까지 절차대로 다했고, 샌프란시스코로 갔다. 그들이 다시 왔을 때 나는 그들의 얼굴 표정들을 보고 그들의 여행이 어떠했는지 물을 필요가 없었다. 그러나 질문은 상담 순서에

따라 시작되는 방법이다:

상담자: 당신들은 샌프란시스코에 갔다 온 걸로 아는데. 어땠어요?

비아: 우린 놀라운 시간을 보냈어요. 만약 그 여자가 여전히 남편의 마음 속에 있었다면, 우린 일주일을 그렇게 보낼 수 없었을 거예요. 우린 쇼도 보고 박물관에도 가고, 골든게이트 공원을 산책했어요. 나는 그런 일주일이 필요했어요.

짐: 비아가 말한 것처럼, 만약 우리가 좋은 결혼생활을 하지 않았다면 우린 좋은 시간을 가질 수 없었을 겁니다. 우리가 호텔에서 체크아웃 할 때 우리는 우리 결혼기념일에 다시 오려고 예약을 하고 왔어요.

비아: 그러나 이게 다예요? 난 기분이 훨씬 나아졌어요. 그런데 이게 상담의 종결을 의미하지는 않죠?

상담자: 아니요, 전혀 그렇지 않죠. 사실, 상담은 좋은 시작을 하게 된 거죠. 그러나 여전히 해야 할 것들이 많아요. 첫 번째 상담에서 말했듯이, 당신들이 여기에서 무엇이 이루어지고 있는지를 배우고 그것을 이용할 수 있다면, 상담은 끝나는 것이 아니에요.

비아: 그게 무슨 뜻이에요?

상담자: 설명하죠…. 당신들에게 요술 분필 하나를 주고, 여생 동안 당신

들이 무엇을 해야 할지를 강력하게 권유할 것들을 한번 설명해 보겠어요.

나는 그들에게 요술 분필을 주었고 그들에게 말했다.

상담자: 내가 하는 것을 잘 지켜보세요. 당신 둘이 앉은 의자 주변 마룻바닥에 분필로 원을 그리고 있어요. 그것은 당신들만 볼 수 있어요. 그걸 문제 해결 원이라고 불러요. 원은 분필 선으로 그려져 있다는 것을 기억하세요. 당신들은 언제든지 원하면 원 밖으로 나갈 수 있어요. 나는 그것을 결혼생활 원이라고도 불러요. 그 안에는 남편과 아내가 있어요. 그것은 명백하죠. 그러나 그 원안에는 또 다른 존재도 있어요. 그 존재가 무엇이 될 수 있다고 생각하세요?

비아: 존재라고요, 무슨 의미예요?

상담자: 원 안의 어떤 것을 의미해요. 사람은 아니지만 대단히 중요한 것이죠. 그것은 사실 당신들 둘보다 더 중요해요. 그게 무엇이라고 생각해요?(난 그들 사이의 공간을 가리켰다) 거기에 있어요, 바로 당신들 사이에. 그것이 무엇이라고 생각하세요?

또 다시 좀 더 긴 침묵이 흘렀다.

짐: 모르겠어요. 나는 수수께끼를 잘 풀지 못해요.

비아: 그것이 우리의 관계일 수 있나요?

상담자: 비슷해요…. 정확히 당신들의 관계는 뭐죠?

짐: 결혼생활이요…. 그게 선생님이 우리를 이끌고자 하는 바입니까?

비아: 물론, 우리의 결혼생활이지요. 그것은 선생님이 처음부터 의도하던 것이잖아요. 선생님은 내가 원하는 것보다 우리들의 결혼생활이 더 중요하다는 말씀이신가요? 내가 맞고 그가 틀렸을 때에도 내가 원하는 것보다 결혼생활이 더 중요한가요?

짐: 선생님이 말한 것이 그것이죠. 그렇죠, 선생님?

상담자: 둘 다 맞았어요. 결혼관계는 당신 둘보다 더 중요해요. 행복한 결혼생활을 원하는 사람은, 남편이든 아내든 자기가 원하는 것을 결혼관계에 종속시켜야 해요. 지난 주 여기서 당신들이 다섯 번째 질문에 대답했을 때 당신들은 그렇게 했어요. 당신들은 샌프란시스코에서 일주일 동안 그렇게 했지요. 결혼 문제는 어려워요. 당신들은 그것을 잘 알고 있죠. 당신은 짐이 저지른 일로 인해 3년 동안 괴로워했어요. 그래서 문제가 생기기 시작할 때보다 상담 받으러 왔을 때 당신의 상황이 더 악화되었다고 나는 보았어요. 두 사람이 결혼생활을 유지했다는 것이 나에게는 놀랍게 여겨졌어요. 당신들은 아마도 깨닫지 못했겠지만, 내 생각에 당신들은 서로를 매우 사랑하고 있다고 생각해요.

이 말을 했을 때, 짐은 손을 뻗어 비아를 안았다. 그녀는 그의 손에 키스했다. 오래 간만에 좋은 일주일을 보내고 돌아온 부부에게 종종 일어나는 일이다. 그러나 비아는 여전히 확신이 없었다.

비아: 그러나 이건 너무 쉽군요. 좀 더 어려워야 해요. 난 3년 동안 화가 나 있었어요. 지금은 기분이 괜찮지만, 계속 지속될 것 같지 않아요.

상담자: 간단한 것이 그렇게 큰 위력을 발휘할 수 있죠. 당신이 문제가 생길 때마다 원 안으로 들어가는 한 당신의 좋은 기분은 지속될 거예요. 그러나 이 질문은 아마 도움이 될지도 모르겠군요.
지난 주 내가 당신에게 질문했을 때, 즉 내 질문에 대해 당신에게 대답을 구하려고 내가 고집을 부렸을 때 당신은 내게 짜증난 것처럼 보였어요. 내가 당신 편이 아니라고 생각했는지 궁금해요. 내가 해야 할 일을 당신이 생각하는 것만큼 내가 신경을 쓰지 않는다는 것처럼요.

비아: 예, 내 기분이 정확히 그랬어요. 난 여기에 도움을 받기 위해 왔는데, '선생님은 멍청한 질문을 하고 있고, 내 기분에는 신경도 안 쓰는구나'라고 생각했어요.

짐: 난 비아만큼 화나지는 않았지만, 선생님이 뭘 하고 있는지를 알고 계신가 하고 의심스러웠죠.

상담자: 당신들은 도움받기 위해 왔지요. 그러나 당신들은 정말로 도움을 받을 준비가 되어 있지는 않았어요. 당신들이 원했던 것은 결혼상담을 받으러 오는 대부분의 사람들이 원하는 것이었죠. 당신들은 누가 잘못을 했는지를 판단하고 결정 내려 주기를 원했어요. 모두들 자기들의 입장을 지

지해 달라고 친구나 가족들에게 요구하지 않나요? 당신들은 그들이 당신 편을 들어주길 기대해요. 자, 이제 결정적인 질문을 할게요. 당신들 생각에 나는 누구 편인지 말해 보세요.

비아: 선생님은 내 편은 아니었어요. 내 말은 첫 번째 질문을 하셨을 때 나는 구체적으로 원하는 게 있었는데 선생님은 나에게 그 이상 이야기를 하지 못하게 하셨어요. 솔직히 말하자면 지금도 선생님이 내 편인지 모르겠어요.

짐: 나도 비아와 같아요. 선생님은 확실히 그녀가 말하고자 하는 것을 들으려 하지 않는 것처럼 보였어요. 나는 그 점에 대해서 궁금해요. 우리들이 말하는 것을 경청하는 것이 선생님의 일이 아닌가요?

비아는 짐이 그녀를 지지했을 때 옳다는 듯이 그를 흘끗 보았다. 이것 또한 좋은 징조이다. 나는 대답했다.

상담자: 당신 둘 다 맞았어요. 난 사실 당신들 누구의 편도 아니죠. 당신들이 뭐라고 말하든 혹은 어떤 행동을 하든 난 결코 편들지 않아요. 그러나 난 매우 중요한 쪽 편을 들고 있어요. 당신들 생각에 내가 어떤 편을 들고 있는 것 같나요?

이 질문을 생각하는 동안 오랜 침묵이 흘렀다. 난 그냥 기다렸다. 마침내 비아가 말했다.

비아: 모르겠어요. 이건 또 다른 짓궂은 질문인가요?

상담자: 까다로운 질문의 반대죠. 만약 이 상담이 효과가 있으려면, 내가 편들 수 있는 건 오직 하나죠.

비아: 우리의 결혼관계를 말씀하시는 건가요? 선생님은 우리의 결혼관계의 편을 들고 있다는 거죠?

짐: 나도 그렇게 생각해요.

상담자: 맞아요. 나는 그렇게 했죠. 첫 번째 질문이 생각나나요? '당신들은 결혼생활에 정말로 도움받기를 원하기 때문에 여기에 왔지요? 여기에 온 것이 이혼의 전조는 아니죠?'라고 한 것을.

둘 다 고개를 끄덕였다. 내가 지금 말하려는 것에 그들은 특히 흥미를 보였다.

상담자: 그 질문에 대답하기 전에 당신들은 서로를 많이 헐뜯었죠. 당신들은 나를 자기편으로 끌어들이려 했어요. 난 스스로 말했죠. "여기 불행한 남편과 아내가 있다. 그들은 도움을 받으려 하기보다는 서로 흠을 잡으려 하고 있다" 그리고 생각했어요. 그들의 결혼생활은 어디에 있나? 당신들의 결혼생활이 당신들에게는 없었어요. 내 관심사는 당신들의 결혼생활이었고 지금도 그래요. 난 당신들이 결혼관계에 관심을 더 갖게끔 깨닫게 하려고 필사적으로 노력하고 있어요.

비아: 그 세 번째 존재가 우리의 결혼관계이지요, 맞죠? 결혼생활보다 우리가 원하는 것이 더 중요한 것처럼 행동하는 한 우리 결혼생활은 가망이 없었죠.

짐: 난 상담이 이렇게 되리라고 생각하진 않았었지만 이해가 되는군요.

비아: 그러나 난 양보했어요, 그는 전혀 양보하지 않았어요. 이건 내가 항상 그에게 양보해야만 한다는 뜻인가요?

상담자: 자, 당신은 그렇게 했지요. 네 번째, 다섯 번째 질문에 대답할 때 당신은 양보했어요. 그러나 그에게 양보한 것은 아니죠. 당신은 누구에게 양보했나요?

비아: 알겠어요. 난 결혼관계에 양보했어요. 내 생각에는 이것이야말로 선생님의 상담의 핵심인 것 같은데, 맞아요?

상담자: 맞아요. 상황이 얼마나 어려운 지와는 상관없이, 당신들이 할 수 있는 것은 결혼관계를 좋게 하기 위한 것이라고 각자가 믿는 것들을 결혼관계에다 투자하는 것뿐이죠.

비아: 결혼관계원(문제해결원) 안에서, 문제를 해결하는 데 도움이 되기 위해 내가 무엇을 할 수 있는지를 그에게 말해야 하나요?

상담자: 예, 그러나 당신은 더 많은 것을 해야죠. 우선 무엇보다도 문제가

생기지 않도록 노력해야 해요. 지난 3년간 당신의 결혼생활을 지배했던 것들을 중단하도록 열심히 노력해야 해요. 지난주 샌프란시스코에서 즐거운 시간을 보낼 때 서로에게 하지 않았던 행동들은 무엇인가요?

짐: 나는 아내에게 불평을 하거나 비난하지 않았어요. 그리고 나는 아내를 나무라지 않았어요. 아내는 잔소리도 하지 않았고 외도 얘기도 꺼내지 않았어요. 그건 꼭 감옥에서 풀려나는 것 같았어요.

비아: 나는 하지 않을 거라고 했고 정말로 안 했어요. 그건 쉽지 않았죠. 그러나 만약 지난주 당신이 한 것처럼 항상 나에게 그렇게 대한다면, 모든 상황이 좋아질 거예요.

상담자: 아니요, 그는 당신을 대접한 것이 아니라, 결혼생활을 대접한 거예요. 일곱 가지 지독한 습관을 버려요. 만약 그것에 시간을 허비하면 관계는 끝장이죠.

짐: 일곱 가지 습관이요?

상담자: 그래요. 비판하기(criticizing), 탓하기(blaming), 불평하기(complaining), 잔소리하기(nagging), 위협하기(threatening), 처벌하기(punishing) 그리고 매수 또는 회유하기(bribing)가 그거예요. 그러한 습관을 버리고 대신 결혼생활 원 안으로 들어가요. 당신이 첫 번째 질문에 대답했을 때, 당신들이 좋은 결혼 관계를 원한다고 내게 말한 것처럼 당신들은 훌륭한 결혼생활을 할 수 있어요. 규칙에 예외는 없다는 것을 기억하

세요. 당신은 당신 자신의 행동만 통제할 수 있다는 것.

　부부들이 결혼원 혹은 문제해결원을 사용할 때 배우는 것은 선택이론의 기본적인 원리이다. 관계 속에서 두 사람을 멀게 느끼게 하는 행동이나 말을 절대 하지 말아야 한다. 당신들을 가깝게 하며 계속 관계가 유지되게 하는 행동과 말만을 하라. 주의를 기울이면 그 차이를 즉시 알 수 있다.

비아: 그런데 왜 우리는 스스로 이것을 깨달을 수 없었죠?

상담자: 중요한 질문이에요. 그러나 당신이 못했다고 속상해하지 말아요. 우리가 살고 있는 이 세상에는 이것을 깨달을 수 있는 사람은 거의 없는 것 같아요. 당신들의 결혼한 친구들을 봐요. 그들 중 누구도 당신들이 방금 배운 것을 스스로 조금이라도 감지할 수 있는 사람은 없을 것이라 난 장담해요.

짐: 친구들이요? 맙소사. 우리 부모님들은 아직 결혼생활을 유지하고 있지만 항상 싸우시죠. 부모님은 자식들의 방문을 좋아하죠. 자식들의 방문은 싸움을 그만둘 구실이 되니까요.

비아: 바로 그대로예요.

상담자: 자신이 무슨 행동을 하는지를 깨닫지 못한 이유에 대한 자세한 대답을 원한다면, 『행복의 심리』란 책을 읽어 봐요. 내가 개인적으로 장담하죠. 여기 한 권 있어요. 둘이 천천히 그것을 읽어 보고 당신들이 읽은 것

에 대해 서로 얘기해 보세요. 의문점이 생기면 전화하고요. 소식을 들으면 좋겠군요.

선택이론에서 설명한 대로, 거의 모든 결혼생활 혹은 다른 관계는 그런 식으로 멀어지고 만다. 왜냐하면 그들 중 한 명 혹은 둘 다 상대방에게 외부통제 심리학을 사용하기 때문이다. 이것이 보편화된 심리학이기 때문에, 애정 깊은 결혼생활은 어느 곳에서도 찾아보기 어렵다. 만약 부부 중 한쪽이 만족하지 못한다고 외부통제를 사용하는 것은 불을 끈다고 불난 집에 부채질하는 것과 같다. 대부분의 외부통제 해결과 마찬가지로 이혼만이 대부분의 부부들이 원하는 답은 아니다.

불행한 결혼에 대한 최고의 해결이 언제나 이혼인 것은 아니다. 그리고 내가 비아와 짐과 했던 것과 같은 결혼상담도 아니다. 가장 좋은 해결법은 결혼한 모든 사람들 혹은 결혼하려는 사람들에게 선택이론을 배우는 길을 알려 주는 것이다. 이것이야말로 진정한 기회이다. 선택이론은 그 시작이 얼마나 잘 준비되었던 간에 지금 실패하고 있는 많은 결혼생활을 구원해 줄 수 있다. 부부가 외부통제를 사용하는 한 결혼이 실패하리라는 것은 그리스의 비극만큼이나 쉽게 예상할 수 있다.

제5장
학교를 지겨워하는 제프

그린 선생은 지겨워요. 영어도 지겹고요.
만약 선생님이 나를 만나 반갑다고 말한다면, 선생님 역시 지겨울 거예요.
이 세상에 나를 만나서 반갑다고 할 어른은 없어요.

제프는 외부통제 심리학의 영향 때문에 집에서는 자주, 그리고 학교에서는 거의 항상 세상과 단절되어 버린 수많은 외로운 아이들과 청소년들의 집단을 대표한다. 나는 만약 교사들이 이런 학생들을 접할 때 외부통제 심리학 사용을 조심스럽게 피한다면, 학교에서 그들이 다시 관계를 맺게 될 수 있을 것이라 믿는다.

만약 제프가 책임감 있는 어른과 만족스러운 관계를 맺을 수 없다면 그에게는 행복한 삶에 대한 희망이 거의 없어질 것이다. 감옥, 교도소, 이혼 법정, 아동보호기관은 제프나 그와 비슷한 여자아이들로 가득 차있다. 아이들을 보살피는 일차적인 책임은 거의 여자들에게 떠맡겨져 왔기 때문에 남자들보다 여자들의 사랑과 소속의 욕구가 더 강하게 진화됐다. 그리고 일반적으로 여자들은 힘에 대한 욕구 강도가 낮다. 그래서 여자들은 남자들보다는 최소한 자기들끼리라도 더 쉽게 관계를 맺을 수 있다.

제프가 그가 속해 있는 세계를 묘사할 때 종종 사용하는 단어는 '지겹다 suck' 등으로 그가 얼마나 단절되어 있는지를 말해 준다. 초등학교에서 읽는 것을 배웠지만, 그는 낙제, 폭력, 약물남용, 간통, 그리고 심지어 자살까지 할 가능성을 가지고 있다. 그는 책임감 있는 어른과 좋은 관계를 맺는 것이 무엇인지 아예 짐작도 못하고 있었다. 제프에게도 친구들이 있지만 그들은 그 아이처럼 '단절된 아이들'이다. 그의 친구들은 대체로 또래끼리 함께 몰려 있을 때 남에게 해를 끼치거나 자해하는 선택을 지지하고 있다. 제프는 책임감 있는 친구의 지지와 보살핌을 상상조차 할 수 없다.

14살 때, 제프는 세상이 그를 통제하기 위해 결탁하고 있다고 보았다. 그는 어려서부터 외부통제 심리학에 의한 희생자가 되었다. 그가 기대할 수 있었던 것은 오직 비난, 벌, 거부였다. 그는 학교를 싫어했기 때문에 적응을 잘할 수 있었던 4학년까지를 간신히 마칠 수 있었다. 제프는 영화와 TV에서 보여 주는 폭력을 좋아했다. 그는 아홉 살 때부터 담배를 피웠고 마약에 큰 관심을 두었다. 그는 아버지로부터 버림받았다. 그의 아버지는 그가 3살 때 사라져 버렸다. 그의 엄마는 노력은 했지만 그와 완전히 단절되어 있었다. 제프와 그의 엄마는 같이 있을 때는 서로가 소리치고 위협하면서 많은 시간을 보냈다.

제프가 직장을 가질 수 있었다면 약간의 희망은 가질 수 있었다. 그러나 지금이나 후일이나 그가 직장에서 성공하려면, 위협하기보다는 그의 어린 시절의 잘못된 행동을 관대히 봐주고 친절히 대해 주는 사람과 일할 수 있는 행운이 그에게 따라야만 가능할 것이다. 그러나 14살 또는 어떤 나이든 간에 이런 가능성은 거의 희박하다. 그를 구해 줄 수 있는 다른 사람들은 오직 학교에 있는 상담자 또는 한두 명의 선생님들이고 이들이 협조를 한다면 가능할 것이다. 그러나 학교에서 제프의 행동을 보면, 이런 일도 없을 것 같다. 이번만이 그의 기회이다.

그를 도우려면 상담자와 선생님들은 그를 통제하는 어떤 말-비난하기, 탓하기, 위협하기, 처벌하기-도 하지 말아야 한다. 제프는 외부통제 심리학에 지나치게 민감하다. 학교에서 누군가가 그를 통제하려는 것이라 인지하는 순간 심지어는 상을 주려는 사람에게까지도 반항한다. 세상의 외부통제 심리학은 제프를 완벽히 망가뜨려 놓았다. 학교행정가, 상담자 혹은 교사들 모두는 어떤 종류의 외부 통제 심리학의 형태이든 간에 전적으로 그것들을 사용하지 말아야 하며 오직 관계를 맺으려고 노력함으로써 그를 도울 수 있는 기회를 가질 수 있다. 상담자와 나중 몇몇 교사들이 함께 그와 관계를 맺을 때까지 그가 자기 삶을 살아가기 위해 선택한 방법에 대해서 그에게 얘기해 보는 것은 거의 불가능하다.

이 경우에, 나는 학교 교감의 역할을 가정할 것이다. 제프는 내 사무실로 자주 보내졌기 때문에 나는 그를 알고 있다. 나는 선택이론을 사용하여 관계 맺기를 시도하겠다. "제프, 그린 선생님이 너를 내게 보냈구나. 와서 반갑다. 너랑 잠시 이야기하고 싶구나. 늘 나는 여유 시간이 좀처럼 없는데, 오늘은 괜찮다" 하며 말하기 시작할 것이다.

여기에서, 그가 나에게 보내지게 된 그의 행동에 대해 내가 전혀 이야기하지 않은 것을 여러분들은 아마 눈치 챘을 것이다. 그리고 그가 매일 하는 행동을 계속한다면 그에게 어떤 일이 생길 거라는 위협도 하지 않았다는 것도 말이다. 만약 내가 이렇게 계속할 수 있다면, 그를 돕는 데 필요한 관계형성의 기회를 가지게 된 것이다.

"그린 선생님은 지겨워요. 영어도 지겹고요. 만약 선생님이 나를 만나 반갑다고 말한다면, 선생님 역시 지겨울 거예요. 이 세상에 나를 만나서 반갑다고 할 어른은 없어요."

"나는 어른이고 너를 만나서 반가워. 우리가 진지하게 대화를 나누지 못했던 것은 내 실수라고 생각한다. 네 마음속에 있는 이야기를 들어 보고 싶구나."

"만약 내 속 얘기를 털어놓기 시작하면 선생님은 아마 경찰을 부를 거예요. 나는 이 학교가 지겨워요. 마치 감옥 같아요. 만일 선생님이 진짜 나를 도와주고 싶으시다면, 나를 여기서 나가게 해 주세요. 이 철창 속에서 2년을 더 지내야 한다는 생각만 하면 마음이 터질 것 같아요."

"네 말뜻을 알아듣겠다. 그래서 너하고 이야기하고 싶다는 거야. 우리가 지금 얘기하고 있는 것처럼 말이야. 좋니?"

"좋냐고요? 뭐가요? 선생님은 나를 그냥 방과 후에 남게 하고, 그렇게 끝내시지 그래요? 어차피 그렇게 될 텐데요 뭐."

"나는 너를 벌하지 않을 거야. 너를 돕기 위해 정확히 뭘 해야 할지는 모르겠다. 그러나 벌을 주지는 않을 거야. 오늘 아침에 일어났을 때 무슨 생각이 떠올랐는지 말해 보렴."

"그 질문은 또 무슨 헛소리세요? 내 머릿속에 오직 떠오른 생각은 내가 학교에 가는 것을 얼마나 지겨워하고 있는지에 대한 생각뿐이었어요. 지겨워요. 모든 게 다 지겨워요."

내가 하고자 하는 것은 내가 전혀 제프를 통제하지 않으면서 제프와 대화를 하는 것이다. 그는 다니고 있는 학교에서 어느 어른과도 이런 경험을 전혀 해보지 않았을 것이다.

"그 밖에 네가 또 싫어하는 것이 뭐가 있니?"

"무슨 말씀이세요? 나는 많은 것을 싫어해요. 내가 말한 대로 세상이 다 지겨워요. 좋아한다는 것은 뭐죠?"

"'좋아한다는 것은 뭐죠?' 그거 좋은 질문이구나. 지금 네가 좋아하는 게 뭐 있니?"

"예. 난 파티를 좋아해요. 그리고 후프 돌리기를 좋아해요. 그게 다예요."
"학교 선생님을 좋아한 적이 있니?"

그는 그 질문에 대해 잠시 동안 생각했다. 그가 생각을 한다는 사실은 고무적이다.

"오랫동안 없었어요. 그러나 한 선생님이 있어요. 4학년 때 선생님이죠. 그 선생님은 멋있어요. 나를 괴롭히던 선생님들과는 달랐어요."

비난하기, 탓하기, 위협하기, 혹은 처벌하기 같은 외부통제 심리학을 사용하지 않음으로써 그로 하여금 교사에 대해서 긍정적인 말을 하게 하는 시점까지 가게 됐다. 내 경험에 비추어 보면, 대체로 그러한 좋은 관계 맺기가 대개는 오래 걸리지 않는다. 그러나 시간이 얼마나 걸릴지라도 우리는 그렇게 되어야만 한다. 여기에 지름길은 없다.

"그 당시 네가 무엇을 했었는지 확실히 기억하겠지."
"그 선생님은 항상 우리에게 쓰기를 시켰죠. 그런데 선생님이 내가 쓴 글 중에서 몇 개를 읽고 좋아하셨어요. 리포트마다 '아주 잘했어요' 혹은 '넌 어쩜 그런 생각을 했니?'란 의견을 써서 돌려주셨죠. 선생님은 항상 격려해 주셨어요. 선생님은 내가 말하고 싶은 것을 말할 수 있을 때까지 계속 쓰라고 말씀하셨죠."

지금 나는 내가 원하는 시점에 와 있다. 그는 학교에서 그가 경험했던 긍정적인 행동과 그런 행동을 할 수 있도록 도와주었던 선생님에 대해 말하고 있다. 우리는 관계 맺기의 초기단계에 있다. 내가 외부통제 심리학을 전혀 쓰지 않은 것이 성과를 거두기 시작하고 있다. "나는 파티를 좋아해요"라고 말할 때, 그의 태도와 말투는 위험신호일 수도 있었다.[4] 그는 내가 일격을 가할 외부통제 심리학을 기대했지만 그렇게 되지는 않았다. 나는 눈 깜짝도 하지 않았다. 나는 그 작은 시험을 통과했다. 그러나 그는 여전히 시험할 것이고 그것을 나는 예상할 수 있었다.

"요즘에도 수업 시간에 글을 쓴 적 있니?"
"우리 선생님을 위해서요? 꿈 깨세요. 선생님은 내 리포트에 온통 빨간 표시를 가득 해놓죠. 내 생각에 셰익스피어도 선생님 맘에 들지 못했을 거예요."

셰익스피어, 참 재미있는 언급이다. 학교를 싫어하는 아이가 교육적인 언급을 하는 것은 고무적인 일이다. 내가 해야 할 일은 이대로 계속 진행하는 것이다. 그리고 나서 그가 왜 내게 오게 되었는지를 다루어 주어야만 한다. 나는 우리가 미미하지만 관계를 맺었다고 생각해서, 그를 이제 학급으로 돌려보낼 준비를 한다. 종이 금방 울렸고, 그래서 그는 다음 수업시간에 갈 수 있었다. 그러나 만약 내가 그를 어떤 식으로 돌려보낼지에 신경을 쓰지 않는다면, 그는 아마도 자기를 통제하는 또 다른 어른으로 나를 생각했을 것이다.

"다음 수업 시간에 들어가야 할 시간인 것 같구나. 너하고 얘기할 수 있어서 좋았고, 또다시 이야기하고 싶구나."

---

4 역자의 주: 대부분의 어른들이 외부통제 심리학으로 상대방을 통제하려는 함정에 빠지기 쉽다.

"예. 선생님, 고마워요. 난 영어 시간에 다시 들어가지 않기를 바랐죠. 다음 시간은 미술이에요. 나는 그리는 것을 좋아해요. 그런데 그린 선생님이 나를 교실 밖으로 내쫓는 것에 대해 선생님은 어떻게 할 거예요?"

"전혀, 아무것도 안 할 거야. 어떻게 해야 할지 모르기 때문에 난 아무것도 안 할 거란다. 그건 네가 다루어 보렴. 만약 선생님이 내가 무엇을 했냐고 물으면, 우린 얘기를 했고 그리고 내가 너를 다음 수업 시간에 보냈다고 말하렴. 그게 사실이니까. 그리고 제프 너하고 얘기할 수 있어서 좋았단다. 그것도 사실이야."

나는 학교에서 많이 일해 봤기 때문에 내가 방금 말한 것이 약간의 문제가 될 것이라는 걸 알고 있다. 어떤 사람들은 내가 제프에게 아무 조치도 없이 허용적으로 대했다고 생각하는 사람도 있을 것이다. 그러나 나는 그렇지 않다. 제프는 나와 이야기를 나눴고 우리는 관계를 맺었다. 우리가 관계를 맺으면 맺을수록 그가 학교에서 학업을 시작할 수 있는 가능성은 높아진다. 방금 제프가 셰익스피어를 언급한 것만 가지고도, 자기가 원한다면 잘할 수 있는 머리를 갖고 있다는 것을 나는 안다. 그러나 계속 벌을 받는 한, 그는 단절된 상태로 머물 것이고 지금의 상태보다 더 나빠질 것이다. 그는 학교 규칙을 어기는 것에서 시작해서 나중에는 법을 어길 것이고, 감옥에 갇히게 되거나 젊은 나이에 죽을 수 있는 가능성이 매우 높다. 우리는 그가 죄를 짓기 전에 성공적으로 그를 대해야 한다. 그러기 위해서는 우리가 아직 할 수 있는 한 우리 중 누군가가 외부통제를 중단해야 한다는 것을 의미한다. 일단 그가 법이라는 외부통제 속에 완전히 들어가게 되면, 그 때는 이미 너무 늦을 것이다. 권위 있는 사람과의 이런 긍정적인 만남을 갖고 관계를 맺기 시작한 것은 좋은 일이나, 제프는 그린 선생님 같은 사람하고도 관계를 맺을 필요가 있다. 나는 그린 선생님과 친하다. 나는 그린 선생님이 제프에게 선택이론 기법을 쓰도록 하기 위해서 그녀의 의향을 타진해야만 한다.

"그린 선생님이 나를 다시 교실 밖으로 내쫓으면 어떻게 해요? 두 번 이상 그렇게 되면 난 낙제예요."

이 질문은 재미있으면서 희망적이다. 제프는 낙제하길 원하지 않는다는 것을 언급함으로써 학교에 대해 확실히 신경 쓰고 있다는 것을 알 수 있다. 이런 아이들이 학교와 선생님을 지겨워하고 있다고는 하지만, 대부분의 아이들은 우리가 외부 통제를 사용하지 않는다면 돌아설 수 있다. 제프는 내가 이야기 상대가 될 만하다고 생각하고 있다. 우리가 이야기 나눈 것을 근거로 해서 본다면, 그에게는 낙제하고 싶지 않은 바람이 있다는 것을 알 수 있다.

"음, 우리는 이야기를 시작했고, 나는 너를 더 잘 알기 위해 계속 이야기 나누길 원한단다. 넌 나와 이야기하는 것 때문에 교실 밖으로 쫓겨나지는 않을 거야. 만약 너만 좋다면, 내가 시간이 날 때 너한테 전화하마. 때론 잠깐일 수도 있지만 매일 전화하게 될지도 몰라. 네가 만약 며칠 동안 학교에서 지낼 방법을 찾아낼 수 있다고 생각한다면, 난 그린 선생님과도 이야기해 보고 싶다. 난 그녀에게 네 4학년 선생님에 대해 말할 거야. 아마 그녀도 너를 조금은 격려해 주고 싶어질 거야."

이것은 어느 정도 외부 통제지만, 만약 제프가 그린 선생의 수업시간에 며칠만이라도 자신을 통제하지 못한다면, 나는 그린 선생님과 더 이상 이야기를 진척시킬 수 없을 것이다. 나는 그 점을 그에게 말해야만 했다. 그가 노력할 것이라고 내가 생각될 때까지 그에게 충분히 그 점에 대해 얘기했다. 만약 그가 하지 않더라도, 물론 나는 그린선생님에게 할 수 있는 한 최선을 다할 것이다.

며칠 후에 있었던 그린 선생님과의 만남으로 넘어가 보자. 나는 그날 오후, 그녀에게 제프에 대해 이야기를 나누기 위해 잠깐 들르라고 말했다. 그녀는 나를 만나러 왔지만 친근하게 느껴지지는 않았다. 그녀는 즉시 말하기 시작했다.

"난 선생님한테 화나 있어요. 내가 요전 날 제프를 선생님에게 보냈지요. 그 애가 내게 뭐라고 했는지 알아요? 선생님이 어떻게 해야 할지 모르기 때문에 아무것도 안 할 거라고 했다더군요. 제프 같은 아이에게 그렇게 말하다니, 무슨 일을 그렇게 해요?"

"그 애가 당신에게 그렇게 말했나요?"

"선생님은 내가 거짓말한다고 생각해요?"

"아니요, 전혀. 사실이죠. 난 정확히 그렇게 말했죠. 단지 그 애가 당신에게 말했다는 것이 놀라울 뿐이요."

"만약 그게 사실이라면, 도대체 어떻게 된 일이죠? 정신 나갔어요? 무슨 일이 일어난 거예요?"

"무슨 일이냐고요? 사실이에요. 난 제프와 어떻게 해야 할지 몰랐고, 나는 그 애에게 그렇게 말했죠. 여기서 그 애와 무엇을 해야 할지를 아는 사람은 아무도 없을 거예요. 선생님은 알아요?"

"글쎄요. 한 가진 알죠. 내 수업을 방해하도록 그를 내버려 두는 것은 잘못된 것이라는 거요."

"지난 이틀 동안 그 아인 어땠나요?"

"음, 만약 선생님이 내게 그것을 묻는다면, 난 그를 내쫓을 필요는 없었어요. 그러나 내가 당신에게 말하겠는데, 그 아인 나쁜 학생이에요."

"만약 그가 좋은 학생이 아니라는 당신의 말이 맞고, 내가 정신 나갔다는 당신 말이 맞다면 그를 나에게 보내는 것이 무슨 소용이 있겠어요? 난 우리가 그를 변화시킬 수 있다고 생각해요. 우린 대화를 나눴죠. 아주 유익한 이야기를 했어요. 당신은 그 애와 예전에 대화를 해보려고 한 적이 있나요?"

"이봐요. 난 교사지 상담가가 아니에요. 나는 29명을 가르쳐야만 해요. 난 그 애들과 대화할 시간이 없어요. 그 애들에게 뭔가 할 것을 주죠. 그리고 그 애들 중 몇몇은 그대로 해요. 몇몇은 아주 열심히 하죠. 제프는 아무것도 안 해요. 그 애가 얌전히만 있는다면 난 신경 쓰지 않겠지만, 그 앤 전혀 그렇지 못해요. 그 아이는 쉴 새 없이 떠들고 있죠. 난 그 애에게 넌더리가 나요."

"그 애에게 뭔가를 써 보라고 해 보면 어때요? 아무거나, 세 문장 정도라도."

"난 항상 애들에게 쓰라고 해요. 그 애는 한 번도 쓴 적이 없어요. 왜 그 애가 이제 쓰기 시작하겠어요?"

"그 애가 4학년 때 글을 썼을 때, 선생님이 그를 격려해 주었다고 나에게 말했기 때문이죠. 나는 당신이 그렇게 해 보면 어떨까 하고 생각해 봤어요. 내 말은 당신을 위해 그 애가 쓸 수 있는 것을 써 보라고 해 보는 거예요. 10초면 될 걸요. 잃을 것이 뭐예요? 만약 그 애가 무엇이라도 쓰거든, 그 위에 '잘했어요'라고 쓰고, 그것과 함께 그 애를 내게 보내세요. 그가 그렇게 하거든 빨리 저에게 보내세요."

"좋아요. 선생님이 무엇을 하시는지 알 수 있어요. 나는 이러한 처지를 싫어해요. 선생님이 그 애에게 관심을 가지려고 노력하는 것에 대해 감사해요. 그 애가 필요로 하는 것이 그것이란 걸 알아요. 선생님은 내가 무슨 일이 일어나고 있는지 안다고 생각하지는 않으시나요? 만약 내가 그 애를 돕는다면 선생님은 그 애를 계속 만날 거죠? 진실을 말한다면 그 애는 영리한 아이죠. 그는 뭔가를 할 수 있을 거예요. 학교 형편이 너무 어려워서 때때로 나는 포기하고 싶어져요."

제프가 필요했던 것만큼 그린 선생님은 배려를 필요로 했기 때문에 나는 그녀에게도 그렇게 해주었다. 그녀는 좋은 교사였고 좋은 사람이지만, 제프와 같이 관심을 절실히 받기 원하는 아이들 때문에 지쳐 있었다. 선택이론으로 제프에게 많은 것을 해줄 수 있다. 외부통제이론으로는 그는 끝장이다. 나는 신시내티에서 1994년에서 1995년 전체 학기 동안 제프 같은 아이들만 있는 중학교에서 일했으며, 그때 외부통제 대신에 선택이론을 사용했다. 변화는 약간의 기적을 만들어 냈다. 학교에서의 외부통제는 단절된 아이들을 죽이는 것이다. 『행복의 심리, 선택이론』의 10장에 이것이 설명되어 있으며, 그 장에서 나는 외부 통제이론과 선택이론 접근의 차이점을 보여 주려고 했다. 그것은 현실치료상담이라 할 수 없지만 현실치료상담 사용에 대한 생각을 하기 전에 우리가 해야 할 것을 말해 주고 있다.

제6장
공황발작으로 괴로워하는 첼시

내 머리에 뭔가 이상이 생긴 것이 분명해요.
그 방법이 전혀 까닭도 없이, 너무도 갑작스럽게 일어나는데
설마 심리적인 문제는 아니겠죠?

이 사례는 우리가 본질적으로 모든 행동을 선택한다는 나의 주장을 설명하고 보여 주는 좋은 예가 된다. 그러나 내가 만일 행동이란 단어를 전행동(total behavior)의 개념으로 설명하지 않는다면 여러분은 이 설명을 이해할 수 없을 것이다. 비록 내가 말을 하거나 글을 쓸 때 항상 '전행동'이라고 표현하지는 않지만-그것은 대단히 귀찮은 일일 것이다- 행동에 대해 생각할 때 나는 항상 '전행동'이란 개념으로 두 단어로 생각한다. 내 생각에는 모든 행동은 전행동이다.

내가 지금 글을 쓰고 있는데, 여러분이 들어와서 내게 뭘 하냐고 물어보았다고 상상해 보라. 나는 "글을 쓰고 있어"라고 대답할 것이며, 당신은 그 대답에 만족했을 것이다. 그러나 선택이론 시각에서 보면, 그 말은 정확한 것이 아닐 수 있다. 정확하게 말하자면, 나는 "글 쓰는 것을 선택하고 있어"라고 말해야 한다. 그러나 그러한 정확성의 정도가 평범한 대화에서 꼭 필요한 것은 아니다. 글쓰기라는 한 마디면 족하다. 그러나 내가 어렵게 작업한 20페이지 정도의 글이 사고로 컴퓨터에서 날아간 그 순간에 당신이 들어왔다고 상상해 보라. 여러분은 불행한 감정을 느끼면서, 텅 빈 컴퓨터 화면을 응시하고 있는 나를 발견할 것이 분명하다. 여러분은 "뭐가

잘못됐나요?"라고 물을 것이다. 우리 둘 모두가 선택이론을 안다면, 나는 "하루 종일 작업한 것이 날아가서 우울해하고 있어[혹은 우울해하기를 선택하고 있어]. 나는 너무 불행해"라고 대답할 것이다.

두 경우에서 차이점은 글쓰기는 활동을 묘사하고 있는 것에 반해 우울해하기는 감정을 묘사하는 것이다. 대부분의 사람들은 글쓰기는 선택한 것임을 인정한다. 그러나 대부분의, 첼시 같은 사람들은 "나는 공황발작으로 인해 고통받고 있어요"라고 말할 때, 그녀가 그 불평을 선택하고 있다는 것을 믿지 않는다. 모든 현실치료상담가들은 전행동을 이해하고 있지만, 내가 만약 첼시에게 그녀가 공황 발작하기를 선택하고 있다고 말한다면 그녀는 그것을 이해하지 못하고 거부할 것이다. 나는 그녀가 전행동을 이해할 준비가 되었다고 생각될 때까지 결코 그녀가 공황발작하기를 선택하고 있다는 말을 하지 않을 것이다.[5] 그렇게 하는 것은 내가 그녀와 함께 노력하는 좋은 관계 만들기에 해가 될 것이다.

그러나 상담에서 나는 첼시가 공황발작하기보다 더 나은 선택을 할 수 있도록 돕기 위해 전행동 개념을 사용할 것이다. 그리고 만약 그녀가 공황 발작하기를 그만두기로 선택한다면, 나는 그녀가 자신의 여생을 위해 좀 더 만족스러운 행동들을 선택하도록 전행동 개념 사용방법을 설명하기 시작할 것이다. 그러나 상담에서 전행동 개념은 신중하게 사용되어야 한다. 사람들이 불평하고 있는 불행을 선택한 이들을 비난하기 위해 이 개념을 사용해서는 안 된다. 상담의 성공은 내담자가 더 나은 선택을 하는 데 달려 있다. 그 선택은 그들에게 도움이 되는 것이며 다른 사람에게는 상처를 주는 것이 아닌 것이어야 한다.

---

5 역자 주: 이는 내담자와 준비된 상태를 확인하면서 그가 문제행동을 선택하고 있음을 말해 준다는 뜻이다.

모든 행동은 4개의 요소로 이루어져 있고 그것들은 서로 다르지만 분리될 수 없는 요소들이라고 선택이론은 말한다. 이 4요소는 활동하기, 생각하기, 느끼기, 신체반응하기이다. 예를 들어, 당신이 지금 선택하고 있는 전행동인 읽기는 활동하기(책을 잡고, 페이지 넘기기), 생각하기(쓰인 글 해독하기), 느끼기(읽을 때 당신이 느끼는 것), 그리고 신체반응하기(당신이 읽을 때 당신의 몸에서 일어나는 것)로 이루어져 있는 것이다.

이 장에서 첼시는 공황 발작하기라는 전행동을 선택하고 있지만, 그녀는 전행동이 무엇인지 혹은 그것이 선택이라는 것에 대해 아무것도 모르고 있다. 그녀가 처음 왔을 때, 그녀는 이 개념을 이해할 준비가 전혀 되어 있지 않았다. 그러나 그녀의 삶에 대해 이야기를 한 후 그녀의 좌절을 해결하려고 노력하기 시작하면서, 공황발작하기를 그만두기로 선택할 것이고, 내가 왜 그녀가 공황을 일으켰는지 그리고 그녀가 그것에 대응해 무엇을 할 수 있는지에 관해 설명을 시작할 수 있다.

전행동이 선택된 것이라는 개념을 알게 된 대부분의 사람들이 그것을 이해하기 어려워하는 이유는 전행동의 4개의 요소 중 2개만을 우리가 선택할 수 있다는 것을 이해하기 어렵기 때문이다. 즉, 우리의 활동하기와 생각하기이다. 이 두 개의 요소만이 자발적이고 의식적인 통제하에 있기 때문에 우리는 오직 그 두 요소만을 선택할 수 있는 것이다. 만약 우리가 전행동을 바꿀 희망한다면 우리는 활동하기와 또는 생각하기를 바꿔야만 한다. 우리가 선택한 전행동이 무엇이든 간에, 노력하고자 하는 의지만 있다면 우리는 좀 더 만족스러운 방법으로 활동하기 또는 생각하기를 선택할 수 있다. 만약 내가 첼시를 돕는 데 성공한다면 그녀는 좀 더 효과적인 활동하기와 생각하기를 선택할 것이다.

왜 좌절된 어떤 사람은 공황을 일으키고, 다른 사람은 강박적이고, 또 다른 사람은 우울해하거나 다른 증상을 선택하는지는 아직 밝혀지지 않았다. 알려진 것은 불안하게 하는 이런 선택이 고통을 줄인다는 것이다. 이것은 믿기 어려울지도 모르나, 만약 사람이 이런 특별한 선택을 하지 않는다면 좌절은 더 고통스러울 것이다. 공황 발작에 대해 그녀가 불평하는 만큼, 첼시가 만약 그런 행동들을 선택하지 않았다면, 그녀는 더 고통스러웠을 것이다.

그녀가 내게 왔을 때 두려움과 빠르게 뛰는 심장이 공황발작하기라는 전행동에 어울리는 느낌과 신체반응이라는 것을 내가 이해하는 것이 중요했었다. 그러나 그것이 선택이라는 것을 내가 알았을지라도, 나는 그녀의 불평을 놓치지 않고 그녀가 어떻게 느끼고 있는지를 설명할 수 있는 시간을 주겠다. 그러나 나는 좀 더 욕구를 만족시키는 다른 활동과 생각을 선택하도록 그녀를 안내하는 일 또한 시작할 것이다.

나는 그녀의 느낌과 신체반응을 중요하게 여기지 않는다. 왜냐하면 어떤 상담이나 상담가도 느낌과 신체반응을 직접 다룰 수는 없기 때문이다. 예를 들어, 첼시에게 억제하라고 혹은 기운 내라고 말해 주는 것은 소용이 없다. 그녀의 욕구가 충족되지 않는 한, 그녀는 그렇게 될 수가 없을 것이다. 효과적인 활동하기와 생각하기를 통해 특히 잘못된 관계를 개선하는 것같이, 그녀가 자신의 욕구를 충족시키기 시작할 때 공황발작은 없어질 것이다(전행동에 대한 보다 자세한 설명은 '행복의 심리'의 4장을 보라).

첼시는 고통을 느끼고 그 속에서 불안해하는 전형적인 내담자로, 공황발작에 대해 내게 말할 때 그녀가 선택했던 활동과 생각에 대해서는 언급하지 않았다. 그녀는 오로지 느낌과 신체반응에 초점을 맞추고 있었다. 즉, 공포, 식은땀, 두근거리고 빠르게 뛰는 심장, 팔과 다리에 힘이 빠지는 것 등에 대해서만 이야기했다. 그녀의 불평이 진짜라는 것은 사실이지만 그녀는 느끼기와 신체반응하기를 바꿀 수가 없다. 그것들은 그녀의 직접적이고 자발적인 통제하에 있지 않다.

여러분은 내가 첼시를 상담할 때 그녀가 불평하는 공황발작에 대해서는 가능한 한 적게, 그러나 그녀의 능력에 대해 많은 관심을 기울이는 것을 보게 될 것이다. '발작'에도 불구하고, 그녀를 인정하는 것은 상담의 성공에 있어 중요하다. 그녀가 불평을 쏟아 놓은 다음에, 나는 그것들에 대해 관심을 줄일 것이다. 왜냐하면 그녀도 나도 그것들을 즉시 없애기 위해 아무것도 할 수 없음을 알고 있기 때문이다. 내 관심사는 그녀의 활동과 생각하는 방식을 바꿈으로써 성취할 수 있는 것으로, 그녀의 삶에서 원하는 것이 무엇이냐에 있다.

물론 어떤 비판가들은 이런 접근법이 냉담하고 냉혹하다고 말하겠지만, 나는 동의하지 않는다. 상담가로서의 우리의 임무는 더 효과적으로 활동하고 생각하는 방법을 내담자들에게 가르쳐 주어서 그들이 자신들의 욕구를 더 잘 충족시킬 수 있게 하는 것이지, 상담이나 상담가가 그들의 고통스러운 느낌들 혹은 불안한 신체반응을 사라지게 할 수 있다는 비현실적인 소망을 지지해 주는 것이 아니다.

여러분들은 내담자의 느낌과 신체반응에 대해 내담자와 끝도 없이 얘기할 수 있다. 그런다고 바뀌는 것은 아무것도 없다. 나아가 여러분이 이런 비자발적인 요소들에 대해 이야기하면 할수록, 내담자들은 상담이나 상담가가 할 수 없는 것 즉, 그들의 기분을 더 낫게 만들 수 있다고 더 바라게 된다. 좀 더 효과적으로 활동하고 생각하지 않고, 누군가의 기분을 더 낫게 만들 수 있는 오직 한 가지 방법은 마약에 중독되거나 혹은 프로작 같은 기분 좋게 만드는 약물 치료를 받는 것이다. 이러한 것들은 영원한 해결책이 될 수 없다.

이것을 다시 자세히 설명하기 위해서 이 장의 사례로 돌아가자. 여러분은 계속 앉아서 이 책을 읽을 수 있고 혹은 책을 덮고 방을 나갈 수도 있다. 여러분은 다른 활동과 생각을 선택함으로써 성취하기 원하는 다른 일을 할 수도 있다. 그러나 여러분이 책을 내려놓고 현재 하고 있는 활동과 생각을 함께 바꾸지 않고서, 곧바로 공황 발작을 일으키거나 황홀경에 빠지거나 혹은 다른 감정이나 신체반응을 선택하는 것은 할 수 없다. 여러분도 할 수 없고 첼시도 할 수 없다. 만약 내가 첼시 혹은 다른 내담자를 돕는다면, 나는 그들이 바꿀 수 있는 것에 초점을 맞출 것이다. 즉, 그들의 활동들과 생각들을 바꾸는 것이다.

여러분 앞에 31살의 매력적인 여성인 첼시가 있다고 상상해 보라. 그녀는 고학력자이고 자기가 좋아하는 일을 하고 있으며, 4년 동안 남자친구인 팀과 같이 동거하고 있다. 그녀와 팀은 6개월 내에 결혼할 계획을 가지고 있다. 첼시의 삶은 공황발작이라고 진단이 내려진 '경험'을 하기 3개월 전까지는 심각한 문제가 없던 것처럼 보인다. 이러한 발작은 여러 번 일어났으나, 운전 중에는 아직까지 일어나지 않았다. 발작은 친구와 점심을 먹을 때, 그녀의 부모님을 찾아뵐 때, 또 그녀가 쇼핑하곤 하는 작은 단골가게에서 일어났다. 발작은 심지어 팀과 잘 때도 일어났다. 첼시는 발작에 대한 계속적인 공포 속에서 살고 있다. 이제까지 직장에서는 그런 일이 없었다. 그녀는 발작을 일으키기 전에 한두 번 정도 발작을 일으킬 것 같은 느낌을 받았다. 그러나 그게 다였다. 발작은 그 이상 진전되지 않았다.

그녀는 일에 대해서 만족한다고 말했다. 일만이 그녀 생활에서 진정으로 밝은 부분이다. 그녀는 주치의로부터 정신과 약을 처방받아 복용했었지만 발작은 계속되었고, 의사는 그녀에게 상담자를 만나 보라고 조언했다. 직장에서 10회의 상담에 대한 상담비를 지불할 것이고 그래서 그녀가 내게 오게 된 것이다. 첫 상담 동안 그녀는 내가 여기에 쓴 내용들을 모두 얘기했다. 자, 그것을 염두에 두고 두 번째 상담으로 넘어가 보자.

"나는 뭐가 잘못된 거죠? 왜 주치의가 상담자를 만나라고 했죠? 내 머리에 뭔가 이상이 있나 보죠. 이것은 전혀 까닭도 없이 너무도 갑작스럽게 생기는데 설마 심리적인 문제는 아니겠죠? 심리적인 문제를 가진 사람들은 불행해요. 그들은 내가 가진 좋은 조건들을 가지지 못했어요. 나는 도저히 이해가 안 가요. 선생님이 나에게 해 줄 수 있는 게 뭐예요?"

여기서 여러분은 그녀가 자신의 발작이 전행동인 공황 발작하기의 느끼기와 신체반응 요소라는 것을 모르고 있다는 것을 알 수 있을 것이다. 이 시점에서 그녀가 이런 발작을 선택하고 있다는 점을 넌지시라도 비추지 않도록 조심해야 한다.

"이야기 좀 해 봅시다. 난 당신이 방금 말한 대로 당신은 많은 것을 가지고 있기 때문에 당신을 도울 수 있다고 확신해요. 당신의 삶에서 그렇게 크게 잘못된 것이 있을 수 있나요?"
"만약 잘못된 것이 없다면, 왜 발작이 일어나죠?"
"난 잘못된 것이 전혀 없다고 하진 않았어요. 잘못된 것이 뭔가 있긴 있죠. 그러나 당신이 가지고 있는 것이 많기 때문에 바로 잡는 것은 어렵지 않을 겁니다."

나는 말한 후 잠깐 멈추고 그녀를 바라보았다. 그녀는 방금 자신의 생활이 좋다고 말했다. 나는 방금 뭔가가 잘못되었다고 말했고 그녀는 지금 발작을 곧 일으킬 것처럼 보인다. 나는 즉시 그 관찰한 점을 다루었다.

"당신은 지금 당장 발작을 일으킬 것같이 느낍니까?"
"어떻게 아셨어요? 약간 두려워요. 발작을 일으키기 전에 이러곤 하죠."
"나 때문에 참지 않아도 돼요. 난 당신이 발작을 일으키는 모습을 보고 싶군요. 당신은 잠시 후에 발작이 사라졌다고 말해도 돼요. 그러나 난 당신이 발작이 일어나는 동안 당신과 이야기할 기회를 갖고 싶어요."
"그러나 그건 무시무시해요. 난 거의 이야기를 할 수 없어요."
"당신은 말을 많이 안 해도 돼요. 내가 질문하고 당신은 단지 그런지 아닌지 고개를 끄덕이기만 하면 돼요."

나는 별일이 아닌 것처럼 평범하게 이 말을 했다. 만약 내가 발작을 다룰 수 있다고 그녀가 생각한다면, 그녀는 내 사무실에서 발작하는 것을 선택하지 않을 것이다. 내가 발작을 두려워하지 않고 심지어 기꺼이 받아들인다면, 확신하건대 그녀가 다른 사람을 통제하는 것처럼 발작을 가지고 나를 통제할 수 없다. 그래서 그녀가 지금 발작을 선택할 것 같지 않다. 발작은 그녀가 나를 만나기 전 혹은 만난 후 일어날 가능성이 더 많다. 내가 위협적인 발작에 대해 아무런 두려움을 보이지 않기 때문에, 내가 그녀가 생각하는 것만큼 발작이 불가사의하거나 다루기 어려운 것으로 생각하지 않는다는 것을 그녀는 알았다. 만약 그녀가 사람들에게 깊은 인상을 심어 주기 위해 발작을 선택한다 해도 나는 감동받지 않는다.

"그러나 선생님은 이런 발작을 막았어야 하지 않나요? 왜 나의 발작에 대해 그렇게 아무렇지도 않게 말하죠? 발작은 끔찍해요. 가능하다면 나는 또 다른 발작을 원치 않아요."

간접적으로 그녀는 발작에 대한 통제력을 얻는 것에 대해 말하고 있고 이것은 좋은 현상이다. 이제 나는 불만족스러운 관계를 다루어야 한다. 나는 첼시가 말하는 그녀의 삶에서 발작을 제외한 좋은 것들이 무엇인지를 자세히 알아볼 것이다.

먼저 나는 그녀가 팀과 잘 지내고 있는지를 알아보겠다. 왜냐하면 그 관계의 한 부분이 발작의 원인일 가능성이 크기 때문이다.

"당신은 결혼날짜를 정하지 않고 꽤 오랫동안 팀과 살았어요. 이제야 마침내 정했죠. 당신 아니면 팀, 누가 망설였나요?"

"둘 다 아니에요. 우리는 단지 확실히 하고 싶었어요. 그는 나를 사랑해요. 우리는 거의 4년간 같이 살아왔어요. 때가 된 거죠, 그렇지 않나요?"

"그럼 당신도 그를 사랑해요?"

"물론 그렇죠. 그렇지 않고서야 내가 그와 결혼하려고 하겠어요?"

"결혼은 단순히 서로 사랑하는 것보다 더 많은 것들을 의미하죠. 그것은 큰 책임(commitment: 맹세, 희생, 책임을 포함한 것)을 지는 것이고, 당신의 생활방식을 바꾸는 것이며, 아마도 아이들을 갖는 것, 새 집, 돈 문제들이 따르게 되죠. 그것은 함께 사는 것과는 아주 많이 다르죠. …언제 발작이 시작되었나요?"

이것은 과거로 돌아가는 것이 아니다. 발작도 현재의 한 부분이다. 나는 발작이 얼마나 오래되었나에 관한 정보를 이용할 수 있을 것이다.

"3개월 전이라고 말씀드렸잖아요."

결혼 날짜를 정한 것과 발작 간에 관계가 있을지도 모른다고 생각했기 때문에 이 질문을 다시 했다.

"언제 결혼 날짜를 정했죠?"
"정확히 모르겠지만, 좀 됐어요, 약 6개월 전쯤. 그래요, 그즈음이에요. 6개월 전에 그이가 이 반지를 줬어요."
"팀은 진지하군요. 그것에 관해서는 의문의 여지가 없네요. 그 다이아몬드는 굉장히 보기 드문 것이군요."
"팀은 무엇을 하든 호화롭게 하는 것을 좋아해요. 그는 너무나 활동적이죠. 나는 그이의 그 점을 사랑해요. 그러나 만약 선생님이 결혼하는 것을 문제가 된다고 생각한다면, 왜 발작이 더 일찍 일어나지 않았죠?"
"난 발작을 당신이 결혼할 계획을 세웠다는 사실 탓으로 돌리는 것이 아닙니다. 난 문제가 무엇인지 몰라요. 단지 질문을 해 본 것이죠."
"난 결혼하길 원해요, 팀도 그렇고요."

그것이다. 그녀가 나의 질문을 이해한 것으로 보아, 내가 제대로 하고 있다고 생각했다. 그녀는 나를 재확인시키고, 그녀 자신에게도 재확인시키려는 것으로 보였다.

나는 그녀가 회피한 질문으로 다시 돌아가 약간 다른 방법으로 물어 보겠다.

"약간 웃기는 질문으로 들릴지도 모르지만, 나는 당신이 이 질문에 대답할 수 있는지 궁금해요. 당신 혹은 팀 중 누가 더 많이 결혼하길 원하죠?"
"우리는 같이 날짜를 정했어요."

"당신이 그랬을 것이라 믿어요. 그러나 한 사람이 다른 사람보다 더 결혼하길 원하는 것이 당신처럼 오랫동안 같이 살고 있는 사람들에게 드문 일이 아니죠."

"아, 선생님의 뜻이 무엇인지 알았어요. 그이요. 그는 지난 1년간 우리가 결혼할 때가 됐다고 계속 나에게 말했어요. 그는 나보다 나이가 많아요. 43세죠. 그리고 그는 집을 사길 원하고 가정을 갖기 원해요. 그는 주식 중개인이에요. 그는 돈을 많이 벌어요. 그는 내가 일을 그만두길 바라요. 저보고 유한마담이 되래요. 우리 부모님은 그를 굉장히 좋아해요. 부모님은 우리가 드디어 정착하기로 했다는 생각에 대해 매우 기뻐했어요."

"다 끝난 일처럼 들리는군요. 당신은 이것이 실수일지도 모른다는 걱정을 조금도 하질 않았나요?"

"약간 염려되긴 해요. 모든 여자들이 이와 비슷한 상황에서는 불안해하잖아요."

"염려되는 점 한 가지만 말해 봐요."

"나는 내 일을 좋아해요. 나는 사서예요. 돈은 많이 못 받지만 일하는 매 순간을 즐겨요. 어린이 도서관 수석자리가 비어서 면접에 응했죠. 팀은 내가 여생 동안 도서관에 앉아서 즐길 수 있다는 것을 이해하지 못해요. 그러나 난 정말 그 일을 좋아해요. 그 점에서만 우리가 견해 차를 보이고 있어요. 하느님 맙소사, 그럼 선생님은 그런 단순한 것이 발작의 원인이라고 생각하세요?"

"말했듯이 난 몰라요. 그런데 도서관에서 하는 일이 단순한 것은 아니지요. 팀과 생활하는 것을 제외한다면 당신이 하는 일 중에서 당신에게 가장 중요한 일이며 그는 그 일이 왜 그렇게 중요한지 이해를 못하는군요. 당신이 이 일을 그만두려고 생각했을 때에 어떠한 생각이 드나요?"

"내 머릿속에 떠오르는 생각은 내가 더 이상 발작하지 않았으면 하는 것이죠. 그것은 끔찍해요. 내 생각은 온통 발작에 관한 것이죠. 다른 것은 생각조차 할 수 없어요."

나는 이 문제를 계속 다루었다. 그녀는 일을 그만두는 것에 관한 질문을 회피했다. 그 일은 그녀에게 있어 매우 중요하지만, 팀은 그것의 중요성을 이해 못한다.

나는 매우 부드럽게 물었다.

"도서관을 그만두려고 했을 때에 당신의 기분이 어떠했는지 말해 봐요. 그곳은 안전한 장소 같군요. 당신은 그곳에서 발작을 일으킬 필요가 없었어요."
"나는 도서관을 떠나고 싶지 않아요. 슬퍼요."
"슬프고 공황발작을 일으킬 것 같나요?"
"아니요, 단지 슬퍼요. 만약 내가 결혼한다면 그만두어야 할 거예요."
"당신에게 무언가 가르쳐 줄게요. 당신 삶에서 좌절을 하고 그것을 해결할 방법이 없는 것처럼 보일 때, 당신은 당신 마음속에서 그것을 당신 밖으로 밀어내려고 노력할 수는 있어요. 가끔 그렇게 당신이 할 수도 있어요. 하지만 언제나 그렇지는 않지요. 당신 마음속에서 그것을 밀어내는 대신에 그것은 당신의 마음속에 묻히죠. 당신이 인식하지 못하더라도 당신의 뇌는 그것을 계속 다루고 있어요. 당신의 뇌가 좌절을 다루는 한 가지 방법은 당신이 느끼는 방법과 심지어 당신 신체가 기능하는 방법을 바꾸는 것이죠. 이러한 발작은 당신의 뇌가 도서관을 그만두려는 당신의 마음과 당신을 떼어놓으려 하는 방법 중에 하나일 겁니다. 당신이 발작을 일으키지 않는 곳 중 한 곳이 직장이고, 그곳은 당신이 가장 있고 싶어 하는 곳이고 결혼 때문에 가장 위협받는 곳이죠. 그리고 당신은 자살을 할 사람은 아니에요. 운전하는 동안에는 발작을 일으키지 않았으니까…."

나는 전행동 개념으로 들어갈 준비를 했다. 그녀가 직장이나 운전 도중에 발작을 일으키지 않았다는 것은 그녀가 발작에 대해 어느 정도 통제하고 있다는 것이다.

"하지만 나는 일단 발작이 일어날 것 같이 느껴지면 주차장으로 들어갔어요. 큰 발작은 아니지만 난 진짜 두려웠어요."
"내가 방금 말한 것이 방금 그거죠. 당신이 운전하고 있는 동안에는 발작을 일으키지 않았고, 주차장으로 들어가는 분별력을 가졌다는 것이죠. 당신은 발작에 대해 어느 정도 통제하고 있는 것처럼 보이는군요. 내 생각에 당신은 사람들이 주변에 있을 때 발작을 일으키는 것 같아요. 사람들이 뭔가가 잘못됐다는 것을 알 수 있는 곳 말이에요."

모든 심리적 증상의 주된 목적은 동정과 주목을 받는 것이다. 이것이 첼시가 사람들과 있을 때 발작을 일으킨다고 내가 추측하는 이유이다.

"약간 그래요. 나는 어머니와 전화 통화하는 동안에 대여섯 번 정도 발작을 일으켰어요."
"무슨 얘기를 했었나요?"
"어머니는 내가 결혼한 후의 생활에 대해 끊임없이 얘기했어요. 큰 집, 가족, 많은 돈, 더 이상 일을 안 해도 되는 것 등이요."

나는 약간의 위험을 무릅쓰고 과감히 더 나갔다.

"도서관에서 계속 일하는 것에 대해서는 거의 지지받지 못했군요."
"하지만 난 그를 사랑해요. 결혼하길 원해요."
"당신이 그를 사랑한다면 그에게 정직해 봐요. 도서관에 대한 당신의 느낌을 다루어 봐요. 그가 당신을 사랑한다면 그는 이해하려고 노력할 거예요."

이제부터 나는 그녀의 욕구가 무엇인지를 깨닫도록 하는 데 초점을 둘 수 있다. 그녀는 자신의 생각과 행동을 약간씩 바꾸어야만 한다.

"하지만 난 노력했어요. 그는 단지 그건 불가능하다고 말했죠. 그는 '그의 아내'가 일하는 것을 원치 않아요."
"당신은 결혼하고 나서 그에게 맞서길 원하나요?"
"아니요. 나는 내 마음을 정리한 후 결혼할 거예요. 나는 일을 그만 둘 예정이죠. 우리는 돈이 많아요."
"그렇지만, 당신이 여기에 온 이유는 결혼 전에 당신 마음속에서 뭔가가 일어나고 있기 때문이죠. 당신 생각의 큰 부분이, 당신은 지금 당장 도서관을 그만두길 원하지 않고 아마 영원히 그럴지도 모르죠. 이것은 추측만은 아니에요. 이제까지의 이야기가 당신이 원하는 것을 명백하게 드러냈어요. 당신은 당신의 삶이 잘되어 간다고 말했어요. 그리고 당신은 지금 여기에 침착하고 편안하게 앉아 있어요. 왜 그렇게 좋지요?"
"글쎄요. 난 내가 원하는 것을 가지고 있나 보죠."
"맞았어요. 당신에겐 팀이 있고 여전히 도서관에서 당신의 일을 하고 있어요. 결혼은 아마도 당신의 일을 뒤죽박죽으로 만들 거예요. 당신은 그 사실을 직시하기 싫은 거죠. 그런가요?"

"맞아요, 난 직면하고 싶지 않아요."

"당신이 여전히 이런 발작을 하는데도 결혼할 준비가 되었다고 보나요?"

"팀은 우리가 결혼을 하면 발작이 없어질 거라고 말해요. 그는 내가 이런 발작을 하는데도 불구하고 결혼하길 원하지요."

"첼시는 뭐라고 말했어요?"

"모르겠어요. 지금은 내가 도서관 일을 그만두길 원하지 않는다는 것은 알겠어요. 나는 정말 원치 않아요. 일이 지금까지는 우리 관계에 지장을 주지는 않았죠. 어떻게 그것이 결혼 후의 관계에 지장을 주겠어요? 하여간, 만약 그렇다면 난 일을 언제나 그만둘 수 있어요."

"첼시, 당신이 가진 문제는 심각하지 않아요. 당신은 그것을 해결할 수 있어요. 당신은 발작을 영원히 안 일으킬 수 있어요. 난 당신을 도울 수 있고요."

"선생님은 어떻게 나를 도울 건가요?"

"집에 가서 우리가 대화한 것에 대해 생각해 봐요. 당신이 지금 가진 것과 결혼을 하면 무엇이 달라지는지에 대해 열심히 생각해 보세요. 그것에 대해 팀과 대화를 해봐요. 그가 뭐라고 말하는지 확인해 보세요."

세 번째 상담에 첼시가 왔다.

"지난주는 잘 보냈어요?"

"그저 그랬어요. 어머니와 이야기하는 동안 약간의 발작을 일으켰어요. 정말, 아주 잘 보냈어요."

"팀과 이야기를 나누어 봤나요?"

"그에게 말했죠. 그는 내가 무엇을 원했는지를 예상하고 있는 것 같았어요. 그는 확고해요. 우리가 결혼하고 나서 그는 내가 일하는 것을 원하지 않아요. 그의 마음이 너무 닫혀서 나는 설득할 수 없었어요. 나는 논쟁하는 것을 싫어해요. 평소에도 그가 원하는 대로 되기만 한다면 그는 너무 사랑스러운 사람이에요. 그래서 나는 내 자신에게 말했어요. 나는 그를 사랑하고 있고, 그가 원하는 방식이 그렇게 나쁘진 않아 라고요. 나는 기분이 좋았어요. 그러나 여기에 오는 길에 발작이 일어날 것 같았어요. 차고로 들어서자마자 가라앉는 것 같았죠."

"팀에게 당신이 양보해야 했다고 내게 말해야 한다는 것에 화가 났나요?"

"그랬어요. 내가 마치 숙제를 안 한 여학생 같았어요."

"아니죠. 당신은 했어요. 당신은 노력했잖아요."

"노력은 했겠죠. 하지만 내가 열심히 했다고 생각지 않아요. 그와 같이 있을 때는 도서관이 그렇게 중요하게 여겨지지 않아요. 그러나 우리가 결혼을 하면 난 집에 하루종일 있어야 하고, 난 그곳을 그리워 할 것 같아요. 세상에, 내가 원하는 것은 단 하나예요. 나는 그를 위해 모든 것을 떠날 준비가 돼 있어요. 나는 계속 생각했죠. 난 정말 양보할 준비가 되어 있나? 그리고 우리 결혼생활의 다른 부분은 어떤가? 나는 사랑을 위해 너무 많은 것을 포기하고 있지는 않은가? 선생님이 결혼은 같이 사는 것과 많이 다르다고 말했는데 맞는 말이었어요…. 도서관이야말로 나의 삶이에요. 우리는 아직 결혼을 하지 않았는데, 그가 원하는 것은 내가 양보하고 싶지 않은 것이죠. 우리가 결혼을 한다면 무슨 일이 생길까요?"

"그 질문에 대답할 때가 됐군요."

"선생님은 알고 있죠, 팀은 돈을 사랑해요. 그렇다고 스크루지 같은 식은 결코 아니에요. 그는 후한 편이죠. 내가 그와 같이 지내길 원하면 나는 필요한 돈을 다 가질 수 있어요. 그러나 그건 우리 돈도 혹은 내 돈도 아니고 그의 돈이란 느낌이 들어요. 나는 내 돈을 갖고 싶어요. 많지는 않지만, 그것은 내가 – 잃어버리고 싶지 않은 – 독립했다는 느낌을 주죠. 내가 무슨 말을 하려는지 아시죠? 난 모든 것이 잘될 거라고 내 자신에게 계속 말하고 있어요. 그러나 지금은 이것이 내가 진짜 원하는 결혼생활인지 의심스러워요."

"그 점에 관해 그와 이야기해 볼 건가요? 내 말은 그를 얼마나 사랑하고 있든지 또는 사랑할 것인지와 상관없이 당신의 입장을 옹호해 보겠냐는 것이죠?"

"어려울 거예요. 그는 자신이 나를 얼마나 사랑하는지 내게 끊임없이 말하고 있죠. 그는 많은 돈을 벌길 원해요. 그리고 그 돈을 나와 공유할 수 있다고 해요. 그는 우리 어머니에게 말했죠.

어머니는 완전히 그 사람 편이에요. 내가 약간의 발작을 일으켰을 때가 그즈음이죠. 내가 도서관 일 같은 것 때문에 부와 사랑과 잘생긴 남자를 포기할 수도 있다는 생각을 어머니는 이해할 수 없었어요. 그러나 어머니가 문제가 아니에요. 나는 어머니에게는 잘 대처할 수 있어요. 이제는 많은 것이 더 분명해지는군요."

나는 이제 결혼에 대한 포괄적인 질문을 할 때라고 생각했다. 팀은 입센의 연극, 인형의 집(A Doll's House)의 주인공 토발트와 비슷한 것 같다. 그는 그가 통제할 수 있는 부인을 사랑했다. 그 결혼은 비극이었다.

"첼시, 왜 불행한 부부가 많이 있는지 생각해 봤나요? 당신은 아마도 그런 사람들을 많이 알고 있을 것이고, 그들 중 몇몇은 결혼생활을 오래 유지하지 못했죠."

"모르죠. 얼마 후 그들은 그냥 잘 지낼 수 없었던 거죠. 우리 부모는 내가 어렸을 때는 잘 지냈어요. 그리고 지치도록 20년 동안 싸웠죠. 이제는 잘 지내고 있어요. 아주 행복한 것은 아니지만 그런 대로 괜찮죠. 그들은 내가 팀과 결혼하는 것을 간절히 바라고 있어요."

"팀이 무엇을 해야 할지에 대해서 당신이 말한 적이 있나요? 내 말은 그가 어디에 갈지, 무엇을 입을지, 식당에서 무엇을 주문할지에 대해서. 당신은 사서니까 그가 책을 읽고 나서 그 책에 대해 이야기하고 싶다고 말할 수 있나요?"

"그는 명령을 하지요. 나는 아니에요. 그는 심지어 메뉴까지 짜요."

"당신과 함께 사는 동안 점점 더 그렇게 되었나요? 내 말은 그가 좌지우지하고 있냐는 의미예요."

"그랬는지 잘 모르겠어요. 단지 처음부터 그런 식이었어요. 그렇지만 그가 모두 하도록 내버려 두는 것이 편안해요. 내 말은요, 나는 도서관에서 일을 하고 있어요. 피곤해져서 집에 오죠. 그래서 그가 모든 것을 마음대로 해요. 알다시피 주식중개인은 오랜 시간 일하지 않죠. 저녁 준비가 되어 있어요. 그는 요리하는 것을 좋아해요. 와인은 알맞은 온도로 차게 준비되어 있죠. 팀과의 생활은 좋아요."

이것으로 그녀와 그에 관해서는 충분히 알 수 있다. 더 이상 말할 것도 없다.

"좋아요. 나는 우리가 모든 부분을 다 다루었다고 생각해요. 당신 생각에 당신은 무엇을 해야 할 것 같아요?"

"나는 우리 관계가 더 진전되기 전에 그와 진지하게 얘기를 해야 한다고 생각해요. 그거죠, 그렇죠?"

나는 마지막 그 질문에 대답하지 않았다. 이건 그녀가 결정할 일이지, 내가 아니다.

"무엇에 대해 말할 건가요?"
"나는 그를 사랑하고 결혼하길 원하지만, 도서관에서의 내 일을 포기하지는 않을 거라고 말할 거예요. 가까운 장래에 직장을 포기하는 일은 없을 거라고요."
"그는 아마 당신과 헤어질지도 몰라요."
"아뇨, 난 그것에 대해선 걱정 안 해요. 그는 나와 헤어지지 않을 거예요…. 냉정하게 들릴지 모르지만 그렇지 않아요. 사실이죠. 선생님은 팀에게 내가 어떤 존재인지 아시죠? 난 투자 대상이에요. 그는 4년 동안 내게 투자했어요. 그리고 그는 그가 투자한 것을 아주 소중히 관리하죠. 만약 선생님이 그가 나를 편안하게 해 주기 위해 하는 모든 것을 본다면, 그가 나에게 얼마나 잘하는지를 알 거예요. 선생님은 내가 무엇을 생각하는지 아세요. 내 생각에 그는 기꺼이 찬성할 거예요. 나를 직장에 나가게 하는 것이 그의 투자대상을 보호하는 좋은 방법이라는 것을 그가 깨닫게 될 거예요. 행복한 아내가 곧 좋은 아내죠."
"듣기 좋군요."
"나는 그가 지금 나에게 해 주는 모든 것에 얼마나 고마워하고 있는지를 말해 줄 거예요. 그가 얼마나 훌륭한 요리사고 내 요리가 얼마나 형편없는지를 말할 거예요. 그에게 이해시킬 거예요. 사실 나는 한 번도 그에게 똑바로 대놓고 이야기해 본 적이 없어요. 그는 곧바로 내가 달라졌다는 것을 알게 되겠죠. 내가 해야만 하는 것이 그것이죠, 그렇죠?"

나는 동의한다는 의미로 고개를 끄덕였다. 그녀는 마음을 정했다.

"난 이것을 다룰 수 있어요. 도와주신 것에 감사드려요. 혹 필요하다면 전화해도 되나요?"

"이 말을 하고 싶지는 않지만, 만약 그가 찬성하지 않는다면 그를 포기할 준비가 되어 있나요?"

"그는 어리석지 않아요. 그는 나를 사랑해요. 그는 내가 단호한 입장을 취하는 것에 대해 더 생각하겠죠. 하지만 선생님 질문에 대한 대답은, '예'입니다. 난 그와 헤어질 준비가 되어 있어요. 그는 내 음성에서 그것을 알아차릴 거예요. 만약 그와 헤어진다면 나는 어머니와도 사이가 멀어질 거라고 봐요. 만약 어머니가 이상해지면 어머니를 만나 주실 수 있나요? 난 기분이 좋아요. 내가 다시 발작을 일으킬 거라고는 믿어지지 않아요."

그렇게 되었다. 첼시는 더 이상 발작을 일으키지 않았다. 그녀와 팀은 결혼했다. 첼시는 강한 여성이었다. 나는 그녀가 자신이 강하다는 것을 알고 있었다고 생각한다. 그것이 바로 그가 모든 것을 통제해도 그녀가 참아낼 수 있었던 이유이다. 그가 그녀에게 관심을 그토록 기울이길 원한다면 그녀의 제안을 받아들이지 못할 이유가 뭐가 있겠는가? 이 세상에는 관심과 함께 통제를 당하는 것보다 더 나쁜 것이 많다. 상담을 받으러 오는 모든 사람들이 완전한 무능력자는 아니다. 첼시는 결혼 전에 자신의 권리를 주장하기 위해 약간의 도움이 필요했다. 나는 크리스마스 때 그녀로부터 소식을 들었다. 그녀는 지금 두 명의 자녀를 키우면서 결혼 전부터 지금까지 어린이 도서관 수석사서로서 일하고 있다. 삶이 소설은 아니지만 행복한 결말로 끝내는 것은 좋다.

제7장
자살을 기도하는 조지 1

겉으로 보아서는 그가 무슨 말을 하려고 하는지
짐작할 수 있는 것이 하나도 없었다.

　내가 조지를 상담할 때 여러분은 선택이론의 중요한 부분인 좋은 세계(Quality World)에 대한 정보가 상담에서 무엇을 할지를 결심하는데 얼마나 결정적인 작용을 했는지를 보게 될 것이다. 이 작고 가상적인 세계는, 우리가 태어나자마자 우리의 기억 속에 창조되기 시작하며 태어나서 죽을 때까지 끊임없이 창조되고 조절되는 것으로 우리 삶의 핵심인 것이다. 그 안에다가 우리는 우리의 기본욕구들을 다른 것들보다 많이 충족시켜 주었던 사람이나 사물, 또는 신념체계에 대한 상세한 사진들을 저장한다.

　예를 들어, 좋은 세계 안에 자기 어머니의 사진을 갖고 있지 않는 사람들은 거의 없을 것이다. 우리는 어머니를 사랑하고 어머니들은 우리를 사랑하는 사진을 가지고 있다. 우리들 중 대부분은 사랑의 욕구를 어머니가 충족시켜 줄 것으로 기대한다. 우리들의 좋은 세계 속에 있는 사진들은 사랑하는 사람들, 소중하게 여기는 소유물 그리고 우리의 선택의 지표가 되는 개인적인 믿음체계와 관련이 있는 것들이다.

　우리들의 좋은 세계는 개인적인 지상낙원이며, 현실세계에서 가능하기만 하다면 우리는 그곳에서 살길 원할 것이다. 우리들이 태어날 때부터 죽을 때까지 하는 모든 중요한 행위들은 언제나 우리의 좋은 세계 안에 있거나 혹은 넣고자 하는, 하나 혹은 그 이상의 사진들을 만족시키기 위한 최선의 노력이다. 나는 조지와 상담을 시작하기 전에 이 좋은 세계에 대한 설명을 할 필요가 있다. 왜냐하면 만약 여러분이 그것을 이해하지 못하면, 내가 조지와 하는 일이 납득이 되지 않을 것이기 때문이다.

내가 앞에서 말했지만, 우리들 모두는 다섯 가지 유전적인 욕구 즉, 생존, 사랑과 소속감, 힘, 자유, 그리고 즐거움에 의해 동기화된다. 효과적이든 비효과적이든 우리의 모든 행동들은 항상 그때 그 상황에서는 이런 욕구들을 하나 또는 그 이상을 충족시키기 위한 최선의 시도이다. 예를 들어, 〈이보다 더 좋을 수는 없다〉라는 영화의 처음 부분에서 멜빈 유달은 사랑과 소속의 욕구를 어떻게 만족시켜야 하는지를 몰랐던 것이다. 때문에 그는 좌절했고 화를 냈다. 이 행동은 멜빈처럼 단절되었을 때 우리들이 선택하는 가장 보편적인 전행동이다.

멜빈은 특히 틈새를 밟지 않으려고 피하는 것 같은 강박적이기와 충동적이기를 선택했다. 그는 틈새를 피하기 위해 엄청나게 노력을 들이는 것으로 다른 사람에게 폭언을 퍼붓는 것을 피할 수 있었다. 거의 모든 이런 증상들은 좌절의 한 가지인 분노를 억제하는 것을 돕기 위해 우리들이 선택하는 것이다. 만약 우리가 그것을 억제할 수 없었다면, 우리들은 자신이나 혹은 타인에게 해를 끼쳤을 것이다. 멜빈의 경우, 그는 분노에 눈이 멀어 모든 사람에게 심하게 대하고 심지어는 작은 개인 프리델을 쓰레기 투하구에 던져 버렸다.

좋은 세계는 우리들의 직접적인 동기가 되기 때문에 우리 삶의 중심이 된다. 그곳은 우리가 좌절했을 때 우리가 항상 살피는 곳이다. 만약 그곳에 욕구를 충족시키는 사진이 없다면 우리는 새로운 사진을 창조해 내려고 노력해야만 한다. 그것은 우리의 욕구를 직접적으로 충족시킬 수 없기 때문이다. 예를 들어 우리는 아무리 외로울지라도 무작정 나가서 사랑을 할 수는 없다. 멜빈이 카렌을 찾았고, 제리가 캐롤을 찾았던 것처럼, 우리는 사랑할 수 있는 구체적인 사람을 찾을 필요가 있다. 제리 역시 비록 여러 해 동안 그의 좋은 세계 안에 사랑하는 여자에 대한 일반적인 사진을 갖고 있었겠지만, 그는 그 구체적인 사진을 캐롤로 바꿔 끼울 때까지 사랑에 빠질 수 없었을 것이다.

현실치료상담가로서 내가 하는 몇 가지는 내담자들에게 자신들의 욕구를 충족시키는 데 도움을 줄 수 있는 사람을 찾는 방법을 가르쳐 주는 것이다. 특히 사랑과 힘의 욕구, 두 가지는 충족시키기가 가장 어렵다. 우리 모두는 좋은 세계 안의 일부분이 될 사람, 즉 우리를 사랑하고 경청해 주는 누군가를 찾고 있다. 물건들과 신념체계들도 마찬가지이다. 만족할 만한 관계를 찾는 것이 우리가 갖는 가장 공통된 문제이기 때문에, 나는 상담할 때 그 점에 중점을 둔다.

이 세계 안에 있는 사진들이 얼마나 영향력이 큰지를 이 장이 명확히 보여 주기 때문에 여기서 좋은 세계에 대해 언급하겠다.

태어나면서부터 우리가 평생토록 하는 것은 사람, 물건, 생각 또는 가끔은 비즈니스나 전문직과 같은 전체적인 상황에서 좋은 느낌을 가지려고 특별히 관심을 쏟는 것이다. 우리는 그런 것들과 연결이 되기만 하면 특별히 기분이 좋을 거라고 믿는다. 많은 사람들은 느낌의 중요성을 부정하려 하지만, 의심의 여지없이 그것은 강력한 동기가 된다. 등산할 때의 황홀감을 경험하고자 등산가들은 에베레스트 산을 오르려고 시도한다. 대부분의 열성적인 등산가들이 진지하게 등산을 시작하자마자 에베레스트 산을 그들의 좋은 세계에 넣는다.

그러나 우리가 좋은 세계 안에 넣는 사람, 사물, 혹은 생각들은 세상에서 일반적으로 좋다(Quality)고 규정하는 것과 도덕적인 것이 아닐 수 있다는 것을 이해하는 것이 중요하다. 알코올중독 환자는 그들의 생명 혹은 자유를 대가로 치르더라도 술을 그들의 좋은 세계 안에 넣고 그것을 계속 지니고 있다. 만약 캐롤이 제리를 거절한다면, 그는 그녀에게 해를 끼치거나 혹은 그녀를 심지어는 죽일 수 있다. 왜냐하면 그가 그녀를 자신의 좋은 세계 안에서 빼내어 버리기 원치 않기 때문이다. 좋은 세계가 좌절되고 사랑하는 사람에게 버림받는다는 것은 위험할 수 있다. 여러분이 내 말을 믿을 수 없다면, 오페라 몇 편을 관람해 보라.

그러나 많은 경우에 우리들의 좋은 세계 안에 있는 가장 중요한 사진은 우리가 그린 우리 자신에 대한 사진이다. 일생동안 우리들은 우리의 욕구를 충족시키는 자신의 사진을 창조하려고 시도한다. 예를 들어, 제리가 내게 왔을 때, 그의 좋은 세계 안에는 캐롤과 어떻게 하면 친해지는지에 대한 확실하고 효과적인 사진이 없었다. 이에 반해서 제프는 그의 좋은 세계 안에 자신이 학교에서 성공하는 사진은 갖고 있었지만, 그렇게 하도록 그를 도와줄 수 있는 신뢰할 만한 사람에 대한 사진은 없었다.

좋은 세계 안에 무엇을 넣을 것인지에 대해 우리가 언제나 통제하고 있다는 것을 아는 것은 중요하다. 아무도 우리의 허락 없이 그곳에 사진을 강제로 넣거나 꺼낼 수는 없다. 학대하는 남편과 이혼했을 때, 대개 여자는 남편이 그의 좋은 세계 안에서 그녀를 꺼내길 원한다. 하지만 때때로 남자는 그렇게 하지 않고, 그런 실패는 종종 폭력을 유발하고 심지어는 살인도 저지르게 한다.

우리들은 전보다 더 낫게 느껴지는 사람이나 사물을 찾는 것을 근거로 하여 우리의 좋은 세계를 조정하고 재조정하면서 살아간다. 우린 아마도 좋은 세계 안의 중요한 사진을 만족시키기 위해 일생 동안 노력하는지도 모른다.

그러나 우리는 좋은 세계 안에 사진을 넣는 것이 빼는 것보다 더 쉽다는 것을 또한 이해해야 한다. 만약 누군가가 우리를 사랑하기를 거부한다면, 우리는 그것을 대체할 수 있는 누군가를 찾지 못하는 이상 그 사진을 없앨 수 없다. 만약 캐롤이 제리가 선택하는 행동방식(그녀가 통제할 수 없는) 때문에 그를 거절한다고 하자. 그녀가 그를 대신할 더 나은 누군가를 찾지 못한다면 그는 오랫동안 그녀의 좋은 세계 안에 남아있을 것이다.

상담에서 내담자들이 배울 수 있는 것은 그들의 좋은 세계를 충족시키기 너무 힘든 자신들의 사진이나 다른 사람들의 사진을 만들지 않도록 노력하는 것이다. 만약 당신이 자신이나 다른 사람에 대한 사진을 수용할 수 있다면 당신은 행복해질 수 있는 가능성이 높아질 것이다. 때로 견뎌 내는 것이 힘들 수 있지만 대부분은 견디어 낼 수 있다.

끝으로 자신들의 좋은 세계 안에 아무도 없고, 완전히 단절된 수많은 사람들이 있다. 제프도 그런 사람일 수 있다. 영화 레인맨의 더스틴 호프만이 연기한 자폐증 환자나 실제 연쇄 살인범인 테드 번디와는 달리 제프는 여전히 관계를 맺길 원한다. 그러나 만약 그가 관계 맺기에 성공하지 못하면, 결국 그는 그의 좋은 세계에서 모든 사람을 빼내어 버릴 것이다. 그가 그렇게 하면 그는 분명코 자신의 힘의 욕구를 충족시키기 위해 폭력을 선택하는 위험한 사람이 될 것이다. 대개는 폭력을 다른 사람에게 쓰지만, 때론 자살과도 같이 자신에게 쓸 수도 있다. 또 그는 마약을 선택할 수도 있고(그는 이미 마리화나를 피고 있다), 그리고 소위 그의 상대 혹은 희생자가 원하는 것과 상관없이 자신의 쾌감을 취하는 사랑이 없는 섹스에 빠질 수도 있다.

이런 생각을 갖고서 나는 이제부터 조지의 사례로 돌아가겠다. 조지는

49세 남성으로 기분 좋은 느낌을 주었고 평균보다 약간 키가 크며 후리후리했다. 그의 외모 혹은 옷매무새를 보아서는 특별한 것이 없었다. 전화로 약속을 정할 때 그의 음성에서 고통과 절박감을 감지할 수 있었지만, 그런 음성은 내담자들에게 너무나 흔해서 나는 그의 문제가 평범하지 않은 것이라곤 생각하지 않았다.

조지는 전화상에서 전혀 적극적이지 않았으나 나에게는 상관없었다. 나는 내담자들과 전화로 약속을 신청할 때 그의 문제가 무엇인지 거의 묻지 않는다. 그는 가능한 빨리 나를 만나기를 고집했다.

나는 "조지, 나는 시간이 많아요. 당신처럼 사람들이 전화를 하면 나는 하루의 마지막 시간을 내죠. 당신의 목소리와 말하는 투에서 당신이 큰 고통을 겪고 있다고 믿게 되었어요. 당신은 아마도 다른 사람에게 쉽게 도움을 청하는 사람 같지는 않군요. 여기에 오는 것이 쉽지 않았죠?"라고 말하면서 상담을 시작했다.

그는 동의했고, 나는 계속 "우린 당신이 원하는 만큼 오랫동안 이야기할 수 있어요. 아내에게 전화해서 저녁을 먼저 먹으라고 했어요. 나는 나중에 먹을 거예요. 문제될 게 없어요"라고 말했다.

그러고 나서 내가 이야기를 듣길 원한다는 것처럼 조지를 쳐다보았다. 약 10초간 침묵이 흘렀고, 그리고 나서 그가 말하기 시작했다.

"나는 거의 1년 동안이나 여기 오는 것에 대해 생각해 봤어요. 그러나 선생님이 내 생활을 들여다보면, 나야말로 상담가가 전혀 필요 없는 사람이라고 생각하실 거예요. 나는 수익성이 높은 여행사의 사장이고 24명의 직원을 거느리고 있어요. 27년 동안 좋은 여자와 결혼생활을 하고 있고, 아이가 한 명 있는데, 그 애는 25세 청년으로 이미 자기 나름대로 성공적으로 잘 살고 있죠."

그리고 그는 다시 침묵한 후, 내가 전적으로 그에게 주의를 기울이는지 확인하면서 기다렸다. "하지만 선생님, 내 문제는 내가 심각하게 자살을 생각하고 있다는 거죠. 나는 나만이 볼 수 있는 어둠 속에서 살고 있어요. 나와 가까운 사람들, 아내나 아들, 친구들과도 잘 지내고 있어요. 직원들도 아주 잘 다루죠. 문자 그대로 모든 사람들이 날 좋아해요. 그리고 나도 그들을 좋아하고요. 나는 전혀 고독한 사람이 아니에요. 내 아내는 내가 무슨 생각을 하는지 전혀 눈치도 못 채고 있어요. 만약 내가 자살을 생각하고 있다는 것을 안다면 그녀는 완전히 심장발작을 일으킬걸요. 아내는 모든 것이 잘 돌아가고 있다고 생각하죠. 나는 내 머릿속에서 무슨 일이 일어나는지 아내에게 말할 수 없어요. 누구에게도 말할 수 없어요. 지난주, 난 총을 샀어요. 그때 난 내 자신에게 말했어요. '난 더 이상 기다릴 수 없어. 난 상담가를 만날 거야'라고요. 얼마 전 누군가 대화 중에 선생님을 언급했죠. 그래서 난 그 사람일지도 몰라 라고 생각했어요. 난 다른 사람은 일시도 못하시만, 사람들은 선생님에 대해 좋게 이야기했어요."

그 이야기를 한 후 그는 잠깐 멈추었다. 내가 그에게 무슨 말을 해주길 원하는 것처럼 생각되었지만, 무슨 말을 해야 할지 몰라 가만히 있었다. 그러나 그는 나를 흥미롭게 하는 두 단어를 사용했다. '심장발작을 일으키다'와 '호감이 가다'이다. 내 추측에 그는 자신의 느낌을 쉽게 말하지 않는 사람 같았다. 또한 자신에게 유죄판결을 내리고 사형을 집행하려는 것처럼 단죄하는 분위기였다. 감정적인 사람은 그렇게 단조롭고 지적인 방법으로 말하는 것을 선택할 수 없으며, 그렇게 정확한 단어나 문장을 쓰지 않았을 것이다.

나는 아무 말도 하지 않았고, 그래서 그는 계속했다.

"나는 약속을 할 때, 만약 그가 나를 도울 수 없다면, 모든 것은 끝이라고 내 자신에게 말했어요. 내 사업은 잘 돌아가고 있고, 게다가 나는 상당한 양의 보험증권을 가지고 있어요. 자살에 대한 생각이 커지기 시작한 때인 2년 전에 보험에 들었죠. 그 생각은 오랫동안 가지고 있었어요. 보험은 자살을 해도 전액지불될 거예요. 보험계리사가 내가 죽으려고 계획하고 있다는 것을 알게 된 때는 이미 늦은 거죠."

그는 또 치밀한 계획과 '보험액수'와 '보험계리사'라는 단어를 사용했다. 내가 생각해 낼 수 있는 것으로서, 나는 "그들이 자살한 경우 보험금을 지급하기 전에 얼마 정도의 시간이 지나야 되지요?"라고 물어 보았다.

"6개월이요. 자세히 알아봤습니다."

여기에 아주 이상한 점이 있다. 그는 행복할 만한 표면적인 이유는 모두 가지고 있지만 불행하다. 나는 단지 조용히 듣기만 했다. 그가 이 수수께끼를 풀어 줄 것이다. 가족과 친구들과 친하게 보이는 것과는 상관없이, 만약 내 이론이 옳다면, 그의 사랑과 소속감의 욕구는 심각하게 좌절되어 있다. 사람들을 대하는 그의 활동은 겉꾸밈이다. 그는 그들 대부분에게서 조금 또는 아무것도 느끼지 못하고 있다. 사람들이 자신들의 좋은 세계 안의 아주 중요한 사진과 연결되지 못할 때 자살에 대한 생각이 종종 일어난다. 그는 아주 심각하게 우울해하고 있다. 어둠은 우울해하기에 대한 그의 선택을 나타낸다. 그의 좋은 세계 안에는 전혀 만족시킬 수 없는 무언가가 있다. 게다가 내가 추측하기에는 흔히 선택하는, 가장 단절되게 하는 행동 즉, 자기 자신을 비난하기에 몰두하고 있는 것 같았다.

다른 사람이 우리를 비난할 때, 힘들긴 하지만 대개 우리는 그들을 물리적 혹은 정신적으로 분리시킬 수 있다. 그러나 우리가 좋은 세계 안에 있는 사진을 부적절하게 다루는 자신을 비난할 때, 우리는 좋은 세계에서 자신을 꺼내 버리는 것을 생각할 것이다. 만약 우리가 그렇게 한다면, 더 이상 살 이유가 없다. 그런 선택은 우리 삶이 끝났다는 신호이다. 낭비할 시간이 없다. 그는 그런 상태에 너무 가까이 접근해 있다.

"조지, 당신은 도움을 받기 위해 왔어요. 당신이 믿고 있는 틀 속에 있다는 것이 굉장히 어렵겠지만 내가 당신을 도울 수 있을 것 같아요. 그러나 당신이 살아서, 당신 마음속에 무엇이 있는지 정직하게 말해 주어야만 도울 수 있어요. 우선, 시작하기 전에, 당신의 문제가 무엇이든 간에, 내가 보기에는 당신이 내게 최후통첩을 했다고 느껴져요. '선생님, 만약 당신이 나를 돕지 못한다면, 나는 자살할 거예요'라고 말한 것으로 말이죠. 당신은 내가 뭔가를 빨리 해야만 하거나 그렇지 않으면 모든 것이 끝났다고 하면서 아주 조급해하는 것처럼 보여요. 당신은 당신 자신에게 말하는 것 같아요. '나는 상담을 받으려고 노력했지만, 소용이 없었다…'라고 말이에요. 조지, 당신은 나를 이용하고 있나요? 지금 여기에 온 것은 당신이 나를 만났고 내가 당신을 도와주지 못했다는 유서를 남기기 위한 것인가요?"

내가 말한 것에 대해 그가 생각하는 동안 침묵이 흘렀다. 나는 아무 말도 안 했다. 그를 바라보고만 있었다. 마침내 그가 말했다.

"약간은 비슷하지만, 꼭 그렇지만은 않아요. 나는 선생님이 나를 도울 수 없을 거라고 거의 결론을 내렸죠. 오랜 상담과정을 거치고 나서도 지금보다 나아지는 것 없이 상담이 끝나느니 차라리 가장 좋은 방법은 자살하는 것이죠. 그러나 문이 완전히 닫혀 있는 것은 아니에요. 여전히 약간은 열려 있어요. 하지만 선생님에게 말하건대, 내가 유서에 선생님을 포함시키기 위해 여기 온 것은 아니에요. 사실 나는 유서도 남기지 않을 작정이에요."

"알았어요. 문이 완전히 닫혀 있지 않다? 그건 좋지요. 얼마 동안 열어놓으라고 내가 당신을 설득할 수 있을까요? 정직하게 말하면, 당신이 어느 순간 당신의 삶을 끝낼지도 모른다는 걱정을 하게 되면 나는 상담할 힘이 없어질 거예요. 내 머리는 그런 종류의 압박하에서는 잘 돌아가질 않아요. 만약 오늘 이후에도 당신을 만나기로 한다면 나는 당신에게 뭔가를 요구하고 싶어요."

"그게 뭐죠?"

"당신이 보험회사에 주고자 하는 시간만큼을 나에게 주길 원해요. 6개월이지요. 당신은 매우 사무적인 사람으로 보여요. 6개월 동안 일주일에 한 번 혹은 두 번 여기에 오는 것에 동의하는 계약서에 사인을 해요. 6개월 안에 우리가 어디에 이를지 예견할 수는 없지만, 상담을 시작하려면 그 정도의 시간이 필요해요."

그가 생각하는 동안 침묵이 흘렀다. 그리고 나서 그는 "선생님은 무엇이 잘못되었는지조차 모르잖아요. 내가 나에 대해 말하면 선생님은 아마 6개월을 요구하지 않을지도 몰라요. 선생님은 나를 더 이상 만나길 원치 않을지도 모르죠. 선생님은 문제가 무엇인지도 모르면서 어떻게 6개월 혹은 6년 안에 나를 도울 수 있다고 생각하는 겁니까?"라고 말했다.

나는 말했다.

"바로 그거예요. 내가 지금 당장 알기 원치 않는 이유가 바로 그거지요. 내가 원하는 것은 6개월입니다. 그리고 나도 그 계약서에 사인을 할 겁니다. 나는 당신이 문제를 다루는 내 능력에 대한 어떤 단서 혹은 조건을 달 거라고 생각하지 않길 원해요. 당신은 자살을 생각하고 있다고 내게 말했죠. 그건 원인이 무엇이든 간에 심리적인 문제죠. 당신은 내가 당신을 만나지 못할 이유를 찾지 못할 것이고 당신을 만난다면 나는 확실한 자신을 가지고 당신을 도울 수 있어요."

나는 내가 만났던 모든 자발적인 내담자들에 대해서 그렇게 느끼기 때문에 이렇게 말했다. 그는 제프와 다르다. 제프 같은 10대나, 억지로 상담에 참여하는, 예를 들어서 집행유예 중인 죄수와 같은 성인을 돕는 것은 불가능할지도 모른다. 그러나 조지는 다르다. 그의 뇌에 심각한 손상-종양 혹은 헌팅턴 무도병 같은 희귀한 유전적 질환-이 있지 않는 한 나는 그를 도울 수 있을 것이다. 나는 이런 확신을 내가 만났던 모든 내담자들과 나누었고, 결코 그것을 후회한 적이 없다. 상담을 받으러 오는 사람들은 상담과정과 자신의 능력에 대해 확신을 가진 상담자와 상담하기를 원한다. 충분한 시간만 주어진다면, 나는 도움을 받으러 오거나 요청하는 모든 사람들을 도울 수 있다. 거의 40년 동안, 정도 차이는 있지만 나는 심각하게 자살 또는 살인을 기도한 내담자들과 대체로 성공적으로 상담했다. 조지는 안심하는 것 같았다.

"계약서에 사인을 하겠습니다. 공정한 제안 같군요. 나는 너무도 불행하다는 것을 선생님에게 알리는 거예요. 내 삶은 모두 연극이에요. 난 더 이렇게 살 수 없습니다."

"좋아요. 당신은 사업가죠. 당신이 계약서를 작성하십시오. 거기에 사인 할게요. 그런데 한 가지 더 원하는 것이 있어요."

"뭐죠?"

"지금 총이 어디에 있죠?"

"내 차 트렁크에 있어요. 왜요?"

"왜냐하면 같이 당신의 차로 가서 총을 가져 오길 원하기 때문이죠. 난 우리가 만나는 동안 그것을 이 책상 서랍에 넣고 잠가 두길 원해요. 계약을 하든, 안 하든 만약 그 총을 당신이 갖고 있다면, 난 효과적으로 상담할 수 없어요."

"난 다른 것을 또 살 수 있어요."

"만약 당신이 내게서 도움을 받기 시작하려면, 당신은 그렇게 할 수 없어요. 누구도 고통스러운 순간에 총을 사용할 것 같은 당신을 하루 종일 감시할 수 없죠. 일단 당신이 방아쇠를 당기면 아무것도 되돌릴 수 없어요. 예전이라면 당신을 정신병원에 보낼 것을 고려했겠지만, 당신은 너무나 정신이 멀쩡해요. 내가 뭐라고 말하든 간에 누구도 당신을 병원에 보내야 한다는 판단을 할 수 없을 거예요…. 자, 그런데 당신은 총을 내게 줘야 한다는 점을 이제 이해하십니까?"

나는 방금 요구한 것을 그가 이해했다고 생각했고 그렇게 되었다. 내가 만약 우리가 매번 만나는 동안 그가 잘못 이해해서 계약을 파기할 구실로 이용할 만한 뭔가를 할 것에 대해 걱정해야 한다면 난 그를 상담할 수 없다. 그도 그렇게 생각했고 저항을 보이지 않았다. 나는 살인할 경향이 있는 환자의 총들도 그런 식으로 처리했었고 그것은 효과가 있었다. 나는 여러 해 동안 내 사무실에 그런 총들을 보관하고 있었다. 우린 조지의 차로

갔다. 나는 총을 받아서 내 책상에 넣고 잠갔다. 조지는 나의 워드프로세서를 사용하길 요구했고, 나는 여기서 계약서를 작성할 시간을 주었다. 그가 작성을 끝냈을 때 우리 두 사람은 그곳에 사인을 했다. 그러나 여전히 우리에겐 시간이 많이 남아 있었기 때문에 나는 시작했다.

"이제 무엇이 잘못되었는지 내게 말해 봐요. 당신이 스스로에게도 말하기 두려워했던 것을 내게 말해 봐요. 서두르지 않아도 됩니다. 당신이 원하는 만큼 시간은 있어요."

그는 천천히 말했다. 내 작은 사무실에서 그가 침묵한 채로 몇 분이 지나는 동안이 마치 영원처럼 느껴졌다.
마침내 그가 말했다.

"내가 여자였으면 해요."

겉으로 보아서는 그가 무슨 말을 하려고 하는지 짐작할 수 있는 것이 하나도 없었다. 나는 할 수 있는 한 침착하고 놀라지 않으려고 노력했다. 하지만 나는 놀랐다. 그 점에 대해 생각해 보니 모든 것이 맞아떨어졌다. 그는 사실상 정상적인 생활을 하고 있으나, 그의 좋은 세계 안에는 여자로서의 자신의 사진이 있었다. 이유는 전혀 밝혀지지 않았지만 사람이 한 번 반대되는 성의 사진을 좋은 세계 안에 넣게 되면, 아무리 애를 써도 그것을 바꿀 수 없다. 우리가 말하는 동안 조지는 어린 시절부터 그 사진이 있었다고 확언했다. 그는 그것을 거부하기 위해 최선을 다했다고 했다. 그는 결혼을 했고, 아버지가 되었으며, 성공적인 사업체를 세웠지만 그 사진은 바꿀 수 없었다. 그에게 삶은 거짓이었고, 그것은 그를 갈가리 찢어지게 했다. 그러나 나에게 말한 후, 그가 약간 편안해진 것을 느낄 수 있었다. 이것을 말해도 그를 거부하지 않을 수 있는 사람으로 그는 그의 좋은 세계 안에 나를 그려 넣었다.

"나에게 방금 말한 것을 다른 사람에게 말한 적이 있나요?"
"몇 명에게는요. 가족 혹은 친구들은 절대로 아니에요. 아시다시피 나는 한때 내가 동성연애자인 줄 알았어요. 그래서 그런 접촉을 세 번쯤 했지만, 전혀 만족할 수 없었어요. 우리가 한 짓을 난 싫어했죠. 나는 나를 여자로 대하는 남자가 아니라면 내가 원하지 않는다는 사실을 직시해야 했죠. 그들이 의아해하기에 우리가 한 짓을 내가 왜 싫어하는지 이야기를 했어요. 그들 중 한 명이 말하더군요, '너는 상담사를 만나야 해. 넌 완전히 돌았어.' 나는 그런 행동을 그만두었어요. 그리고 그 점에 대해서는 나아졌죠. 게다가 그건 단지 성에 대한 것만은 아니에요. 나는 여자가 되고 싶어요. 그리고 여자들이 하는 모든 것을 하고 싶어요. 만약 가능하다면 난 아이도 낳고 싶어요. 나는 여자 옷을 쇼핑하는 것을 좋아해요. 난 그것들을 보관할 수 있는 작은 사무실을 직장 근처에 구했죠. 아주 많이 있어요. 나는 기분전환을 위해 그 사무실에 가요. 그러나 그것으로는 만족할 수 없어요. 난 거울을 볼 때 거기에 한 여자가 비춰지길 원해요. 난 내 몸을 만질 때 남자성기가 만져지는 것이 싫어요. 나는 남자 몸에 갇힌 여자 같아요. 그렇다고 난 성도착자는 아니에요. 난 실패작이죠. 나 같은 사람들이 수술을 받을 수 있다는 것은 알고 있어요. 그러나 그것은 다른 것보다 더 복잡해요. 이 세상에 나만 살고 있지는 않아요. 나에겐 나를 사랑하는 아내와 아들이 있어요. 나를 사랑하는 부모님도 계시죠. 그냥 사라졌다가 여자로 다시 나타나 '놀랐지!'라고 말할 수는 없어요. 내가 이 사실을 아내, 아들, 부모님께 어떻게 말하겠어요? 만약 내가 수술을 받으면 내 사업을 계속 경영할 수 있을까요? 내 고객들은 나를 받아들일까요? 직원들은 어떨까요? 나의 은행 거래처에서는 그것을 받아들일까요? 내가 누군가에게 나를 조지 대신에 조지아로 받아들여 줄 수 있어? 라고 물어 보는 것하고는 달라요. 그리고 나서 내가 만일 수술을 받는다면? 그렇게는 안 될 것 같아요. 그 모든 것이 자살할 만한 좋은 논쟁거리가 되죠. 선생님도 그것을 부인할 수 없으실 거예요, 그렇지 않으세요?"

나는 대답하는 데 오래 걸리지 않았다. 나는 당황한 것처럼 보이길 원치 않았다. 나는 꽤 자신을 가지고 있었기 때문에 무엇을 해야 하는지를 아는 것처럼 행동하려 했다.

"당신 아내, 아들, 부모님이 자살하지 못하는 가장 큰 이유가 되는군요. 왜 모든 사람들이 이 사실을 알게 되면 당신을 자동적으로 거절할 거라고 당신은 생각하죠? 사람들은 그들이 사랑하는 사람이 얼마나 고통스러워하는지를 알게 되면, 많은 것을 받아들일 수 있어요."
"그래요. 선생님이 맞을지도 모르죠. 하지만 그들에게 말한다는 것을 생각만 해도 나는 얼어 버려요."
"조지, 이제 얼든 뜨거워지든 앞으로 일어날 많은 일들은 당신에게 달려 있어요. 솔직히 말해야겠어요. 지금은 빗대서 말할 필요가 없습니다. 당신이 수술을 받기로 결정한다면, 바뀌는 것은 당신의 신체뿐이에요. 여러 해 동안 당신 마음은 그러했어요. 아직 확실하지는 않지만, 당신의 새로운 신체는 결국에는 당신 마음과 일치될 거예요."

"선생님은 내가 수술을 원한다고 추측하고 있군요."

그의 좋은 세계 안의 여자인 자신의 사진을 그가 바꿀 수 없으니까 만약 고통에서 벗어나고 싶다면, 그가 할 수 있는 선택은 자살 아니면 수술이라는 것을 그는 알게 되었다. 그는 죽는 것보다는 사는 것이 더 낫기에, 수술을 진지하게 고려할 것이라는 것이 나의 생각이다.

"그래요. 당신은 자신의 문제를 그동안 연구해 왔어요. 당신은 수술에 관해서 모든 것을 알고 있죠. 그 외에 당신이 원하는 게 뭐가 있겠어요? 만약 당신이 오직 당신만의 문제라고 보았다면, 당신은 벌써 오래전에, 가능해지자마자 수술을 받았을 거예요. 무엇이 이제껏 당신을 주저하게 했는지 궁금하군요."

나의 실질적인 태도는 그를 안심시켰다. 그는 여기에 가장하거나 게임을 하기 위해 온 것이 아니다. 많은 노력을 한 것만큼 그의 삶의 현실을 거부할 수 없다.
나는 현실치료 상담전문가이다. 이것은 현실이며 그는 도움을 필요로 하고 있다.

"두려워하는 것이 두 가지 있죠. 수술에 대한 공포, 그것은 없앨 수는 없죠. 그러나 그것보다 더 큰 두려움은 아내, 아들, 부모님, 그리고 내 사업에 대한 것이죠. 만약 내가 여자가 된다면, 그 모든 것이 변할 겁니다. 일어날 수 있는 이 모든 것들에 내가 어떻게 대처하겠어요? 나는 이 세상에서 내가 알고 지내 왔던 모든 사람들을 잃을지도 몰라요. 그리고 나를 진짜로 원하는 사람을 만날 수 있을 거라는 확신도 전혀 없어요. 나를 사랑해 줄 남자 말이에요. 내가 어떤 문제에 부딪쳐 있는지 아시겠죠?"

"조지, 난 당신이 여자가 되길 원하는 것을 그만두도록 도울 수는 없어요. 아무도 그렇게 할 수 없어요. 그러나 당신이 말한 그 모든 사람들과 함께 난 당신을 도울 수 있어요. 우리가 얘기를 나눠야 할 것이 바로 그 점에 대한 거죠. 이것은 하기 어려운 일이에요. 당신의 혼자 힘으로 그것을 할 수 있다고 나는 생각하지 않아요."

"내가 할 수 없다는 것은 알고 있어요. 그게 여기에 온 이유죠."

"당신의 삶에서 가장 중요한 사람이 누구인지 말해 봐요. 이러한 소식 때문에 가장 상처를 받을 사람이 누구죠?"

이것은 아주 어려운 질문이었다. 그 질문에 곧바로 대답하는 대신에, 조지는 화제를 바꿨다. 이것은 좋은 징조다. 그는 중요한 사람이 누군지 알고 있지만, 나에게 말하기 전에 이 사람에 대해 걱정을 많이 하고 있다는 인상을 나에게 주길 원했고 나는 생명 그 자체보다 더한 것이 아니길 바랐다.

"선생님, 나는 상담하러 오기 전에는 거의 자살할 뻔했어요. 두세 번 권총 성능을 시험해 보기도 했어요. 나는 탄창에 총알 하나를 넣고 두 번 돌리고 나서, 내 입에 권총을 넣고 방아쇠를 당겼죠. 총이 발사되지 않자, 나는 이것이 어떤 징조라고 여기고 선생님에게 전화한 거예요. 내가 그녀에게 이것을 말해야 한다는 것을 생각할 때조차 죽는다는 생각에 역시 매력을 느꼈어요."

"그녀란 당신의 아내인가요?"

"그녀는 사랑스러운 여자예요. 그녀는 내 모든 기분변화를 참아 내고 나를 지지해 주려고 노력하죠. 앞서 말한 것처럼, 내가 선생님에게 말한 것에 대해 그녀가 눈치라도 챈다면 그녀는 심장발작을 일으킬 거예요. 나는 그녀가 무슨 짓을 할지 걱정이 돼요."

"그녀에게 말할 뻔한 적이 있나요?"

"전혀요. 하지만 그것에 대해 생각은 했어요."

"수술 전 혹은 후? 그것에는 서로 다른 논리가 있을 수 있어요."

"나는 수술 전에 말하길 원해요. 나는 그녀가 나와 같이 그곳에 있어 주기를 원하죠. 나는 그녀를 몹시 사랑해요. 내 아내로서는 아니지만요. 나는 수술하고 남자로서 사라진 직후 그녀의 삶에 오랫동안 행방불명되었던 사촌으로 나타난 내 자신을 상상해 보곤 하지요."

그는 정말 이것에 대해 많은 생각을 해왔었다. 그는 아내에게 큰 것을 요구하고 있지만, 그녀가 그를 사랑한다면 그렇게 할지도 모른다. 그것은 불가능한 일이 아니다.

"수술 후에 그녀가 나를 사랑하지 않을 거라는 것을 내가 알게 된다면 나는 참을 수 없을 거예요. 난 진심으로 수술을 원하지만 내가 걱정하는 것이 바로 그 점이죠."

"당신은 그녀로부터 많은 것을 원하고 있어요."

"알아요. 그 대목에서 선생님이 필요한 거죠. 나는 도움이 필요해요. 내가 아내에게 말할 수 있도록 도와주실 거죠? 내가 혼자서는 할 수 없을 거라고 생각해요. 나는 돌아 버릴 거고 모든 것이 뒤죽박죽이 될 거예요."

"나를 도움을 줄 수 있는 사람으로 믿어도 돼요. 그러나 그녀가 그것에 어떻게 대처할지에 대해서는 나도 예상할 수 없어요. 우리는 좀 더 많은 얘기를 나눠야 하지만 지금은 아니에요. 그녀에게 말하는 것을 생각하기 전에 당신이 해야 할 다른 일들이 있어요. 당신 아들에 대해서는 어떤가요?"

"난 그 애에 대해서는 그렇게까지 걱정하지 않아요. 만약 내 아내가 나를 받아들인다면, 내 생각에 그 애도 그렇게 할 것 같아요. 난 그 애에게 말하고 싶지만 끝날 때까지 기다려야 할지도 몰라요. 혹은 아내가 그 애에게 말할지도 모르죠. 난 그 애가 날 그냥 거부할 거라고 생각지는 않아요. 그 애에 관한 한 거리끼는 것이 별로 없어요. 나는 좋은 아빠였어요. 난 아빠역할에 대해서는 아무 문제도 없었어요. 우리는 매우 친했었죠…. 그것이 그 애를 혼란스럽게 하겠지만, 잘 대처할 수 있을 거예요. 그 애는 아직 결혼을 하지 않았죠. 그래서 그 애의 아내나 사돈에 대한 문제는 없어요."

"당신의 부모님은 어때요?"

"전혀 모르겠어요. 하지만 그분들에 대해서 난 걱정 안 해요. 아내죠. 내가 걱정하는 것은 오직 그녀뿐이에요."

그는 충분히 걱정할 만한 이유를 가지고 있다. 이것은 여자가 결정해야 하는 것 중에서 아마 가장 어려운 결정일 것이다. 나는 이런 사례를 전혀 다뤄본 적이 없다. 그러나 난 주변에 도움을 청할 수 있다. 이런 문제에 대해 경험이 많은 심리치료가를 찾을 수 있다. 내가 정보를 많이 가질수록 나는 그를 더 잘 도울 수 있을 것이다. 나는 그를 다른 누군가에게 위탁할 수도 있지만 우리는 좋은 관계를 형성했다. 그는 아마도 내가 그의 문제를 다루는 것을 두려워한다고 생각할지도 모르고, 그러면 우리는 관계를 잃어버리게 될 것이다.

그것은 모든 중요한 관계를 말하는 것이다. 그의 아내도 그런 관계를 찾을 것이다. 그를 돕기 위해 내가 정말 원하는 것이 그것이다. 나는 그가 여자가 되길 원할지라도 그를 존중한다. 이 관계는 그것에 대처하는 데 있어 아내를 도울 것이다. 그래서 나는 관계를 맺었다고 느낀다. 나는 그가 겪을 고통을 느낀다. 게다가 돕고 싶은 마음이 강렬했다. 조지의 상황은 매우 흥미로웠다.

"당신에게 어려운 질문을 하나 하겠어요. 당신이 아내에게 말하도록 내가 도왔는데 그녀가 당신이 하고자 하는 것을 받아들이지 않을 거라고 가정해 봐요. 당신 말대로 그녀가 심장발작을 일으키고, 자살을 시도할지도 모른다고 가정해 봐요. 여전히 당신은 수술을 감행할 건가요?"

"어떻게 해야 할지 나도 모르겠어요. 나도 내 행동을 예상할 수 없어요. 아마 이대로 가다가 자살할지도 모르죠. 선생님이 상담가시잖아요. 선생님 생각에 아내가 어떻게 할 것 같으세요?"

"나는 상담가지만, 누가 무엇을 할지에 대해서는 예상할 수 없어요. 내가 이 질문을 괜히 했군요."

이것은 까다로운 상황이다. 나는 그 질문을 그에게 하지 말았어야 했다. 그는 그 질문을 내게 되돌릴 권리를 가지고 있었다. 그러나 상담이 언제나 완벽하지는 않다. 상담가는 다른 사람들처럼 실수를 한다. 나는 그것을 인정하면서 그 실수에 대처했고, 그것에서 뭔가를 배웠다. 내가 실수를 인정했을 때, 그것은 나를 좀 더 인간적으로 만들었고 관계가 돈독해졌다. 만약 내가 그것을 인정하지 않았다면 나는 우리의 관계에 해를 끼쳤거나 혹은 멍청하게 보였을 것이다. 내 경험에 비추어 보면, 조지의 아내가 그를 사랑하는 것처럼 사랑할 능력이 있고 사랑할 준비가 되어 있는 사람이라면 거의 무엇이든지 직면할 수 있을 것이다.[6] 그런 후 나는 내가 확인해 보고 싶은 것에 대해 생각했다. 내가 상담을 하는 동안 이런 생각들은 항상 내 머리에 들어온다. 나는 그에게 좀 더 지지를 해 주길 원하고 있고, 실제로 변화를 시도하는 그의 생각을 지지하고 있다는 것을 그에게 간접적으로 말해 주고 싶다. 그의 아내가 어떻게 결정하든 자살하는 것은 현명한 일이 아닐 것이다. 또한 나는 그의 아내에 대한 주제에서 벗어나길 원했다. 내가 그녀에 대해 더 이상 추측하지 않아야 한다는 것이 앞으로 해야 할 일이다.

화제가 바뀌는 것에 대해 그가 준비를 할 수 있도록 잠깐 멈춘 후, 나는 말했다.

"당신이 지금 누군가에게 말하기 전에 자살한다면 당신은 누구를 죽이는 거죠, 조지 혹은 조지아?"

그는 침착하게 흥미를 가지고 협력했다.

"물론, 조지죠."
"그러면, 누가 그렇게 오랫동안 당신을 불행하게 만들었죠, 조지 혹은 조지아?"

조지아가 그의 좋은 세계 안에 있기 때문에, 나는 외부통제식의 표현을 사용할 수 있다.[7] 내가 상담을 할 때는 대개 다른 누군가가 우리를 불행하

---

6 역자 주: 사랑의 의미, 관계형성의 의미에 대한 재점검과 상담에 대한 상담가의 자기개방이다.
7 역자 주: 좋은 세계 안에 있는 괴롭히는 사진이 조지아가 아니고 행복한 조지아라는 것을 부각시키기 위해서이다. 즉, 좋은 세계 안에 있는 조지아의 모습을 더 선명하게 하기 위해서인 것이다.

게 만들 수 있다는 점을 암시조차 하지 않으려고 한다는 것을 여러분은 알 수 있을 것이다.

"조지아라고 말할 수 있겠죠. 만약 그녀가 그곳에 없었다면 나는 조지와 잘 지낼 수 있었을 거예요."
"글쎄요, 만약 조지아가 당신을 그렇게 불행하게 만들고 있는 존재였다면, 왜 조지를 죽이죠? 나는 당신이 자신을 죽이는 것처럼 과격한 행동을 하기 전에 조지아를 더 알기를 원한다고 생각되는군요. 조지아는 아주 행복한 여자일지도 모르죠. 지금 조지보다 엄청나게 행복할지도…."
"선생님은 아내에 대한 내 걱정에도 불구하고 수술을 하라고 말하고 있군요."
"만약 자살하는 것이 유일한 다른 대안이라면 당연하죠."
"그러나 내가 자살하지 않고 수술을 받지 않아도 상관없죠. 그건 어떨까요?"

이 질문으로 우리의 분위기가 밝아졌다.

"이봐요, 당신이 지금 그 시점에 서있는 거예요. 만약 당신이 그런 식으로 있기를 원하면 나도 좋아요. 그러나 당신은 조지아를 확인해 보는 것이 더 좋을 거예요. 그녀는 아마 이의를 제기할 거예요. 그녀는 당신을 공식적으로 만나길 원해요."

나는 좋은 세계에 대해서 잘 알고 있는데, 만약 조지가 그의 좋은 세계 안에 자신을 여자로 본다면 그는 결코 남자로서 행복해질 수 없다. 다른 방법으로 그를 상담하는 것은 사기다. 하지만 나는 그 수술이 외과적 처치 이상이라는 것도 안다. 조지가 계속되는 고통 대신에 자살하길 원하는 주된 이유는 수술 후에 그가 혼자가 될 것이라는 느낌을 점점 더 강하게 받기 때문이다. 나는 그의 아내가 수술을 수락하는 것이 도움이 될 것이라는 점에서 그와 의견을 같이한다. 그러나 그녀의 수락이 수술의 성공에 결정적인 것은 아니다. 수술하든 안 하든 어느 쪽이든 그녀를 다루는 방법을 그가 찾아낼 수 있는지의 여부에 달려 있다. 그리고 그는 처음부터 끝까지 나에게 도움을 받을 수도 있다.

"선생님은 조지아가 실제로 살아 있는 것처럼 말하는군요."

"당신은 그녀의 공기로 숨쉬고, 그녀의 심장으로 당신의 피를 흐르게 해 왔어요. 당신 머리를 스치는 모든 생각을 그녀가 지배하고 있죠. 그녀는 확실히 살아 있어요. 하지만 당신이 그녀를 만나고, 그녀에 대해 알게 되고, 그녀가 누구에게 관심을 가질지 알기 원한다면, 당신은 아내에게 어떻게 말할지에 대해 걱정하기 전에 해야 할 일이 많아요."

"어떤 종류의 일이요?"

"내가 아는 것은 첫째, 당신에게는 많은 정보가 필요하다는 거죠. 먼저 당신은 이런 수술에 대해 알고 있는 의사와 이야기를 해야 해요. 나에 대해 그리고 우리가 그것에 대해 대화를 나눴다고 그에게 말하세요. 이런 수술을 하는 외과의사는 어느 정도는 상담가이기도 하죠. 그들은 그래야 할 거예요. 당신이 그를 만난 후 알아 볼 첫 번째 일은 그가 수술을 해 줄 수 있느냐는 거예요. 나는 그것에 대해선 모르지만 그런 외과 의사들은 아무나 받아 주지 않는다는 것은 알고 있어요. 그런 후 그가 당신을 받아 준다면, 그에게 수술 받은 사람들 중 대여섯 사람의 연락처를 달라고 해 보세요. 이런 사람들이 당신이 궁금해하는 모든 것에 대답을 다 해 줄 수 없을지도 모르지만, 다른 누구보다도 도움을 줄 수 있을 거라고 봐요. 어떻게 생각해요?"

"내가 듣기로 그 의사는 포틀랜드에 있대요."

"그곳에 가서 그와 얘기해 봐요. 그는 당신과 대화할 거예요. 그는 당신과 대화하길 원할 거예요. 그만 속상해하고 가서 당신이 알고자 하는 것에 대해 알아봐요. 난 당신만의 친구는 아니죠. 조지아의 친구이기도 해요."

"내가 왜 선생님이 나를 받아 주지 않을 거라고 확신하고 있었는지 이상하군요."

"봐요, 난 여기 있어요. 총도 여기 있고요. 당신은 얼마 동안은 안전해요. 가서 의사와 얘기해 봐요. 이번 주에 하세요. 당신이 내게 말해 줄 수 있는 것이 있으면 좋겠군요. 돌아오는 대로 내게 전화하세요. 우리가 당신 아내에게 무엇을 말해 줄 수 있는지에 대해 생각하기 시작해 보겠어요."

이 정도에서 조지와는 끝내고, 그가 포틀랜드에서 돌아오면 다시 그를 다룰 것이다.

제8장
강박증에서 벗어나는 제리 II

> 만약 그들이 처음으로 같이 자는 날
> 그가 또다시 비누를 하나라도 꺼낸다면,
> 그들의 관계는 끝장날 것이다.

나는 제리에게서 다음 약속이 있기까지 아무런 소식도 듣지 못했다. 나는 힘을 얻었다. 만약 어떤 문제가 있었다면, 그가 전화했을 것이 분명하다. 그는 약속한 화요일에 왔다. 평소대로 그는 정확했다. 그는 정상인처럼 행동한다는 것을 내게 보여 주려는 듯이 곧바로 들어와 앉아서 나를 쳐다보았다. 그는 내 사무실에 있는 선들에 대해서 더 이상 힘들어하지 않는 것 같았다. 그의 기분이 상당히 좋은 것이 틀림이 없었다. 지난 일주일이 좋았던 것이 틀림없다. 나는 "당신은 기분이 좋은 것 같군요. 어떻게 지냈어요?"라고 말하면서 시작했다.

"예, 그래요. 많은 일이 있었어요. 나는 집에서 조촐한 파티를 열었고, 잘 끝냈죠."

"그거 좋은 소식이군요. 누가 왔나요?"

"물론 캐롤하고 옆집 고양이 주인도 왔죠. 그들은 나에 대해 다 알고 있죠. 그들은 장님이 아니에요. 나는 길가에 있는 우편함에 우편물을 가지러 갈 때 항상 앞걸음과 뒷걸음질을 치면서 가요. 나는 그런 것에 대해 말하기도 했죠. 우리는 20년 이상 이웃으로 지냈어요. 그들은 자신들의 고양이와 내가 가까워지도록 도와줬어요. 아참, 그리고 고양이도 파티에 왔어요. 나는 고양이에게 비싼 생선을 사 주었죠. 고양이는 그런 대접을 받을 만해요. 왜냐하면 고양이는 나 때문에 처음에는 힘들었을 거예요. 그런데 고양이는 잘 견뎌 낸 것 같아요. 그 고양이가 나도 노력을 했다는 것을 이제 아는 것 같았어요."

"당신 요리할 줄 알아요?"

"물론 나는 요리를 잘할 줄 알아요. 멜빈 유달처럼 요리를 못하지 않아요. 그리고 나는 말할 필요도 없이 아주 깨끗한 주방을 가지고 있어요. 나는 자주 캐롤을 저녁에 오라고 불렀어요. 그녀는 내가 요리한 것을 좋아하죠. 그리고 그녀는 이웃사람들도 만났죠. 그래요, 파티를 열자는 것은 그녀의 생각이었다는 것을 인정해요. 내가 그것에 대해 말하니까 선생님이 놀라시는군요."

"그래요, 내가 놀랬다는 건 인정하죠."

"그런데 식사 중간에 일어난 미친 일 좀 들어 보세요. 식사는 훌륭했고, 나는 전에 없이 잘 처신했죠. 우리가 모두 웃고 농담을 하고 있던 바로 그 중간쯤에서, 우리가 막 주요리를 마친 후, 9시 반쯤 되었을 거예요. 나는 갑자기 일어났죠. 그렇게 해야 한다고 내가 그냥 끌려가는 것 같았어요. 나는 곧바로 현관으로 가서 세 개의 자물쇠를 열었다 잠갔다 하기를 시작했죠. 나는 그냥 서서 그렇게 하고 있었어요. 우리 식당에서는 현관 쪽을 바라볼 수 있었는데, 그곳으로부터 모두 나를 바로 지켜볼 수 있었어요. 내 생각에 약 2분 정도 그렇게 한 것 같아요. 난 정말로 바빴죠. 나는 요 몇 주 동안 거의 그렇게 하지 않았어요. 그리고 누가 나를 보는 사람이 있었을 때는 절대로 그렇게 하지 않았죠."

"당신이 오랫동안 그것을 하지 않았다는 것이 무슨 뜻이죠? 나는 이해할 수 없군요."

"아, 나는 여전히 열쇠를 열고 잠그는 것을 습관적으로 했지만, 한두 번 주기로만 했고 그게 다였어요. 이번에는 옛날같이 했어요. 나는 여러 번 그것을 반복해서 했어요. 선생님은 그것이 무엇을 의미하는지 이해할 수 있으신가요?"

"당신은 그때 혼란스럽고 겁먹었나요? 손 씻는 것 같은 다른 행동도 하기 시작했나요? 열고 잠그는 것 외에 다른 거 말이죠."

"아니요, 그게 다였어요. 나는 다른 것을 하고 싶은 충동은 느끼지 않았어요."

"그것을 하는 동안 느낌이 어땠어요?"

"약간 바보 같았어요. 그밖에는 없었어요."

"당신은 아주 즐거워하는 동안에도 그렇게 했다는 거죠? 내 말은 당신만이 아니고 모두들 함께 즐거워하는 시간에."

"예, 맞아요. 우리는 모두 즐거운 시간을 가지고 있었죠. 내가 그렇게 한 짓이 외계인이 하는 짓 같았어요. 도대체 내가 어쩌자고 그랬죠? 이런 일들이 그냥 계속 일어나게 되는 건가요?"

"나는 같은 말을 자꾸 반복하는 망가진 레코드처럼 되풀이하는 것을 싫어해요. 제리, 이런 일들이 그냥 일어난 것은 아니죠. 당신이 그런 것들을 하기로 선택했고, 당신이 하는 모든 것은 선택이죠. 당신은 당신이 하는 것을 모두 알고 있었어요."

"알아요, 알아요, 내가 선택했어요. 그런데 왜죠? 나는 너무 즐거운 시간을 갖고 있었는데."

"그것이 그날 밤을 망쳤나요? 당신은 너무나 기분 좋아하고 있었고 무엇이 망쳐졌을 거라고는 믿기지 않는군요."

"그래요. 바로 그게 문제죠. 아무것도 망쳐지지 않았어요. 아무리 생각해도 그때 무슨 일이 일어났었는지 선생님이 추측해 낼 수는 없을 거예요. 내가 그곳에 서서 자물쇠를 열고 잠그는 동안 그들이 무엇을 했는지 아세요?"

난 그냥 그를 쳐다보았다. 그리고 나는 전혀 짐작이 가지 않았다.

"선생님, 그들은 일어나서 다가왔죠. 캐롤이 내 손을 잡고 동요조로 노래하기 시작했어요. 아시죠, 아이들이 놀면서 하는 노래 같은 거요. 그들은 같이 불렀고 나도 따라 불렀죠. 우리는 노래하기 시작했어요, '이것은 그가 문을 잠그는 방법이죠, 그는 이렇게 문을 잠근다, 그는 문을 잠근다, 그는 문을 잠근다, 이것이 아침 일찍 그가 문을 잠그는 방법이죠' 내가 노래를 부르기 시작한 이후에도 1분 정도 더 나는 자물쇠를 여전히 돌리고 있었죠. 그리고 나서 그만뒀어요. 그러나 나는 노래를 멈추지 않았어요. 이것이 미친 소리 같다는 것은 알겠지만, 너무 재미있어서 우리는 모두 미친 듯이 웃어댔어요. 거기에 있었어야만 실감할 수 있어요. 그리고 이웃인 잭은 음악가라서 어떤 노래곡도 연주할 수 있는데, 그가 피아노로 다가가서 그 곡조를 연주했어요. 우리는 노래를 계속했고, 모두가 내 습관적인 행동을 되풀이했죠. 그들이 알고 있던 내 행동에 아직 모르고 있었던 다른 행동까지 보태서 다 함께 반복했어요. 선생님, 기적 같아요. 그것은 내가 하던 것을 멈췄다는 얘기는 아니에요. 나는 아직도 보도블록의 틈새를 피하려 하고 아직도 반복해서 내 손을 깨끗이 씻기를 좋아해요. 그런데 무슨 일이 생겼는지 아세요? 나는 내가 그것을 선택하고 있고 즐기고 있다고 스스로에게 말했죠. 지금은 그것에 대해 통제력을 갖게 된 것 같아요.

정확하게 설명드릴 수는 없어요. 그리고 선생님이 정확하게 설명하지 않는다 해도 괜찮아요. 난 그저 기분이 많이 좋아졌다고 느껴요."

"그 후에 당신은 무엇을 했지요?"

"별로요. 우리는 모두 음악을 좋아해요. 나는 기타를 가져왔고 우리는 그날 저녁을 노래하면서 보냈죠. 최근 몇 년 만에 가진 최고의 밤이었어요. 지금은 모든 것이 달라졌어요. 다음 날 아침 신문을 가지러 갈 때, 나는 약간은 깡충깡충 뛰고 약간은 뒷걸음쳤어요. 차이는 내가 그것을 해야만 하는 것처럼 느껴지지 않는다는 것이죠. 나는 집으로 들어와서 몇 번 자물쇠를 돌리고 노래를 불렀죠. 하지만 그날 나머지 시간 동안 나는 문에 가까이 가지 않았죠. 이것을 어떻게 말해야 할지 모르겠지만, 캐롤과 함께 있으면 내 멍청한 행동들이 즐거워지는 자원이 되요. 그렇게 별나게 군 것이 이제는 즐거움거리가 되었죠. 내가 오늘 어떻게 걸어 들어왔는지 보셨죠? 정상적인 사람 같죠. 나는 노래 부르면서 들어올 것을 생각해 봤어요. '이것은 내가 정신이 이상해지는 방법이나, 나는 정신이 이상해지게 하고 있다' 하면서 말이죠. 그러나 나는 내가 지금보다 더 미친 것으로 선생님이 생각하시길 원치 않아요. 나가면서 그것을 해 볼까 해요. 그런데 선생님, 이렇게 계속 유지되는 것일까요?"

"그것은 당신에게 달렸죠, 제리. 그리고 캐롤에게도 달려 있다고 생각해요. 만약 당신 둘이 좋은 관계를 계속 유지한다면 그것은 좋은 출발이지만, 아직도 가야 할 길은 멀죠. 당신은 오랫동안 불행했고, 외롭고, 화가 나 있었죠. 만약 몇 주 전에 누군가가 당신에게 당신 집에서 캐롤하고 이웃들, 그리고 고양이와 같이 저녁을 먹자고 말했다면… 글쎄요, 내가 무엇에 대해 말하고 있는지 알죠?"

이제 제리가 모든 것을 종합하는 데 도움이 되는 설명을 해 주어야 할 때가 되었다. 그는 그가 하고 있던 행동, 여러 해 동안 해 왔던 행동을 바꿀 수 있었다. 그것은 그가 드디어 진심으로 바라던 대로 이웃까지 포함한 한 사람으로부터 지지를 받게 되었기 때문이다. 그리고 나의 지지도…. 그의 증상을 수용하고 악의 없는 놀림으로 격려해 준 이웃들의 선택이 그가 자신의 행동들을 통제할 수 있게 해 주었다. 그의 삶 속에 이런 사람들이 있는 한, 그는 더 이상 그런 증상들을 필요로 하지 않을 것이다. 이것이 내가 그를 계속 만나야만 하는 이유다. 그는 여전히 관계를 유지하는 데 도움을 필요로 한다.

"제리, 당신이 그전에 갖지 못했었지만, 지금은 가지게 된 것이 무엇이죠?"라고 물었다.
"무슨 말씀이세요?"
"당신 집에서 즐거운 시간을 가졌던 적이 언제 있었나요?"
"나는 내 집에서 즐거운 시간을 가졌던 적이 없어요. 나는 그렇게 즐거웠던 시간을 가진 적이 없어요."

그리고 침묵이 흘렀다. 그의 생활이 얼마나 처절했는지를 인정하는 것이 그는 힘들었을 것이다. 곧바로 나는 말했다.

"당신이 언제 마지막으로 그런 좋은 시간을 가졌었는지는 진짜 문제가 아니에요. 내가 지적하고자 하는 것은 당신이 친구들, 특히 캐롤과 같이 당신에 대해 웃기 시작했을 때 당신은 증상을 필요로 하지 않았다는 것이죠. 제리, 당신은 오랫동안 당신에 대해 웃지 않았어요. 내가 상담을 시작했을 때 내 오랜 친구인 상담자가 말해 줬죠. 내담자가 자기에 대해 웃기 시작하면 그는 정말 많이 진전된 거라고."

"선생님은 나에게, 나의 과거 생활에서 무슨 일이 일어났었는지에 대해 별 관심이 없으시군요, 그렇죠?"

"과거에 대한 나의 상담 입장이 어떤지 당신은 알잖아요."

"선생님의 그런 입장이 나에게 별 문제가 되지 않아요. 하지만 나는 과거의 모든 것들이 중요하다고 생각했어요."

"당신이 중요하다고 생각한다면, 들어줄게요. 하지만 처음부터 끝까지 당신에 대해 모두 알아야 한다고 생각하지 말아요. 난 그렇게 생각하지 않아요. 그것이 일어난 것만으로도 충분히 나쁜 일이었죠. 그것을 다시 새삼스럽게 생각해 내는 것이 무슨 의미가 있죠?"

그 대답은 그를 만족시키는 것 같았다. 그러나 그 후 그의 기분이 걱정하듯이 바뀌었고, 나는 뭔가가 잘못되었다는 것을 알 수 있었다. 그리고 그랬다. 내가 그를 바라보자 그는 설명하기 시작했다.

"선생님, 내게는 큰 문제가 있어요. 나는 언제라도 캐롤과의 관계를 망칠 수도 있어요."

"내게 말하고 싶은가요?"

"예, 굳이 돌려 말할 것도 없죠. 간단히 말하자면, 그것은 성에 관한 문제예요."

"당신이 그녀와 잠자리를 같이하는 데 문제가 있었나요?"

"아니요, 그녀와는 아니에요. 우리는 함께 성관계를 갖지 않았어요. 나는 그녀에게 강요하지 않았어요. 그리고 그녀가 어떤 어려움을 죽 겪고 있었는지 선생님은 아시겠죠. 자세하게는 잘 모르지만, 많은 어려움이 있었나 봐요. 그런데 몇 주 전부터 그녀는 달라진 것같이 보였어요…. 선생님에게 이것을 어떻게 설명해야 할지 정확히 모르겠어요. 그게 지금은 문제가 안 되지만, 곧 문제가 될 거예요, 난 알아요, 그렇게 될 거라고."

"당신이 말한 것, 서로를 안아 주는 것 이외에 다른 성적인 행동을 했나요?"

"물론, 우린 자주 포옹하지만… 그게 다예요."

"그녀가 뭐라고 말한 적이 있어요?"

"아니요, 그녀는 아무 말도 안 했죠. 지난 주말 그녀의 딸, 질이 집에 왔는데, 그들은 우리 집에서 토요일 밤을 지냈어요. 그들은 따로 잤고, 일요일 밤에 딸을 학교로 데려다 주고 난 후 캐롤을 아파트에 데려다주었을 때 그녀는 내 차에서 내리기 원하지 않는 것처럼 보였죠. 선생님, 우리는 함께 있기를 좋아해요."

침묵이 흘렀다.

"하지만 내가 뭔가를 시작해야만 한다고 생각했죠. 그녀가 원한다면 나는 섹스에 관심이 있다고 말이나 행동으로 하는 것 말이죠. 언젠가는 그녀가 그것을 원하게 될 거예요. 내 문제는 내가 준비되었다고 확신할 수 없다는 거죠. 나는 그녀와 그것을 할 수 없을지도 몰라요. 난 아마 실패할 거예요. 나는 그녀가 이해하리라고 생각하지 않아요. 만약 그런 일이 생긴다면… 오 하느님, 내가 제 정신을 잃을까 봐 너무 걱정돼요. 무엇을 해야 할지 모르겠어요."

"요즘 당신의 성생활은 어떤가요?"

"여자가 있어요. 그녀는 내가 깨끗하기 때문에 나를 좋아해요. 나는 그녀에게 선물도 사 주고 그녀는 나의 기타 연주를 좋아해요. 그녀는 결혼했어요. 그녀는 내게 매달리지 않아요. 아마 일주일에 한 번 정도. 내가 필요로 하는 것은 그 정도 같아요. 만약 캐롤과 내가 같이 살게 된다면 나는 그녀와 즉시 헤어질 거예요. 하지만 선생님, 사실 그 여자와 난 섹스를 같이 한다고 할 수 없어요."

"그럼 무얼 해요?"

"그녀는 나를 애무하면서 만족시켜 줘요. 정말이에요. 그리고 나서 나는 그녀에게 새 비누를 주고 내 앞에서 곧바로 손을 씻도록 해요. 그게 다죠. 난 그녀를 위해 아무것도 하지 않아요."

"왜 그녀는 그런 것을 허용하는 거지요? 그녀는 무슨 이득이 있죠?"

"말한 대로 난 그녀에게 선물을 사 주죠. 나는 그녀에게 내가 쓰는 글에 대해 얘기해요. 그녀는 별로 하는 일이 없어요. 그녀는 내가 해달라는 대로 해 주는 것을 싫어하지 않아요."

"당신은 정상적인 성관계를 가져본 적이 있나요?"

여기서 나는 과거에 대해 질문을 했다. 하지만 그것은 과거를 낚는 행위는 아니다. 그것은 매우 중요한 현실의 문제를 다루고 있다. 그는 사랑하는 여자와 만족스러운 성 관계를 가진 적이 있었을까? 나는 없었다고 생각한다. 하지만 만약 있었다면, 그 정보는 우리가 지금 해결해야 하는 것을 좀 더 희망적으로 만들 것이다. 지금을 절망적이라고 보지는 않지만, 그와 같은 연령대의 남자가 처음부터 시작해야 한다는 점 때문에 어려워질 것이다. 일생 동안 앞을 보지 못하던 사람이 성인이 되어서 다시 시력을 되찾았다고 하자. 그는 말 그대로 보는 방법을 다시 배워야만 한다. 그리고 그것은 시간이 걸릴 것이다. 그리고 내가 할 수 있는 것은 내담자의 과거가 아무리 비참했을지라도 그가 볼 수 있도록 도와주는 것뿐이다. 과거를 상담할 수는 없다. 일어났던 혹은 일어나지 않았던 순간을 누구도 바꿀 수는 없다. 그리고 누구의 잘못이라는 것은 더더욱 문제가 되지 않는다. 그것은 끝난 일이다.

"나는 섹스를 하는 것이 두려워요. 그것은 더러워요. 나는 몇 년 전에 매춘부와 세 번 정도 섹스를 했어요. 하지만 병에 감염되어 죽을까 봐 두려웠죠. 내 생각에 그때부터 내가 손을 씻기 시작한 것 같아요. 나는 캐롤을 사랑해요, 내가 뭘 할 수 있죠? 어젯밤 우리가 안고 있을 때 그녀가 내 등을 쓸어 주었죠. 그리고 우린 키스를 했어요. 선생님, 그녀는 정상적인 여자예요. 나는 그녀가 나를 원한다는 것을 느낄 수 있어요. 내가 서두르지 않기 때문에 그녀는 그렇게 하는 것을 두려워하지 않았어요. 섹스에 대해 우리가 얘기를 한 적이 없기 때문에 자세히는 모르겠지만, 난 지금과 같은 방법으로 지내야만 할 것 같아요. …선생님, 난 정말로 죽을 지경으로 겁이 나요."

"하지만 당신은 연애 소설을 썼잖아요."

"섹스가 없기 때문에 낭만적인 소설이 되는 거예요. 결국에는 소설 속의 주인공들도 다 섹스를 하게 되죠. 그건 명백해요. 내가 쓴 게 아니고 옛날의 낭만적인 영화와 다 같은 거죠. 내가 무슨 말을 하는지 아시죠. 사실대로 말하자면 −세상에, 선생님에게 말하는 게 너무 힘들군요− 난 섹스에 대해 잘 몰라요. 내 전 생애에 첫 번째 진짜 키스를 한 것은 어젯밤이라고 생각해요."

나는 놀랐다. 아주 많이 놀라진 않았지만, 상당히 놀랐다. 그에게 섹스와 로맨스는 매우 막연하게 연결되어 있었다. 그가 마침내 하려고 하는 것은 로맨스와 섹스를 연결하는 것이다. 그는 지금까지 이것을 할 수 없었지만, 그것이 그가 못한다는 것을 의미하지는 않는다. 이것은 또한 그의 모든 분노에 대한 이유를 설명해 준다. 그의 모든 강박증은 분노에 대처하기 위한 그 나름대로의 방법이다. 그는 모든 관계의 가장 기본이 되는 것, 즉 사랑하는 여자와 만족스러운 성적인 관계를 가져 본 적이 없다. 대부분의 성인 생활 동안 그러한 사람이 필요하다는 사실조차 거부해 왔다. 잭 니콜슨 영화를 캐롤과의 만남과 결부시켜 생각한 것이 오랫동안 부인했던 것을 깨닫게 하였다. 그러나 이제는 그가 성관계에 대해 자신 없어 한다는 것을 감추어서는 안 된다. 제리는 견뎌 내든가 아니면 포기해야 할 시점에 와 있는 것이다. 만약 그가 캐롤과 실패한다면, 그는 예전처럼 되어 버리거나 혹은 더 나빠질 것이다. 그리고 만약 그들이 처음으로 같이 자는 날 또다시 비누를 꺼내게 된다면, 그들은 그것으로 끝장이 될 것이다.

나는 말했다.

"나를 도와줘요. 당신은 자신에 대해 누구보다도 더 잘 알고 있어요. 당신은 이것을 다룰 방법을 알고 있나요?"

"아니요, 없어요. 하지만 나는 시간이 좀 있어요. 그녀가 같이 자는 것을 서두를 것 같지는 않아요. 그러나 계속 그러기에는 한계가 있다고 생각해요."

그리고 나서 나는 잠시 멈췄다. 그에게 뭐라고 말해야 할지 몰랐다. 제리는 뭔가 그들의 관계를 진전시킬 수 있는 방법을 찾고 있었다. 처음에 실패했다고 해서 세상이 끝나지 않는다는 것을 그가 아는 한, 실패할지도 모르지만 기회를 가져 볼 필요가 있다. 그가 다정다감하고 애정이 있는 한 캐롤이 기꺼이 그를 도와줄 거라고 나는 확신한다. 그러나 갑자기 시력을 되찾은 사람처럼, 문제는 그를 보게 하는 것이 아니라 시력을 사용하기 위해 힘써야 할 곳이 어디인지를 알게 하는 것이다. 우린 둘 다 그냥 잠시 앉아 있었다. 얼마 후 나는 어떤 생각이 떠올랐다.

"제리, 당신이 맞아요. 섹스 문제가 대두될 거예요. 그리고 난 당신이 그 문제가 대두되길 원한다고 생각해요. 당신이 원하는 것이 그거죠, 그렇죠?"

"내가 이제껏 원했던 어떤 것보다도 더 원해요. 내가 바보가 아닌 다음에는, 내가 할 수 있는 한 그것을 간절히 원한다는 것을 잘 알고 있죠. 이것이 나를 더 어렵게 만드는 거예요. 그러나 나는 적당한 것으로 만족하지 않을 것 같아요."

"제리, 내게 좋은 생각이 하나 있어요. 당신은 성공한 작가죠. 난 당신이 뭔가를 썼으면 해요. 하지만 나만을 위해서죠. 당신이 다른 사람에게 그것을 보여 주기로 결정하지 않는 한 그것을 읽을 사람은 오직 나 하나일 거예요."

그의 얼굴은 어리둥절한 표정이었다. 나는 계속했다.

"난 당신이 이제껏 쓴 적이 없는 이야기의 결말을 써보길 원해요. 당신이 다시는 쓰지 않을 이야기일 수도 있어요. 난 두 주인공 사이의 로맨스를 당신이 상상해 보길 원해요. 한 사람은 당신 정도 나이의 부자 남자고, 또 한 사람은 결혼을 한 적이 있어서 섹스에 대해 알고 있는 사랑스러운 젊은 여자죠. 그들은 지금의 당신과 캐롤처럼 사랑에 빠졌어요. 그녀는 결혼생활 동안 섹스에 대해 불행한 경험을 했죠. 그녀는 당신을 원해요. 그러나 그녀는 자기가 만족할 수 있는 방법으로 당신이 접근해 주길 희망하고 있어요. 당신은 작가예요. 성적으로 어떻게 하면 될지, 아니면 최소한도 시작할 수 있을지 상상해 봐요. 내 말은 당신이 전에 썼던 것보다 더 많은 것을 의미하는 것이지요."

"하지만 잠깐만요. 나는 그런 것을 한 번도 해 본 적이 없어요."

"그러나 당신은 사랑에 빠진 사람들에 대해 썼어요. 섹스에 대해 상상해 봐요. 당신은 지금 내내 그것에 대해 상상하고 있어요. 이야기가 끝날 때에는 당신과 캐롤이 그 연인들 입장에 있게 되는 거죠."

"그보다는 좀 더 진행되었을 거예요."

"좋아요. 적어도 당신은 생각하는 것보다는 지금 조금 더 하고 있어요. 그런데 이제껏 캐롤과 가졌던 관계 이상으로 경험이 없기 때문에, 당신은 그것에 대해 못쓴다는 건가요?"

"나는 상상해서 글을 써요. 내 상상은 항상 사랑에 빠져요."

"좋아요. 그들을 사랑에 깊이 빠지게 해요. 단지 한 단계 더 나아가게 하는 거예요. 현실에서가 아니라, 단지 소설에서죠. 당신의 상상력을 사용해요. 아무도 모를 거예요. 나는 그것을 나 혼자만 읽을 거예요. 그리고 당신이 쓴 것에 대해 나는 절대로 비판도 하지 않을 거예요."

사람들이 새롭고 호기심을 자극하는 생각을 가질 때 서서히 보여 주는 것처럼 그는 재미있어 하는 표정을 지었다. 나는 그것을 지지했다.

"제리, 나는 당신이 그것을 할 수 있다고 생각해요. 그리고 그것은 안전해요. 그것이 시작이 될 수도 있죠."

"하지만 내가 그것을 할 수 있다고 난 확신하지 않아요."

"물론 당신은 할 수 없어요. 만약 당신이 할 수 있었다면, 당신은 이런 문제를 가지지도 않았을 거예요. 그러나 당신이 결코 일어나지 않을 거라고 믿었던 좋은 일들이 이미 일어났어요. 만약 내가 지난번 우리가 만났을 때에, 당신에게 파티를 열고 도중에 아이들 같이 동요를 부르라고 말했다면 당신은 뭐라고 말했을까요?"

"예, 선생님이 의도하는 바를 알겠어요. 할게요. 이해가 돼요."

"돌아가서 열심히 해 봐요. 그것을 끝냈을 때, 내게 보내요. 혹은 가져오든지. 내가 그 글을 읽은 즉시, 우리 만나요. 캐롤은 계속 만나세요. 하지만 이것에 대해서는 그녀에게 아무 말도 하지 말아요. 당신은 시간이 있어요. 당신이 서둘지 않는 것에 대해 그녀가 조급해하지 않는다고 당신은 앞에서 말했죠."

"선생님은 섹스에 대해 말하길 원하지 않죠, 그렇죠? 우리나라에서 섹스에 대해 말하지 않는 유일한 정신과 의사를 나는 만나고 있다고 생각해요. 선생님도 그것을 두려워하세요?"

"좋아요, 아주 좋아요. 만약 당신이 원한다면, 그것도 이야기에 넣어요."

사람들이 고통스럽거나 혹은 미친 증상들을 선택할 때, 그들이 그것을 즐기기 때문은 아니다. 그들이 할 수 있는 더 나은 행동을 모르기 때문이다. 캐롤과의 좋은 관계 때문에 제리는 약간은 놀림을 받았지만 그의 강박증을 포기할 준비가 된 것으로 보였다. 그러나 그의 섹스에 대한 두려움은 그가 여자와의 만족스러운 성관계를 갖도록 자신에게 허용한 적이 없다는 사실과 관련이 있다. 그 점이 바로 내가 얘기하기를 원하지 않는 부분이다. 나는 실패에 대해서는 거의 말하지 않는다. 그것은 상황을 악화시킨다. 제리는 무엇을 할 수 없는지를 안다. 그가 할 수 있도록 혹은 최소한도 상상할 수 있도록 그를 돕는 것이 내 일이다.

현실치료상담은 행동하기(doing) 방법이다. 물론 우린 얘기를 한다. 하지만 나는 내담자들의 문제에 대해 그들이 실제로 무엇을 할 수 있는 방법으로 그들을 안내하려고 한다. 어떤 점으로는 나는 조지에게도 같은 방법을 사용했다. 그의 관계 문제는 제리보다 훨씬 더 심했다. 그러나 시작부터 바로, 나는 조지에게 뭔가를 하라고 설득했다. 그의 총을 내 책상에 넣고, 계약서를 쓰고, 의사를 만나 보라고 말이다. 행동을 바꾸려는 이런 시도는 현실치료상담의 성공에 중요한 요인이 된다.

제9장
불행한 결혼생활을 유지하려 하는 모린

자신의 결혼생활이 아주 불행하다 할지라도
결혼을 계속 유지하길 원하는 여자가
이 세상에 그녀만은 아닌 것이 분명하다.

얼마 전 아일랜드 코크에서 선택이론에 대한 강의를 한 후 내 책에 서명을 하고 질문에 답하는 동안 사람들이 다 떠날 때까지 기다렸던 중년 여성과 즉석에서 상담을 했던 일이 있었다. 그녀의 이름을 모르지만, 난 그녀를 여기에서 모린이라고 부르겠다. 그녀는 옷차림새도 좋았고 매력적이었으며, 날씬하지는 않지만 나이에 비해 지나치게 살찌지도 않았었다. 그녀는 처음에는 약간 수줍어하는 것 같았으나, 곧 편안해져서 나는 즐거이 그녀와 대화를 했다. 그녀는 "우선 내 책에 선생님이 서명해 주셨으면 해요"라고 말하면서 시작했다. 내가 그렇게 한 다음 그녀는 말했다.

"선생님에게 잠시 동안만 제 남편에 대해 말씀을 드려도 될까요?"
"예, 괜찮아요. 나는 앞으로 30분간 아무런 스케줄도 없고, 사람들도 모두 갔어요. 우리는 여기 앞줄에 그냥 앉아서 얘기할 수 있겠군요."
"내게 문제가 있다는 것을 선생님은 짐작하시지요. 선생님은 행복해지려면 좋은 관계가 필요하다고 말했어요. 그런데 내 결혼생활은 불행해요. 나는 정말로 선생님의 충고가 필요해요. 나는 어찌할 바를 모르겠어요. 나는 정말 무엇을 해야 할지 몰라요."

"당신이 생각하기에 무엇이 잘못되었는지 내게 말해 줄 수 있나요?"

내가 '당신이' 생각하기에 무엇이 잘못되었냐고 말한 것은 모든 결혼 문제에는 두 가지 입장이 있다는 것과, 그녀가 내게 말하는 것은 그녀의 입장으로만 본 것으로 내가 인식한다는 것을 그녀가 아는지 확인하기 위해서이다. 그녀는 그것을 문제 삼지 않으면서 계속했다.

"남편은 나하고 말을 하지 않아요. 그는 아무 말도 하지 않거나 혹은 그가 얼마나 이혼하길 원하는지에 대한 것만 내게 이야기해요. 그는 한 번에 며칠 동안씩 집을 떠났다가 돌아와도 어디에 갔었는지 절대 내게 말하지 않아요. 만약 내가 물어 보면, 그가 어디에 가든 혹은 무슨 일을 하든 내가 상관할 바가 아니라고 말해요. 심지어 우리의 휴가 중에도 이런 일이 일어나요. 그는 남쪽 섬에 가는 것을 좋아해요. 하지만 우리가 그곳에 있을 때도, 자신은 마음대로 오가면서 내가 호텔을 떠나는 것은 원하지 않아요. 어떤 때는 그가 3일씩이나 떠나 있었어요. 집에서조차도 그는 내가 집 주변에 늘 머물러 있기를 원해요. 그는 겨우 필수품을(대부분은 음식이죠) 살 만한 돈 이상은 주지 않아요. 우리 아이들 둘은 모두 자라서 아일랜드를 떠났어요. 내가 집밖에 나가는 것을 그가 원하지 않기 때문에 난 친구도 사귀지 못했어요. 그리고 그는 집에 누가 오는 것도 원치 않아요."

"근처에 가족은 있나요?"

"여동생뿐이죠. 그 밖에 아무도 없어요. 동생은 가까이에 살아요. 그녀가 집에 오는 것은 허용했어요. 하지만 내가 다른 사람을 오게 하면 그는 신체에 위해를 가하겠다고 협박해요. 그녀도 그를 두려워해요. 동생은 그와 이혼하라고 내게 말해요. 하지만 난 이혼을 원하지 않아요."

"그가 실제로 당신을 때렸나요?"
"아니요, 아직은 아니에요. 그러나 언제든지 그런 일이 일어날 것으로 느껴요."

나는 그녀에게 상처가 있는지 혹은 그런 것들을 감추려하고 있는지 살폈다. 하지만 아무런 단서도 찾을 수가 없었다. 나는 말했다.

"나도 당신 여동생과 같은 생각이 드는군요. 나는 당신을 그런 식으로 다루는 남자와 왜 결혼생활을 계속 유지하려는지 이해할 수 없어요. 지금은 아일랜드에서도 이혼할 수 있어요. 왜 그런 기회를 이용하지 않죠?"
"난 이혼을 원하지 않아요. 나는 결혼 상태를 유지하고 싶어요."

이런 사고방식이 내게는 이상하게 보였지만, 아일랜드 동료에게 물어보니, 비록 요사이 이혼이 가능해졌지만 아일랜드에서는 이혼을 원치 않는 것이 보기 드문 태도는 아니라는 것을 알았다. 결혼한 여자는 이혼한 여자보다 여전히 사회적 인정을 받는다고 한다. 하지만 이런 상황에서도 결혼을 계속 유지하고자 하는 모린의 선택이 행복에 대한 어떤 가능성을 막고 있는 것 같았다. 만약 그녀가 이런 결혼생활을 떠나지 않을 거라면 나는 어떻게 그녀를 도울 수 있을까? 나는 무력감을 느끼면서 말했다.

"남편은 어떤 입장인가요? 왜 그는 이혼하지 않고 있죠? 그는 당신을 떠날 수 있고 이혼수속을 시작할 수 있어요. 내가 이해한 바로는, 그것이 요즘 여기서 하는 방식이라는데요."
"법적으로는 그래요. 그러나 내가 동의를 하지 않으면 쉽지 않아요. 그는 우리가 모든 재산을 분배하고 나서 이혼을 해야 한다고 계속 내게 말하고 있죠. 그는 '난 당신과 결혼생활을 하는 게 불행해. 당신이 나와 이혼을 하고 우리 둘 다 편해지는 게 어때? 난 더 이상 당신과 결혼생활을 계속하는 것을 원하지 않아'라고 말하고 있어요. 최근에 내가 이혼을 해 주지 않으면 나를 죽이겠다고 위협을 하고 있어요."

"당신의 동의 없이 그가 이혼할 수 없나요?"

"할 수 있죠. 하지만 남편은 내 동의를 얻으면 이혼하는 것이 훨씬 더 쉬워질 거라고 생각하는 것 같아요. 나는 그가 왜 나 없이 일을 진행하지 않는지 정말 이해하지 못하겠어요. 그러나 그에 대해 내가 모르는 것이 많을 것이라고 생각해요. 아마도 내 거절이 그가 고함을 칠 수 있는 구실이 될지도 모르죠. 이런 방법으로 그는 자신을 비난하는 대신 나를 비난할 수 있죠. 그러나 난 그가 원하는 것을 주지 않을 거예요. 나는 결혼을 유지하고 싶어요. 난 결혼한 여자이길 원해요. 선생님이 내 결혼생활이 어떻게 하면 나아질 수 있는지 충고해 주실 수 없나요?"

그녀가 그 질문을 했을 때, 나는 완전히 좌절했다. 나는 결혼생활이 불행할지라도 결혼을 유지하길 원하는 여자가 이 세상에 오직 그녀만은 아닐 것이라고 본다. 나는 그녀에게 충고를 해 주고 싶었지만, 그녀의 결혼생활을 나아지게 하는 데 그녀가 무엇을 할 수 있는지에 대해서는 아무런 생각이 떠오르지 않았다.[8]

나는 말했다.

"당신이 집에 있고, 남편이 집에 있을 때, 당신들은 어떻게 행동하나요?"

---

8 역자 주: 상담자의 자기개방의 좋은 모델이다.

"무슨 말씀이세요?"

"당신의 얼굴 표정, 당신의 음성을 포함하여, 당신이 실제로 무슨 말을 하는지, 당신 몸짓, 당신의 모든 거동을 말해 보세요. '나는 절대로 당신에게 이혼해 주지 않을 거예요. 내가 원하는 것은 더 나은 결혼생활이에요'라는 메시지를 계속 당신이 남편에게 보내 왔나요? 모든 것이 그의 잘못이고, 그가 변해야 하는 것처럼 행동하고 있나요?"

"음, 모든 것이 그의 잘못이니까 내가 그렇게 한다고 말할 수 있겠네요. 나는 좋은 아내죠. 나는 그가 요구하는 대로 집에 있어요. 나는 논쟁하거나 혹은 싸움을 시작한 적이 없어요. 내가 원하는 것은 그가 나에게 조금 더 잘 대해 주는 거죠. 나는 점점 그가 두려워져요. 최근에 그는 점점 더 나를 위협하고 있어요."

"이건 어려운 질문인데, 물어 보고 싶은 것이 있어요. 만약 당신이 그 질문에 대답하고 싶지 않으면 안 해도 괜찮아요. 그가 당신과 같이 있지 않을 때 어떻게 지내는지 걱정이 되나요?"

"물론 난 그에 대한 염려를 하고 있어요. 나는 그가 나, 우리 아이들, 가족들에게 무슨 욕된 행동을 하지 않을까 항상 걱정하고 있죠."

"알았어요. 당신은 그가 당신들을 욕되게 할까 봐 걱정하는군요. 하지만 그가 그렇게 하지 않았다고 가정합시다. 지금까지는 그렇게 하지 않았죠, 그렇죠?"

"예, 그가 무엇을 했든, 내가 아는 한 그렇게 되지는 않았어요."

"당신이 얼마나 불만을 느끼고 있는지를 그에게 직접 말한 적이 있나요, 혹은 말없이 그가 잘못 행동하고 있고, 당신이 그에게 화가 나 있고, 그가 달라지길 원한다는 메시지를 그냥 보내면서 있습니까?"

"나는 화가 나요. 그런 메시지를 보내는 것은 나도 어쩔 수 없어요. 그가 현관에 들어서자마자 나는 불행해요. 나는 그가 어떻다는 것을 선생님에게 말했어요. 내가 어떻게 달리 행동할 수 있겠어요?"

"당신의 여생을 그렇게 살 준비가 되어 있습니까?"

"아니요, 전혀. 나는 미치지 않았어요. 그러나 아직도 결혼생활이 나아질 수 있다고 생각해요. 그게 내가 선생님의 강의를 들으러 와서 선생님 책을 사게 된 이유죠. 선생님이 나와 얘기할 시간을 내줘서 감사해요."

"모든 것이 그의 잘못이라는 메시지를 당신이 남편에게 보내는 한, 지금보다 결혼생활이 나아질 가망이 없다는 나의 생각을 말씀드리고 싶군요. 또 그가 당신을 죽일지도 모르는 가능성이 있어요. 그런 처지에 있는 남자들은 통제력을 잃고 사람을 죽이죠."

"그럼, 내게 말씀해 주세요. 내가 무엇을 해야 하나요? 나는 불행해요. 그래서 제가 선생님하고 이야기하려고 남았던 거죠."

우리가 같은 말을 반복하고 있다는 것을 독자는 짐작할 것이다. 그녀는 변화하지 않을 것이다. 그녀는 남편을 어떻게 바꾸어야 할지를 내가 말해 주길 원한다. 그가 변하는 것은 불가능하게 보인다. 하지만 한 가지 가망은 있다. 그녀가 그것을 받아들일지 의심스러우나 해 볼 만하다.

"남편이 변하지 않을 것이라는 사실을 혹시라도 당신이 받아들일 수 있을까요? 내 말은, 그는 여러 해 동안 그런 식이었죠, 안 그런가요? 이것이 최근의 일은 아니죠, 그렇죠?"

"예, 10년 동안 그런 식이었어요, 그런데 점점 나빠지고 있죠."

"그럼 당신은 10년 동안 그런 메시지를 그에게 보냈나요?"

그녀는 끄덕였다.

"그가 변하지 않을 거라는 사실을 받아들일 수 있어요? 당신에게 말하고자 하는 것은, 그가 변할 가망은 거의 없다는 거예요."

그녀는 그 질문에 대답하지 않았고, 그래서 나는 계속했다.

"결혼생활이 나아질 가능성이 있었다면 어땠을까요? 사랑하거나 배려하기는 아니라 해도 위협이 훨씬 적어질 수도 있고, 이따금 그와 대화를 할 때에 편해졌을까요? 지금과 같이 당신이 언제나 집에만 있어야 하지 않아도 되는 거죠. 관심 있으세요?"
"내가 무엇을 해야 하는 거죠?"
"그를 대하는 당신의 방식을 완전히 바꾸는 겁니다."
"무슨 말씀이세요? 나는 아직도 그를 잘 대해 주고 있어요. 나는 내 입을 다물고 있어요."
"봐요, 난 당신을 화나게 하고 싶지 않아요. 하지만 제안을 하나 하겠어요. 그리고 이 제안을 당신은 한 번도 생각해 본 적이 없었을 것으로 믿어요."

나는 상담자들이 상담과정에서 제안을 하는 것은 매우 타당한 것으로 생각한다. 대부분의 사람들은 상당히 공통된 문제를 가지고 있다. 이 경우에는 매우 불행한 결혼생활이고, 그녀는 도움을 구하고 있다. 그녀에게 도움이 될지도 모르는 것을 주기를 거부하는 것은, 상담가인 여러분이 그녀가 무엇을 했었어야 하고 해야 한다고 강요하는 것보다도 더 비합리적이다. 명령은 치료가 아니지만 제안은 치료가 된다.

"당신이 그를 자유롭게 해 주도록 생각해야 한다고 나는 봐요."

"하지만 선생님에게 말했잖아요, 난 그에게 이혼해 주는 것을 원하지 않아요."

"아니요, 그에게 이혼을 해 주란 소린 아니에요. 단지 그에게 이렇게 말하세요, '난 당신이 바꾸라고 요구하는 것을 그만두려 해요. 당신이 집에 있지 않을 때 당신이 원하는 것을 마음대로 하세요. 당신이 원하는 만큼 나가도 좋아요. 당신이 무엇을 하는지 혹은 누구와 함께 있는지에 대해 내게 말을 해야 하는 것처럼 느끼지 않아도 돼요. 그냥 당신이 원할 때 집에 돌아와요. 전화하지 않아도 돼요.'"

"하지만, 난 결혼했어요, 내가 어떻게 그렇게 할 수 있겠어요?"

"모린, 내가 잘난 체하려고 하는 게 아니에요. 그러나 당신은 지금 그렇게 견뎌내고 있어요. 당신이 내 제안을 받아들인다면, 당신이 하지 않게 될 것이 있죠. 모든 것이 남편의 잘못이라는 메시지를 계속 보내던 거 말이죠. 신체적으로는 아니더라도 정신적으로는 그를 자유롭게 놓아 주는 것이죠."

나는 잠깐 멈췄다. 그녀는 생각하고 있었다.

내 제안은 완전히 예상 밖이었다. 그녀는 그 제안을 이해하려고 노력하고 있었다. 나는 계속했다.

"이제 남편에 대한 당신의 행동에 대해 더 할 말이 있나요?"

"나는 노력하고 있어요."

"그런 노력이 효과가 있어요?"

그녀는 내 제안을 아직 받아들이기 힘들어했지만, 결국 그녀는 가까스로 인정했다.

"별로요."
"그것이 내가 지적하려는 점이죠. 물론 당신은 노력하고 있어요. 우리는 그것에 대해 얘기했고요. 당신은 노력하고 또 노력하고 있고, 그는 지금 당신을 죽이려고 위협하고 있어요. 내 제안이 이상하게 들린다는 것은 알지만, 그것은 지금 하는 것보다 효과가 있을 거예요. 10년 동안 당신은 그가 하는 행동을 인정하지 않는다는 메시지를 그에게 보냈었지요. 당신은 그가 바뀌길 원해요. 당신이 하고 있는 행동이 상황을 좋아지게 했나요? 나빠지게 했나요?"
"내 짐작에는 더 나쁘게요. 하지만 그렇게 하려고 한 게 아니에요."
"나는 당신이 나빠지게 하고 있다는 것을 말하는 게 아니에요. 내 말은 당신의 노력이 남편에게 그런 식으로 전달이 된다는 거죠. 만약 당신이 해 오던 대로 계속 한다면, 남편은 그가 하던 대로 계속할 것이 확실하고 끝내 상태는 악화될 거예요. 나는 당신이 변할 것을 제안하고 있어요. 결혼은 유지하지만, 어차피 그가 하려고 하는 것을 하도록 용인해 주세요. 그것은 상황을 더 나아지게 할 거예요. 난 그것이 더 악화시킬 거라고 생각하지 않아요. 당신이 잃을 게 뭐가 있어요? 그가 집에 왔을 때, 당신은 둘 사이에 흐르는 긴장을 감소시킬 수도 있고, 두 사람이 함께 좀 더 편안해질 수도 있을 거예요. 당신 둘은 더 행복해질 수도 있고, 당신이 원하는 결혼한 여자로 남을 수 있어요. 사람들이 뭐라고 말하든 신경 쓰지 말아요. 당신이 그를 놓아 준다는 것을 당신 외에는 아무도 알 필요가 없어요."
"진심이세요?"

"더 나은 것이 있을까요? 그가 자신의 행동에 대한 당신의 끊임없는 비난 혹은 당신의 의문에 가득 찬 표정과 태도를 대하지 않아도 된다면, 그의 생활은 좀 더 활기차질 수도 있고 그렇게 되면 그는 당신을 좀 잘 대해 줄 수도 있죠."

"하지만 그는 결혼한 남자예요. 그가 원하는 대로 하게끔 내버려 둘 수는 없어요."

"그러면 내가 제안한 것을 하지 마세요. 그건 나의 제안일 뿐이지요. 당신이 최선이라고 생각되는 것을 하세요."

그녀의 마음속에서 오랜 세월 동안의 전통이 스쳐 가는 듯 잠시 긴 침묵이 흘렀다.

"한 가지에 대해서는 선생님이 옳아요. 선생님이 제안했던 것은 내가 한 번도 생각해 본 적이 없어요. 그것에 대해 여동생과 얘기해 볼 거예요. 내게 시간을 내주셔서 감사해요."

"당신은 『행복의 심리』 책을 샀죠. 그것을 주의 깊게 읽고 당신 여동생과 그 책에 대해 나누고 생각해 보세요. 그것에 대해 생각해 봐요."

그녀는 잠시 내가 말한 것에 대해 생각했다. 나는 그녀를 바라보면서 그녀가 무엇에 대해 괴로워하고 있는지 내가 안다는 것을 전달하려 했다. 자기가 바뀌어야 한다는 것이 쉽지 않다는 것을 나는 안다. 그녀는 돌아서서 나갔다.

그날 늦게 현실치료상담과 선택이론을 연습하고 가르치는 아일랜드 상담자 집단과 세미나를 가졌다. 여기에서 내가 모린과 상의했던 것을 제시했다. 나는 남편을 놓아 주라는 나의 제안을 그들에게 말하지 않았다. 나는 단지 이런 경우에 그들이 그녀와 어떻게 할지에 대해 물어 보았을 뿐이다. 이 질문에 대해 그들은 어려워했다. 그들은 전통으로부터 그녀보다 더 분리되어 있지 않았었다. 전통은 외부 통제이다. 그것은 선택이론은 아니다.

모린의 남편에게 외부통제를 가하기보다 그것을 포기하라고 이야기하는 것이 훨씬 쉬운 접근이라는 것을 보여 주기 위해 모린과의 상담을 그 세미나에 포함시킨 것이다. 외부통제가 대부분의 사람들의 삶의 방식에 너무 많이 차지하고 있어서, 오랫동안 다른 것을 해 볼 수 있다는 생각은 전혀 들지 않는다. 이 사례는 선택이론을 많이 적용시키기보다는 오히려 외부통제 사고를 없애게 하는 것이다. 마침내 상담자들은 내가 그녀와 하려 했던 상담을 이해하게 되었다. 즉, 그를 자유롭게 하는 것. 그것은 아주 훌륭한 가르침의 기회였었다.

제10장

환청을 듣는 레베카

정신이 멀쩡한데 동시에 환청을 경험할 수 있나요?

내가 처음 레베카를 봤을 때, 그녀는 이웃 정신병원의 환자였다. 그녀는 24세이고, 한 달 동안 입원해 있었으며 정신분열증으로 시달리고 있다고 진단이 내려져 있었다. 이웃에서 안면이 있었던 그녀의 어머니가 나에게 상담을 의뢰했다. 나는 수년간에 걸쳐 그 가족과 친분이 있었다. 그러나 지난 10년 동안 그 가족들과 연락한 적은 없었다.

어머니인 마릴린은 나의 현실치료상담에 대해 잘 알고 있었으며, 레베카의 증상에 대해 불만을 갖고 있었다. 그녀는 레베카에게 주어지는 약이 그녀에게 해가 되는지를 알고 싶어 했다. 방문할 때마다 그녀는 점점 덜 감정적으로 되어 가는 것처럼 보였다. 마릴린이 딸을 묘사한 말은 '무덤덤하다(flat)'였다. 나는 마릴린에게 내가 병원 의사가 아니라서 정신과 의사로서 레베카를 만날 수 없으며, 투약과 관련해서 내가 할 수 있는 것이 아무것도 없다고 말했다. 그러나 레베카가 방문객으로서 나를 만나고 싶다면, 마릴린은 방문객 명단에 나를 포함시킬 수 있다. 레베카는 내가 누군지 알고 있었고 나를 만나기를 매우 원했다. 그녀는 어머니가 그런 생각을 비쳤을 때 긍정적인 태도를 보이기까지 했다. 우리는 그것은 매우 좋은 징조라고 생각했다.

마릴린은 처음 전화했을 때 내게 이야기하길, 레베카가 산타바바라에 있는 캘리포니아 대학교에서 4학년이 되었을 때 집을 떠나게 되었지만 그렇다고 해서 가족관계가 끊겼다는 뜻은 아니었다고 했다. 가족들은 계속 연락을 했었지만, 옛날같이 친밀한 것은 아니었다. 마릴린은 그녀의 딸이 초등학교 때부터 과학과 수학에서 특출했으며, 물리학을 공부하러 대학에 갔다고 내게 말해 주었다. 마릴린의 생각에 딸의 대학생활에서 한 가지 주목할 만한 사건은 레베카가 빨리 졸업할 필요가 없다고 가족들에게 말하면서 대학을 일 년 더 다녔다는 것뿐이다.

그녀는 성적이 우수했으며, 고학력자인 그녀의 가족들 모두는 그녀가 같은 대학교 박사과정에 합격했을 때 기뻐했다. 마릴린은 레베카가 대학을 졸업한 가을에 대학원에 입학하지 않은 것을 의아하게 여겼으나, 레베카가 대학원 입학 연기를 신청해 놓았다고 말해서 만족해했다고 말했다.

약 6주 전에 레베카의 아버지가 갑자기 돌아가셨다. 레베카는 장례식에 참석하려고 집에 왔으며, 예상 밖으로 그녀는 집에 머물기로 결정했다. 그녀는 산타바바라 근처에 살고 있음에도 불구하고, 1년 넘게 집에 오지 않았다. 그녀가 머물던 첫 주에 레베카는 대학원 입학 연장 기간이 끝났지만, 그녀가 아직 박사과정을 시작할 준비가 되어 있지 않기 때문에 상관없다고 어머니에게 말했다. 그녀는 자신이 공부하길 원하는 것이 물리학이라는 것조차 확실하지 않다고 말했다. 연기한 것에 대해 마릴린이 따지지 않았을 때 레베카가 놀라는 것처럼 보였다고 내게 말했다.

마릴린이 산타바바라에서의 생활과 계획에 대해 레베카에게 물어 보았을 때, 레베카는 막연해하는 것 같았다. 그녀는 고등학생들과 대학생들에게 수학과 과학을 개인지도해 주는 것으로 자립하는 데 필요한 수입이 충분했다고 말했다.

그러나 레베카가 집에 와서 일주일 쯤 지난 후, 마릴린은 뭔가가 잘못되었다는 것을 느꼈다. 레베카는 항상 마음이 무언가에 쏠려 있는 것같이 보였다. 점점 더 음악을 듣는 것 외에는 아무것도 하지 않았다. 심지어는 한밤중에도 마릴린은 서재에서 흘러나오는 음악을 들을 수 있었다. 드디어 마릴린은 레베카와 직면하게 되었고, 레베카는 지난 몇 달 동안 자기를 욕하고 자기의 역겨운 행동을 비난하는 소리가 들리고 있다고 말했다. 그녀는 그 음성을 멈출 수 없었고, 소리가 점점 커지고 있다고 했다. 마릴린은 레베카가 정신과 치료를 받아야 한다고 제안했고 레베카는 병원에 입원하는 것에 동의했다.

나는 "레베카가 아버지의 사망에 대해 잘 적응을 못하고 있는 것 같이 보였나요?"라고 물어 보았다. 나는 아버지의 죽음이 문제와 관련이 있는지에 대해 궁금했다. 마릴린은 레베카가 슬퍼하는 것 같았으나, 다른 사람보다 더 슬퍼하는 것 같지는 않았다고 했다. 그 점에 대해 생각하면서, 그녀는 레베카가 장례식에서 초연했다고 말했다. 레베카는 어머니가 생각하기에 딸이라면 응당 그래야만 한다는 정도로 슬픔에 빠져 있지는 않았다. 레베카가 잠시 집에 머물기로 결정했을 때, 마릴린은 그녀와 같이 있게 된 것을 좋아했었다. 그녀는 딸이 집에 오기 전부터 그녀에 대해 걱정하고 있었다.

마릴린은 한 달 동안 레베카가 있는 병원을 정기적으로 방문했다. 레베카는 병원의 일상생활에 만족하는 것처럼 보였고, 소리가 옛날같이 계속되거나 크지는 않다고 마릴린에게 말했다. 그러나 그녀는 약이 자신을 생기 없게 만들고 약을 먹었을 때에 느끼는 경험이 싫다고 말했다. 마릴린은 레베카의 담당의에게 약에 대해 말했더니, 그는 레베카가 아마도 무덤덤해질 것이고 약에 익숙해지면 점점 나아질 거라고 말했다고 했다.

나는 마릴린에게 심리치료에 대해 물어 보았다. 하지만 그녀는 레베카가 정신과 레지던트와 매일 만나 짧은 대화를 나눈다는 것과 일주일에 한 번 20분간 정신과 전문의와 만난다는 것 이상은 모르고 있었다. 레베카는 일주일에 두 번 집단 치료에 참석하지만 적극적으로 참여하지는 않는다고 마릴린에게 말했다. 마릴린은 그곳이 안전하고 지지적인 병원이란 것 이외에, 약물사용이 주된 치료라고 생각했다.

소리가 줄어들고는 있지만, 여전히 남아 있다고 레베카는 어머니에게 말했다. 마릴린이 걱정하는 점은 레베카가 슬퍼 보인다는 것과 그녀와 가까웠던 가족들의 방문을 반기지 않는다는 것이다. 마릴린은 "나는 그 애가 자살할 거라고는 생각지 않아요. 하지만 그 애는 삶에 흥미를 잃어버린 것 같아요"라고 내게 말했다.

마릴린은 나의 방문 약속을 정해 두었고, 내가 가자마자 레베카는 병원 안에 있기보다는 산책을 해도 괜찮은지를 내게 물어 보았다. 그녀는 이미 구내를 산책할 수 있도록 허락을 받고 있었고, 그녀는 산책을 좋아했다. 나는 유치원과 초등학교 시절에 우리 아이들을 통해 그녀를 알게 되었지만, 초등학교 이후에는 거의 연락이 없었다.

우리는 실제로 이야기를 나누어 본 적이 없다. 그녀는 단지 이웃에 있는 많은 아이들 중 한 명이었다.

레베카가 처음에 말한 것은 "선생님을 만나서 반가워요"였고, 그리고 나서 서로 다시 친숙해지기 위한 잡담을 나누었다. 그리고 나서 나는 그녀가 병원에 있는 정신과 의사와 얘기를 나누는지 물어 보았다.

"나는 매일 정신과 레지던트를 만나요. 하지만 그 사람은 내 생활에 대해서 얘기하기보다는 내가 약을 잘 먹고 있는지 그리고 목소리가 들리는지에 더 관심이 있는 것처럼 보여요. 나는 그에게 내가 약물치료를 싫어한다고 계속 말하고 있지만, 여기 오기 전보다 소리가 덜 들리는 것은 사실이에요. 또 난 정신과 전문의도 만나요. 하지만 그는 오직 아버지의 죽음에 대해서만 이야기하길 원해요. 아버지가 돌아가시기 전부터 내가 이랬었다고 말하고 있지만, 그는 그 사건을 규명하려고 해요. 내가 말할 수 있는 것은 아버지와 나의 관계는 좋았다는 거예요. 자라는 동안 가족들과 모두 잘 지냈어요. 아버지의 죽음이 내가 이렇게 된 것의 원인이 되지는 않아요."

'이런 나'라고 그녀가 말했을 때, 그것이 무엇을 의미했는지 알아내려고 나는 관심을 가졌지만 더 이상 밀어붙이지 않았다. 그것은 그냥 소리를 듣는다는 것보다 더 의미 있게 들렸다. 우린 그냥 걸었고, 레베카는 내 생활과 그녀가 자랄 때 알고 지내던 우리 아이들에 대해 물어 보았다. 그녀는 약간 맥 빠진 듯해 보였으나 오랫동안 그녀를 만나지 않았기 때문에 나는 **그것을 무엇과 연결시켜야 할지를 몰랐다.**

다행스러운 점은 그녀가 나와 이야기하는 것을 편안해한다는 것이었다.[9] 나는 그녀의 친구들에 대해 좀 물어 보았다. 그녀는 친구가 몇 명 있기는 하지만 친한 사람은 아무도 없다고 말했다. 내가 이 부분에 대해 자세히 물어볼 만큼 충분히 서로에 대해 잘 모르기 때문에 나는 이 문제를 더 이상 다루지 않았다. 그녀 얘기를 계속 들은 다음에 나는 그녀가 성 관계에는 관심이 없다는 느낌을 받았다. 어떤 사람들은 그런 문제에 대해 관심이 없는데, 나는 그녀도 그런 사람들 중 한 명이라고 생각한다. 우리는 서로 친해지기 위한 시간을 가졌고, 레베카는 그것을 즐기는 것처럼 보였다. 그리고 그녀는 물었다.

---

9 역자 주: 상담의 고리를 찾는 방법이다.

"환청에 대해 듣고 싶지 않으세요? 많이 나아지기는 했지만, 처음 시작
되었을 때는 아주 겁났어요."

"그것들에 대해 내게 말하고 싶으니?"

"특별히 그렇지는 않아요. 난 단지 선생님이 그것에 관심이 있을 거라고
생각했어요. 레지던트 선생님은 만날 때마다 그것에 대해 내게 물어 봐요.
그는 좀 나아진다는 것에 대해서 만족해하는 것 같았어요."

그녀가 소리에 대해 거론한 이유가 있을 것 같아 나는 그것을 무시할 수
없었다. 그리고 나는 그녀처럼 진단받은 사람들에게 주로 물어 보는 질문
을 했다. 그들 대부분은 그들이 믿을 수 있는 치료자와 아주 멀쩡하게 대
화를 나눌 수 있다. 난 그 화제에 대해 단지 그녀의 의견을 구한다는 것처
럼 평범하게 이 질문을 했다.

"너는 자신이 미쳤다고 생각하니?"

내가 이 질문을 던졌던 모든 환자들과 마찬가지로 레베카도 이것을 모
욕으로 받아들이지 않았다. 그녀는 슬픈 듯한 소리로 말했다.

"모르겠어요. 처음 소리를 듣기 시작했을 때, 그렇다고 생각했어요. 하
지만 지금은 확실하지 않아요. 정신은 멀쩡한데 동시에 소리가 들릴 수 있
나요?"

"좋은 질문이야. 나는 그것이 실제로 있다고 레베카가 얼마나 믿고 있느
냐에 달려 있다고 생각해. 레베카가 그 소리가 진짜 사람들로부터 오는 것
이 아니라는 것을 깨닫기만 하면 말이야. 그것은 너의 머리로부터 오는 것

이야. 그리고 레베카가 현실을 잘 파악한다면, 내게는 그렇게 보인다만 그렇다면 너는 정신이 멀쩡하면서 동시에 소리를 들을 수 있다고 생각해. 네가 병원에 오길 원했니 아니면 어머니가 여기에 오길 원해서 왔니?"

"아니요, 내가 오길 원했어요. 여기에 오면 뭔가 달라질 거라고 생각했어요."

"어떤 식으로?"

"모르겠어요, 아마 병원에 있는 사람들은 나에 대해서 좀 더 관심이 있을 거라고 생각했었어요. 내 말은 소리나 아버지의 죽음 혹은 아직 현실화되지 않은 나의 미래에 대한 관심 말고요…. 내 인생에 대해 지금 무엇을 하고 있느냐에 대한 관심 말예요. 나에 대한 것, 즉 내가 원하는 것 같은 것 말이죠."

이것이 정신병 진단, 특히 정신분열증이라고 불리는 진단을 내렸을 때의 문제인 것이다. 정신병 약의 출현으로 우리는 뇌에 이상이 생기면 약으로 치료해야만 한다고 여기게 되었다. 마치 개인의 욕구충족과 삶의 선택이 머릿속에서 일어나는 과정하고는 별로 상관이 없다는 것같이 말이다. 약물사용은 파악하기 어려운 심리적인 문제를 명백한 신체적인 것으로 만들기 때문에 매우 보편화되었다. 그리고 가족 구성원들은 아무것도 잘못한 것이 없다는 것을 재확인하게 된다.

그것은 병이고, 그것을 고쳐 줄 수 있는 약이 있다. 나는 약을 절대 처방하지 말라고 말하는 것은 아니지만, 요즘의 약물들은 남용되고 있다. 그리고 주요 정신의학 기술로 사용되었던 심리치료가 약에 의해 점점 더 뒤로 밀려나게 되었다. 오늘날 거의 모든 심리치료는 정신의학 전문가가 아닌, 약물처방을 할 수 없는 심리학자들에 의해서 이루어지고 있다. 그러나 심리학자들은 지금 처방을 할 수 있는 권리를 요구하고 있다. 만약 그들이 그런 권리를 얻게 되면, 심리치료는 또 다른 힘을 얻게 될 것이다. 그러고 나서 나는 레베카의 마지막 말에 응답했다.

"레베카, 네가 원하는 게 뭐니?"

나는 그녀의 좋은 세계 안에 무엇이 있는지 알아내려고 했다. 선택이론에 따르면 그녀의 좋은 세계에 있는 무언가가 심하게 좌절되었다는 것을 알 수 있다. 그것은 아마 대립일 것이다. 그녀는 소위 딜레마에 빠져 있다. 갈림길에서 어느 한쪽을 선택해야 하거나, 두 방향 다 가기를 원하거나 혹은 둘 다 가고 싶지 않지만 가야만 하는 것처럼 말이다. 나는 정확한 상황을 모르고 있지만, 그녀가 내게 말할 거라고 믿는다. 그녀는 그것에 대해서 신경 쓰고 있다.

"확실치 않아요. 나는 내가 안다고 생각하지만, 확실한 것은 아니에요."

그 대답은 별로 놀라운 것이 아니다. 정신과 의사들은 오랫동안 레베카가 소리를 듣는 것처럼 젊은이들에게 나타나는 정신병적 증상들이 미래에 대한 걱정과 관련이 있다고 믿어 왔다. 오랫동안 성공했었고 목표 지향적으로 보였던 젊은이들이 특히 그렇다. 나는 그런 증상들이 미래를 직면하는 것을 회피하기 위해 그들이 선택하는 방식이라고 생각한다. 그들의 삶을 위해 무엇을 해야 할지 가족들의 마음속에는 분명했을 수가 있다. 레베카의 경우, 물리학 분야의 직업에 종사하는 것이다. 그러나 젊은이들의 마음속에서는 그것이 명확한 것하고는 거리가 멀었다. 그리고 이러한 탐색

과제는 문제가 되었다. 나는 무엇이 잘못되었는지, 레베카가 걱정하는 관계가 무엇인지를 알아내려고 계속 노력했다.

"너는 자신이 원하는 것을 자신이 알아야만 한다고 생각하는 거니?"

내가 그 질문을 했을 때, 레베카는 기운을 차린 것처럼 보였고 처음으로 나를 똑바로 쳐다보았다. 그녀가 원하는 것에 관한 얘기는 그녀에게 중요했고, 그녀는 자신의 미래에 대해 말하길 원했다. 하지만 내가 무엇을 하라고 그녀에게 말하는 것을 원하지 않는 것같이 느껴졌다. 그녀는 그 문제에 있어서 너무 많은 조언을 받아 왔다.

"난 24세예요. 대학과정도 끝냈고요. 내가 원하는 것을 내가 알아야 한다고 생각하지 않으세요?"
"레베카, 난 네가 마음을 정하지 않은 것이 이상하다고 생각지 않아. 뭐가 급해? 너는 경제적으로 독립하고 있어. 자신에게 시간을 주면 어때?"
"내가 스스로 나에게 계속 말하고 있던 것이 그거예요. 하지만 얼마나 더 오래요? 내가 지금까지 받았던 모든 교육을 내 삶에 활용해야 하지 않나요?"

나는 그 질문을 테스트로 생각했다. 레베카는 자신이 물리학을 해야 한다는 편견을 내가 가지고 있는지를 알아내려고 했다. 또한 그녀가 지금 당장 물리학 분야에서 직업을 구하길 원치 않는다는 사실을 내가 받아들일 정도로 개방적인 마음을 가지고 있는지를 말이다. 물론 절대 아닐 수도 있다고 내가 말했다.

"음, 여기까지는 알겠어…. 지금 너는 물리학이나 수학분야에서 직업을 구하고 있지 않아. 너는 공부하는 데 문제가 없었을 텐데 박사 학위 취득을 포기했잖아."

그녀는 약간 더 테스트를 했다.

"왜 그렇게 말하죠? 난 물리학과 수학에 재능이 있어요. 나는 언제든지 다시 지원할 수 있어요."
"그렇게 할 수 있다고 믿어. 그리고 네가 입학 허가를 받을 거라는 것도 믿는단다. 하지만 네가 그런 분야에서 일하기로 결정했다면 이 병원에서 환청을 듣고 있을 거라고 생각지 않아."
"무슨 말씀이세요?"
"너는 지금 심리적으로 묶여 있어. 갑자기 소리를 듣는 사람들은 문제 때문에 몸부림치고 있는 것이지. 그것은 흔히 그들이 미래에 하길 원하는 것과 그들이 해야만 한다고 생각하는 것 사이의 갈등이지. 네 생각의 한 부분에는 물리학자가 되는 것이 있는데, 또 다른 큰 부분 안에는 자신의 삶을 다르게 사는 것에 대해 생각하고 있는 거니? 아마 너는 지난 1년 간 산타바바라에서 그 다른 방법으로 지냈는지도 모르지. 난 모르겠지만."
"선생님은 그것이 문제라는 점을 확실히 믿으시는 것 같군요. 나는 그게 문제가 될 수 있다는 것이 믿어지지가 않아요."
"내가 추측하고 있다는 것을 부인하지 않겠다. 하지만 레베카 같은 젊은 이들을 많이 겪어 본 경험을 통해 대체로 그런 일이 있다는 걸 알 수 있지."
"음, 그래요. 선생님이 맞아요."
"최소한도 현재 네가 물리학을 포기하는 것에 대해 왜 그렇게 많이 고심하고 있는지 내게 말해 보렴. 누가 네게 압력을 가하니?"

"초등학교 때부터 과학계열 직업을 가져야 한다는 압력은 있었어요. 하지만 부모님은 아니에요. 음, 나는 그렇게 확신하지는 않아요. 약간의 압력은 있었다고 생각하지만 심하지는 않았어요. 내가 해야 할 것에 대해서 그냥 당연하게 여겼던 거죠. 그리고 물리학 전공을 당연하게 받아들여 대학에서 성적이 좋게 되자 압력이 커졌어요. 하지만 부모님 뿐만은 아니었어요. 선생님들과 가까운 친척들도 그랬어요. 졸업했을 때 나는 그쪽으로 나갈 거라고 생각했어요. 그런데 뜻밖에 그것은 내가 하길 원하는 것이 아니었어요. 난 지금은 대학원에 가고 싶지 않아요. 난 산타바바라에서 잘 살게 됐지만, 내가 나에게 그렇게 살도록 허용하지 않는 것 같아요."

여기에는 분명히 외부 압력 이상의 것이 있다. 쉽게 대답했지만, 그것은 단순한 대답이 아닌 것으로 생각된다.

"관심이 가는 것이 있다는데, 그 행복한 생활에 대해 좀 더 말해 볼까. 레베카에게 무엇이 최선인지 스스로 찾아 낼 수 있도록 나는 도우려고 해. 네가 해야만 한다고 생각하는 것을 잊어. 미래는 잠시 제쳐 두고 지금 무엇을 하기 좋아하는지를 말해 봐."

현실치료상담에서는 내담자가 악전고투하고 있는 현재 상황에 초점을 둔다. 현재에 대한 통제가 생길 때까지 미래를 추구하는 것은 실수가 될 수 있다.

"산타바바라에서 내가 했던 것을 하길 원해요. 그곳에서의 내 생활은 행복해요. 그러나 내가 나를 사랑하는 사람들을 실망시키고 있다란 생각을 멈출 수 없어요."

"최근에 그들 중 누가 네게 대학원에 진학하라고 압력을 주었니?"

"아뇨, 전혀. 엄마가 약간 실망했는데 그것도 압력이라고 한다면 그뿐이에요. 어머니는 내게 물리학을 계속하라고 직접적으로 강요하지는 않았어요. 선생님도 아시겠지만, 어머니는 그런 사람이 아니에요…. 그런데 선생님, 무슨 일이 일어났는지 아시겠어요? 나머지 부분에 대한 압력은 내가 떠맡은 격이 되었죠. 그건 나예요. 내가 나에게 압력을 주고 있어요."

그것이 바로 이런 갈등을 그렇게 어렵게 만들게 된 이유이다. 여러분은 다른 사람의 압박에서는 도망칠 수 있으나, 자신이 스스로에게 주는 압박으로부터는 도망칠 수 없다. 나는 아무 말도 하지 않았고, 레베카는 오랫동안 생각했다.

마침내, 그녀는 말했다.

"맞아요, 어머니는 아니죠. 그 누구도 아니에요. 시간이 흐르면서 난 물리학으로부터 떠났고, 점점 더 내 자신에게 압력을 주게 되었죠."

"무슨 뜻이지?"

"난 내가 이기적이라고 생각하지 않을 수 없어요. 난 가족들이 어떻게 느끼는지를 배려했어야 해요. 아버지조차도 내게 절대 압력을 가하지 않았어요. 하지만 아버지는 내가 과학자가 될 거라는 비전을 가지고 있었다는 것이 확실해요. 아버지는 나를 비난하진 않았어요. 하지만 약 1년 전에 내가 며칠 동안 집에 있을 때 우린 그 점에 대해 많은 얘기를 나눴어요. 내가 지금 하는 일을 받아들이는 것은 힘든 일이죠. 그것은 별로 대단하지 않은 일이거든요. 그러나 내가 원하는 생활은 바로 그거예요."

"그 점에 대해 말해 줄래?"

"무엇보다도 나는 경제적으로 자립했어요. 난 아이들을 개인교습해서 돈을 벌어요. 충분한 돈이죠. 부자 집의 고등학생과 대학생들이죠. 산타바바라에는 그런 아이들이 많아요. 참 이상해요. 나는 수학이나 물리학 분야에서 직업을 갖길 원하지는 않지만, 그런 주제에 대해 가르치는 것은 즐거워요…. 내가 진짜 즐거워하는 것은 아이들인 것 같아요. 내가 집에서 가르친 것이 적중했을 때, 그들이 흥분하는 것을 보는 게 좋아요. 그리고 나에게는 배우려는 학생이 많아요. 내가 원하기만 한다면, 난 두 배의 학생들을 가르칠 수 있어요. 화요일, 수요일, 목요일이 내가 과외를 하는 날이죠."

난 다른 것이 뭔가 더 있을 거라는 것을 알았다. 그리고 나는 그냥 그녀를 계속 바라보고 있었다. 마침내 레베카는 "그것은 별로 대단하지 않은 일이죠"라고 말했을 때 그것이 진짜 의미하는 바가 바로 그녀를 괴롭히는 것이라고 인정했다.

"난 어렸을 때부터 게임하는 것을 좋아했어요. 나는 게임에 대한 관심이 크면서 사라지겠지 하고 기다렸는데 그렇게 되지 않았어요. 내가 정말로 즐겨하는 것은 브리지와 체스놀이죠. 그 둘은 매우 다르지만, 난 둘 다 좋아해요. 그리고 크리비지도요. 크리비지는 현대 물리학과 마찬가지로 확률이죠. 나는 수학을 개인지도 하는 학생들과 크리비지를 해요. 그건 그들에게 실제 수학 경험을 하게 하죠. 그리고 글자 맞추기 놀이도 좋아해요…. 하지만 도박하는 것은 좋아하지 않아요. 난 게임을 좋아하고 능숙하게 잘하죠. 그러나 돈을 따는 것에는 흥미가 없어요. 내가 살고 있는 하숙

집 주인아줌마가 나에게 브리지를 가르쳐 주었고 지금은 그녀가 내 파트너죠. 우리는 이미 포인트를 많이 땄어요. 우린 토너먼트를 위해 다른 도시로 가죠. 그녀는 돈이 많아요. 모두 특급으로만 다녀요. 그리고 우린 큰 대회에서 거의 이길 뻔했었죠. 그리고 난 음악을 듣길 좋아해요. 나는 좋은 스피커가 달린 새 CD 플레이어를 샀어요. 난 그것을 사기 위해 한동안 밤낮으로 가르쳤어요. 난 밤에 음악을 듣길 좋아해요. 그리고 나서 아침까지 자죠. 난 아무 할 일도 없는 아침을 좋아해요."

"그것이 네가 받아들이기에 너무 좋은 삶이란 말이니?"

"그렇게 보는 것이 옳은 것 같아요. 내가 LA에 올 때까지는 난 좋았어요. 아마 잘못됐을 수도 있지만, 나는 내가 산타바바라에서 했던 것들이 여기에서 받아들여질 거라고 생각하지 않아요. 그래서 여기에 오는 것을 미뤘죠. 그리고 그게 문제가 되었어요. 내가 와야 하는 것처럼…. 하지만 난 원치 않아요…. 선생님은 정말로 그곳에서 내가 살아가는 방법이 소리를 듣는 것과 상관이 있다고 생각하시나요?"

"그렇게 생각해. 그것들이 관련이 있다고 생각해. 하지만, 어디 보자, 레베카는 게임 선수지. 너는 문제를 해결하는 것을 좋아해. 네가 체스를 둘 때, 몇 수 뒤에 크게 이길 수 있는 작전이 머리에 갑자기 떠오르곤 하니? 한 번도 사용해 보지 않았고 생각도 해 본 적이 없는 전혀 다른 말의 옮김을 의미해."

"항상 그러죠, 그건 브리지 게임할 때도 그래요."

"3일 후에 우리 다시 만나자꾸나. 너의 마음속에 새로운 아이디어가 어떻게 떠오르는지에 대해 네가 생각해 봤으면 해…. 그리고 네가 살고자 하는 삶을 포기하기 위해 네 자신에게 얼마나 압박감을 주고 있는지에 대해서도 생각해 봤으면 해…. 금요일 이 시간 괜찮니?"

난 소리에 대한 레베카의 질문에 너무 상세히 대답하는 것을 원치 않았다. 단지 이렇게 말했다.

"그것들이 관련이 있다고 생각이 되는구나."

나는 우리가 서로 잘 알기 전에, 바라건대 우리가 서로를 더 신뢰하기 전에 있음직한 그 관련성에 대해서 다룰 준비가 안 되어 있었다. 그러나 그녀에게 생각해 볼 문제를 던져 주길 원했다. 나는 그녀가 할 것이라고 믿는다.

그녀가 하기를 원하는 것과 자신이 해야 한다고 생각하는 것 간의 갈등은 그녀의 머릿속에서 창조되고 있는 소리와 많은 관련이 있다고 믿는다. 이런 믿음을 설명하기 위해, 그녀의 마음속에서 소리를 만들어내고 체스와 브리지에서 창조적인 이동을 떠오르게 하는 전행동의 또 다른 요소에 대해 소개해야만 하겠다. 전행동에는 항상 창조적인 부분이 있다. 우리는 어떤 과제를 수행할 때 먼저보다 더 잘할 수 있다는 생각을 하지 않으면서 어떤 과제를 똑같이 하는 것은 불가능하다.[10]

나는 여기서 인간의 창조성 혹은 더 구체적으로 전행동의 창조성에 대해 설명하고 싶다. 예를 들어, 만약 우리의 전행동이 네 개의 독특하고 분리할 수 없는 요인, 활동하기, 생각하기, 느끼기, 신체 반응하기 등으로 이루어져 있다면, 각 요인은 창조적으로 되기 위한 역량을 각기 다르게 가지고 있어야 한다. 하지만 모든 부분들이 서로 연결되어 있기 때문에, 언제나 네 개 중 하나 혹은 그 이상의 부분들이 창조적으로 되면 그 결과, 어

---

10 역자 주: 매번 비슷한 행동을 할 때라도 언제나 저번보다 이번을, 이번보다는 다음번을 창조적으로 하겠다는 생각 없이 똑같이 한다는 것은 사실상 가능하지가 않다는 뜻이다.

떤 한 부분을 바꾸면 전체가 바뀐다는 원리에 기초하여 새로운 전행동이 나온다.

난 인간의 심리학적인 창조성을 설명하려는 것이 아니다. 그것은 이 책에서 다루기에는 너무도 복잡하고 매우 이론적이다.(『행복의 심리, 선택이론』의 7장에서 자세히 다루고 있다) 여기서 나는 우리가 잠자고 있을 때나 깨어 있을 때나 중요한 역할을 하는 창조적인 활동, 사고, 느낌에 초점을 두었다.

우린 전문적인 운동선수, 댄서, 배우가 공연하는 것을 볼 때마다 창조적인 활동하기를 본다. 예를 들어 마이클 조단은 새로운 농구 작전을 창조했고, 미하일 바르시니코프는 새로운 춤 동작을 창조했다. 모든 위대한 남녀 배우들은 자신들이 연기할 때마다 새로운 얼굴 표정, 손동작, 소리의 음색을 창조한다. 창조적 생각은 수많은 과학적 발견과 예술적 업적을 이끌어냈다. 창조적 느낌은 모든 위대한 업적의 핵심이다.

하지만 여러분은 창조적이기 위해 위대해지거나 성공적이지 않아도 된다. 창조적 생각하기나 느끼기, 특히 불행을 나타내는 창조적 생각하기나 느끼기의 예들은 무대나 스크린에서만 찾아볼 수 있는 것은 아니다. 창조적으로 생각하고, 활동하고, 느끼는 사람들은 법정을 가득 메우고 있으며, 종종 우리들의 집이나 직장에서도 볼 수 있다. 그들은 그런 이유로 상담을 받으러 오거나, 레베카의 경우에는 정신병원에 간 것이다.

지금까지 이 책에서, 나는 창조적인 전행동을 많이 다루었다. 예를 들어 제리는 자신의 뇌 속에서 충동증과 강박증을 창조했고, 첼시는 뇌 속에서 공황발작을 창조했다. 그들은 다른 사람들로부터 이런 행동들을 배우지 않았다. 레베카는 가장 불가사의한 전행동을 창조했는데, 그녀는 뇌 속에서 자신에게 말하는 소리를 창조했다. 그러나 소리가 그녀에게 실제처럼 느껴지기는 하나, 가장 흔한 정신적이고 지각적인 창조물인 우리들의 꿈이 현실이 아닌 것과 마찬가지로 그것은 실제가 아니다.

망상 혹은 강한 잘못된 믿음도 같은 유형이다. 우리가 환상 혹은 망상을 창조하게 되면, 우리는 한결같이 그것을 정신병이라고 부른다. 그러나 알버트 아인슈타인이나 파블로 피카소가 새로운 생각하기를 창조해 냈을 때, 아무도 그들을 정신병자라고 부르지 않았다. 그런 꼬리표는 주관적인 정신의학적 결론이다. 잘못된 창조성은 정신병 혹은 미친 것, 훌륭한 창조성은 천재라고 말이다. 정신과 의사와 판사나 심판관이 좋은 것과 나쁜 것을 결정한다.

우리의 창조적 생각의 대부분은 뇌의 전두엽에서 일어난다. 만약 강한 정신병약물로 인해 마비되거나 뇌수술로 전두엽을 잘라 내면, 사람들은 그들의 창조성을 대부분 혹은 모두 잃어버리게 된다. 이런 상실로 고통받는 사람들은 대개 망상과 환상을 창조하는 능력을 잃어버린다. 그리고 그들은 또한 레베카가 굉장히 중요하게 생각하는 브리지와 체스의 문제를 창조적으로 푸는 것과 같은 창조적 능력을 잃게 된다.

전두엽이 손상되면, 환상과 망상처럼 바람직하지 않다고 여겨지는 것 외에도 창조성이 모두 손상된다. 예를 들어, 우리가 얼굴 표정을 창조하는 것을 잃어버리게 되면 무표정하고 가면을 쓴 것처럼 되어 버리는 것이다. 특히 파킨슨병에 걸렸을 때 부드럽고 품위 있게 걷는 능력을 잃어버리는 것과 같다. 그리고 신속하게 자동적으로 생각하는 능력을 잃어버린다. 그것은 마치 우리가 삶을 즐기기 위해 필요로 하는 것을 뇌에서 없애 버리는 것과 마찬가지다.

그러나 이런 즐거움을 잃어버리게 되는 것과 함께 우리는 심리적 고통을 느끼는 대부분의 능력도 잃게 된다. 이 고통들은 우리의 심리적 욕구들—사랑, 힘, 자유, 그리고 즐거움—이 만족되지 못하고 있다는 것을 우리에게 말해 주는 것이다. 우리가 잃어버리지 않는 것은 생존에 대한 관심이다. 먹고 자는 것은 여전히 잘 느낄 수 있고 배고픔과 피로를 느끼는 능력은 남아 있다. 더 원시적인 고통은 우리 뇌의 원시적이고 식물학적인 부분으로부터 만들어진 것이다. 더 창조적으로 생각하고 느끼는 것은 전두엽에서 일어난다.

심리적 고통을 잃어버리게 되면, 가족을 만나고, 친구를 사귀고, 존경을 받고, 사회관계를 맺고 혹은 즐거움을 갖는 것을 통해 우리의 욕구를 충족시키려는 것에 대해 흥미가 거의 없어지게 된다.

전두엽이 잘 기능하지 않게 되면, 우리는 살아 있지만 생기 없는 멍청이처럼 될 것이다. 불행히도 과거 2세기 동안 정신의학적 생각은 평화롭고 조용한 것이 정신 건강상태의 중요한 요소라고 여겼다. 만약 여러분이 내가 여기서 설명하려는 것에 대해 재확인하고 싶다면, 『뻐꾸기 둥지 위로 날아간 새』라는 책을 읽거나 혹은 다시 읽어보길 바란다.

그들이 창조하는 소리 때문에, 현재 정신분열증이라고 진단받은 레베카 같은 사람들은 그들의 창조성을 마비시키는, 즉 전두엽기능을 억제시키는 약으로 치료받고 있다. 비록 정신병 약을 적당히 복용하는 것이 소리를 창조하는 레베카의 능력을 사라지게 할 수 있을지라도, 그것들이 오직 소리 하나만 선별하여 작용하지는 않는다. 레베카 같은 창조적 게임 선수에게 이런 창조성을 잃는 것은 고통스러운 것이다. 그것 때문에 레베카가 어머니에게 불평하게 되었고, 그래서 그녀의 어머니는 나를 부르게 된 것이다.

그러나 레베카가 만약 너무 오랫동안 약을 복용한다면, 그녀는 자신의 심리적 욕구를 만족시키고자 하는 희망을 잃어버리기 때문에 약에 대해 불평도 하지 않게 될 것이다. 이기는 것, 즉 힘의 욕구충족은 더 이상 그녀에게 중요하지 않게 될 것이다. 난 레베카가 약에 대해 불평한 것이 마음에 든다. 그것은 욕구가 충족되고 충족이 안 되고 하는 것에 대해서조차 무관심한 시점에까지는 아직 도달하지 않았다는 것이다. 그런 뜻에서 그녀는 미치지 않았다. 처음부터 그녀는 소리가 환상이라는 것을 알고 있었다. 하지만 레베카보다 훨씬 더 심각한 사람은 이러한 사실을 모른다. 그리고 이런 사람들은 오랫동안 약을 복용하게 된다. 이런 약을 많이 복용하면 할수록, 그들은 자신들의 욕구를 충족시키기 위해 행동하는 것을 점점 덜 원하게 될 것이다. 그리고 자신들의 욕구를 충족시키는 것을 덜 원하게 되며, 심리치료가 효과를 덜 거둘 것이다.

최근의 생각들과는 반대로, 소리를 듣거나 망상으로 고통받는 사람에게 심리치료를 적용하는 것은 문제가 없다. 내가 비록 증상이 있다는 것을 인정할지라도 나는 상담에서 그것들을 거의 언급하지 않는다. 대부분의 정신이상자들은 여러분이 그들이 제정신으로 행동하는 것에 초점을 맞추면 접근이 가능할 수 있다. 그들이 하루종일 행동하는 대부분은 먹고, 자고, 씻고, TV 보고, 책 읽고 다른 환자나 직원들과 대화하는 것이다. 나는 이런 멀쩡한 행동들에 초점을 맞춘다. 그리고 내가 만났던 모든 내담자들이 정신이상자든 아니든 나는 그들이 원하는 것 즉, 나와 시작한 '좋은 관계'와 정상적인 행동에 초점을 맞춘다.

레베카는 산타바바라에서 그녀가 선택하고 있는 생활이 가족이나 어머니와의 사이를 멀어지게 할까 봐 두려워하고 있다. 그녀는 만족스러운 생활을 포기하라고 스스로에게 압력을 가하는 것과 연관된 이런 두려움 때문에 소리를 창조하게 되었다. 내가 할 일은 그녀와 충분히 만족스러운 관계를 만드는 것이고, 그렇게 함으로써 그녀가 원하는 삶을 살도록 격려할 수 있게 되는 것이다. 그녀는 가족으로부터 압력을 받고 있는 것이 아니었다. 그녀 스스로가 압력을 주고 있었으며 그것이 문제였다.

모든 창조적 시스템이 할 수 있는 것은 창조하는 것이며, 대부분의 우리의 창조성은 좌절을 없애는 것과는 관계가 없을 것이라고 이해하는 것이 중요하다. 기본적으로 우리가 선택하는 모든 전행동은 창조적인 부분을 가지고 있다. 우리가 인생을 살아가면서 배우는 것은, 도움이 되는 창조성은 받아들이고 쓸모없거나 혹은 해를 끼치는 창조성은 받아들이지 않으려고 시도하는 것이다. 하지만 우리는 환상을 받아들이지 않는 것을 곧바로 선택할 수는 없다. 그것을 없애기 위해 우리는 창조성이 환상을 제공할 때보다 우리의 기본욕구들 중 하나 혹은 그 이상을 만족시키는 방법을 찾아내야만 한다.

환청을 듣는 것은 그녀가 원하는 대로 삶을 살기가 어렵다는 것을 스스로에게 납득시켰고, 그래서 그녀는 집으로 가서 어머니에게 말했다. 그리고 창조적 시스템에서 환청을 만들어 내게 된 갈등제거를 위해 도움을 받았던 것이다. 고통스럽고 미치광이 같고 무능력한 이러한 증상들은 어느 정도는 창조적이며 넓은 의미에서는 환상도 포함된다. 하지만 대부분 평범한 시스템에서 나온 증상들일지라도 우울해하기, 강박적이기, 충동적이기, 공황발작하기, 정신이상적인 행동하기[11], 그리고 정신질환으로 규정지어진 그 외의 모든 증상들은 다음 세 가지 이유 때문에 창조된다.

1. 증상은 좌절 시에 나타나는 분노를 억제할 수 있도록 돕는다. 제리가 그랬던 것처럼, 강박적이기와 충동적이기에 그가 많은 시간과 에너지를 쏟지 않았다면, 그는 더 화를 냈을 것이다. 만약 조지가 그토록 심하게

---

11 역자 주: 현실치료상담에서는 명사나 형용사 형태보다는 동사형으로 사용한다.

우울해하지 않았다면 분노를 자신에게 돌려서 자살했을지도 모른다. 그는 위험수위에 가까웠다.

분노가 확인되지 않은 도시들 또는 정치적 갈등을 살인으로 해결하려는 세상에서 볼 수 있는 것과 같이 확인되지 않은 분노는 위험한 것이다. 그리고 극도로 분노하는 사람들은 생명을 가치 없는 것으로 본다.

2. 증상은 도움을 호소하는 것이다. 우울하기를 선택하는 것은 우리가 자주 사용하는 방법인데, 분노를 억제하는 모든 증상들은 도움을 받고자 호소하는 것으로 보아도 좋다. 우울한 사람을 보고 도움을 주지 않는 것은 불가능한 일이다.

3. 좌절이 증가되는 두려운 상황을 피하기 위해 증상을 사용한다. 많은 사람들은 직장을 잃은 후 우울해한다. 어떤 사람들이 그들에게 서둘러 식업을 구해 보라고 말하면, 그들은 "당신이 맞아요. 난 새 직장을 구해야 하죠. 하지만 난 너무 우울해요"라고 말한다. 우울을 선택하는 것은 잠시 동안 그들을 궁지에서 벗어나게 한다. 그들이 두려워하는 것은 또 다른 거절이다. 우울해하기는 고통스럽지만 그런 가능성에 직면하는 것보다는 덜 고통스럽다.

증상들은 모든 상황에 대해 우리가 좀 더 많은 통제력을 가질 수 있게 돕는다. 레베카에게 있어 환청은 그녀가 가족들의 압력에서 느꼈을 수 있는 분노를 분명히 억제해 주었다. 그것들은 또한 성공적으로 도움을 요청하게 하였다. 레베카 모녀는 그것들 때문에 다시 관계를 맺게 되었고, 그

관계는 레베카가 잃어버릴지도 모른다고 두려워하던 것이었다. 세 번째 이유는 여기에는 적용이 안 된다. 레베카는 대학은 두려워하지 않았다. 그녀는 과학 분야에서 일하면서 살기를 원하지 않은 것뿐이다.

자신들의 욕구를 충족시킬 수 없을 때 상당히 많은 이들이 그들의 분노를 억제하면서 육체적 증상을 창조하여 도움을 요청한다. 그들이 대부분 창조하는 것은 갖가지 통증, 고통, 피로 그리고 의사도 의학적 원인을 찾지 못하는 알레르기 같은 다른 육체적 증상들이다. 환청을 듣고 공황발작하기를 하거나 강박적이기와는 달리, 통증과 고통은 대개 심리학적인 문제로 여기지 않는다.

사람들이 의료보험에 가입되어 있는 한 그런 많은 불평들은 막대한 비용을 들여 소모적으로 조사된다. 그리고 고통의 물리적 원인이 발견되지 않을지라도, 환자나 어떤 의사들은 이런 고통이 환자의 머릿속에서 창조되었다고 믿기를 거부한다. 알아낼 수 있는 유일한 방법은 어떤 의학적 처치가 행해지든지 거기에 더하여 심리치료를 해보도록 하는 것이다. 고통이 환자의 머릿속에서 창조되었다고 믿기를 거부함으로써 환자와 의사들은 모두 MRI 같은 값비싼 진단 절차에 엄청난 비용을 매년 함께 부담해야 한다.

나는 이런 불평들이 무시되어야 한다고 말하는 것은 아니다. 하지만 상담을 병행하지 않고 의료처치만 행하는 것에는 한계가 있다는 것이다. 환자와 그들을 치료하는 의사들이, 우리가 좌절되었을 때 우리 두뇌의 적용 가능성이 어떠한 활동, 사고, 느낌 또는 신체반응이라도 창조해 낼 수 있다는 것을 배울 수만 있다면, 의사들의 시간과 노력을 엄청나게 절약할 수 있을 것이다. 또한 치료 과정에서의 고통에서도 해방될 수 있다.

일단 증상이 창조되면, 적은 노력을 거듭해서 이런 창조성을 사용하는 것을 선택할 수 있다. 예를 들어, 만약 레베카가 그녀의 좋은 세계 안에 있는 게임하는 사진을 만족시킬 수 없다면, 그녀는 환상을 쉽사리 다시 갖게 될 것이다. 일단 사람의 뇌가 두통 혹은 요통을 창조하면, 고통을 유발하는 신체적 요인이 없더라도 그것을 계속 창조할 수 있다.

금요일 날, 내가 갔을 때 레베카는 반가워하는 것 같았다. 그녀는 병원 주위를 산책하길 원했고, 우리는 그쪽으로 발걸음을 돌렸다. 걸어가면서 그녀는 말했다.

"난 더 이상 약을 먹길 원치 않아요. 환청은 이제 거의 멈춘 것 같아요. 하지만 나의 뇌가 갇혀 있는 것처럼 느껴져요. 내가 여전히 약을 먹어야 한다고 생각하시나요?"

"네게 정직해야 할 것 같구나. 나라면 환청을 듣는 것 외에 미쳤다는 다른 징후가 없는 너 같은 사람들에게 이런 약을 처방하지 않았을 거야. 내가 레베카를 좀 더 알아야 하겠어. 네가 입원할 때 난 여기에 없었지만, 내가 너를 만나기 전에는 더 안 좋았을 수도 있어. 그때 분별력 있게 말할 수 없을 정도로, 또는 네가 어디 있는지도 모를 정도로 균형을 잃었었니?"

"난 환청을 좋아하지 않아요. 하지만 나는 일주일 안에 그것들이 환상이라는 것을 깨달았어요. 저쪽 편에 나에게 말을 하는 사람이 아무도 없다는 걸 알았어요(그녀는 팔로 자신 주변을 가리켰다). 내가 미친 것 같지는 않아요. 하지만 난 환청을 들었었죠. 그것들은 큰 소리로 욕설을 퍼부었어요."

"약을 줄이는 문제를 이야기해 보았니? 환청이 거의 사라졌고 약이 거북하다고 의사에게 말해야 할 것 같은데."

"그렇게 하는 것에 대해 생각했지만, 선생님에게 먼저 확인받고 싶었어요."

"부탁해도 괜찮을 거라고 생각되는구나."

우린 계속 걸었고, 그녀는 잠시 동안 아무 말도 하지 않았다. 난 그녀의 침묵이 불편하지 않았고, 그녀도 편안해하는 것 같았다. 그리고 나서 산책이 끝나갈 즈음, 그녀는 병원에서 만난 모든 환자들은 다 약물치료를 받고 있다는 사실을 화제로 꺼냈다. 또 그들 중 몇몇은 왜 병원에 있는지 알 수 없다고 말했다고 했다. 그들은 결코 미치광이 같은 행동이나 말을 하지 않았다고 했다. 그러나 나는 그들이 그곳에 있어야 할 만한 충분한 이유가 있다고 납득시켰다. 안전하고 따뜻하게 대해 주는 병원 환경 속에서 환자들이 증상을 만들어 내는 것을 그만두는 것은 당연하다. 대부분의 환자들이 약을 복용한다는 사실은 통상적인 치료법이다. 그리고 그것은 어느 정도 효과가 있다. 그러나 심리치료를 대신해서는 안 된다. 이것은 환자들이 자신들의 문제에 대처할 수 있도록 도움을 주는 대단히 효과적인 것이다. 그날은 좀 더운 날이었고 병원으로 돌아왔을 때 나는 앉고 싶어졌다.

그러고 나서 나는 말했다.

"그들이 말했는지 모르겠지만, 약물 치료는 너의 두뇌가 창조적으로 만든 환청을 듣게 하는 것을 정지시키려 했던 것이야. 이것은 더 이상 환청을 듣지 않는다는 사실과 관련이 있을지도 모르지."

"의사들은 약이 환청을 없앨 수 있다고 말했어요. 그러나 그들은 내 뇌가 그것들을 창조하고 있다고 말하진 않았어요. 그들은 내가 정신분열증이란 병에 걸렸다고 말했어요. 이 병은 환청을 동반한다고 했어요."

"너는 지금 정신적으로 병들었다고 느끼니? 네가 갈피를 못 잡고 있다거나 사람들이 너를 쫓아오고 있거나 혹은 비슷한 다른 거라도 느끼니?"

"아니요, 하지만 처음에는 그랬다고 생각해요. 밤낮으로 환청이 들렸고 사라지지 않을 것 같았어요. 내가 어디에 있는지는 알고 있지만 진짜 끔찍했어요."

"병원에서는 편안하니?"

"지금은 그래요. 그냥 괜찮아요. 아무것도 하고 싶지 않다면 여기는 적당한 곳이에요."

"하지만 환청이 안 들리면 여기서 나가라고 할 거야, 그래도 괜찮겠니?"

"괜찮아요. 난 산타바바라에 돌아가길 원해요. 거기에 내 생활이 있어요. 내가 여기 있는 동안 어머니가 내 집세를 낼 거라고 말씀하셨어요. 하지만 내 브리지 파트너가 어머니가 그렇게 하도록 했는지는 모르겠어요. 그녀는 돈이 필요 없거든요. 하여간 돌아갈 곳이 있다는 것은 좋은 일이에요. 그리고 난 가르칠 학생들을 항상 구할 수 있어요. 난 아주 좋은 개인 교사죠…. 난 체스 게임을 못해서 아쉬워요. 병원에서 체스를 할 수 있는 사람이 아무도 없어요. 그리고 브리지도 정말 그리워요."

"박사학위를 당분간 유보하고 네가 원하지 않는 것을 너에게 강요하는 것을 그만두어도 괜찮겠다고 느끼는 거니?"

"예, 우리가 대화를 나눴던 지난번에 내 스스로 압력을 가하고 있다는 것을 이해했고 그것은 도움이 됐어요. 지금 현재로는 중단했던 것을 다시 시작할 수도 있어요. 사실대로 말씀드리면 난 물리학 분야에서의 직업을 원치 않아요. 그러나 내가 거기에 붙들려 있는 것 같았어요. 일단 박사학위를 시작하게 되면 중간에 그만두지 못할 거예요. 그리고 난 교수님들과 과목들을 좋아했어요. 선생님이 나에게 '그 쓸데없다는 것을 말해 봐. 네가 다른 사람에게 그것을 말할 필요는 없어'라고 말했을 때 참 좋았어요. 하지만 난 어머니에게 말했고, 어머니는 '좋아, 네 인생은 네가 원하는 대로 살렴. 네가 하고 있는 것에 잘못된 것은 아무것도 없단다. 난 네가 부럽기도 하다. 좋은 생활 같구나'라고 말했어요."

"레베카, 내 생각에, 단지 추측이지만, 환청은 너에게 그것을 말하려고 했던 것 같아. 긴장을 풀고 네가 원하는 삶을 살라고 말이다. 그들은 너를 비난하고 있었고, 네가 원치 않는 일을 하고 있는 것을 막기 위해 네게 욕설을 퍼붓고 비판한 거지. 기억해 봐. 그것은 너의 소리였어. 너는 그것들 또는 그것들이 말하는 것을 좋아하지 않았을 수도 있지만, 어떤 점에서 그것들은 네 편이었지."

"모르겠어요. 내가 잠시 동안 미쳤었고 잘 벗어났다고 생각하는 것이 더 쉬울 것 같아요."

내가 말한 것을 그녀가 믿든 안 믿든 그건 중요하지 않다. 그녀는 제자리로 돌아갔다. 중요한 것은 그것이다.

"네 어머니가 '네 인생에서 네가 원하는 것을 하렴' 하고 말했을 때 기분이 어땠니?"

"정말 좋았어요."

"너 자신에게 압박을 주는 것을 멈출 수 있을 만큼 충분히 좋았니?"

"그렇게 생각해요. 이런 전체적인 경험-선생님을 만나는 것, 환청에 대해 어머니에게 말하는 것, 병원에 온 것, 어머니와 멀어지지 않은 것-은 내가 그곳에서 살던 생활을 얼마나 좋아했는지 이해하는 데 도움이 됐어요. 아무도 나에게 다르게 살라고 압력을 주고 있지 않아요. 내가 그곳으로 돌아가서 내 생활을 다시 시작할 수 있다고 생각해요, 그렇지 않나요?"

"그럼, 지금 네가 하는 것보다 더 좋은 것이 있다고 생각하지 않아."

"그런데 한 가지 좋은 일이 있어요. 어머니와 다시 가까워졌어요. 난 집에 가는 것을 피했었어요. 말한 대로 집에 가는 것을 압박으로 알고 있었다고 생각해요. 지금 생각으로는 거의 두 달마다 버스를 타고 집에 갈 것 같아요. 난 어머니를 그곳으로 초대할 거예요. 내가 지내는 그곳에는 방이 많아요. 아버지가 돌아가셨을 때, 나는 내 자신에 대해서보다 정말 더 많이 어머니에 대해 걱정했어요. 아마도 환청은 어머니가 나를 그리워하고 있으니까 내게 집에 가라고 말하려고 했나 봐요. 난 잘 모르겠어요."

난 레베카를 네 번 더 만났다. 그리고 더 이상은 말할 것이 없었다. 그녀는 매우 현명한 사람이었다. 그녀가 절실히 필요로 했던 것은 아버지가 돌아가셨기 때문에 더욱더 어머니로부터 지지를 받는 것이었다는 점을 그녀에게 설명해 주었다. 의사는 약의 양을 줄였고 그녀가 떠날 때는 약을 끊었다. 나는 지난 15년 동안 그녀와 연락을 계속해 왔고 환청은 다시 들리지 않았다.

지금 그녀는 내 책이 나올 때마다 모두 읽는다. 그녀는 선택이론을 읽은 후에 그녀 자신에 대해 얼마나 많이 이해하게 되었는지를 내게 알려주기 위해 짧은 편지를 보내곤 한다. 난 자신과 가족의 압박에 대한 문제에 대처하려고 노력하는 다른 많은 젊은 내담자들을 꽤 많이 알고 있는데 결국 그들은 모두 문제를 잘 해결해 냈다.

제11장
우울해하기를 선택한 테레사

> 테레사, 직면해. 좋든 나쁘든, 행복하든 슬프든,
> 하루 종일 네가 하는 모든 일은 네가 선택하고 있는 것이야.

나는 1주일에 한 번, 오후에 가족사업 복지국에서 자원봉사를 하는데 그곳에서 테레사를 만나 달라는 요청을 받았다. 그녀는 40세였고, 적어도 20kg 정도는 체중이 초과된다는 사실에도 불구하고 말쑥하고 단정하며 매력적이었다. 그녀가 들어올 때 인상적이었던 것은 마치 나를 만나러 오는 것이 엄청난 노력이 드는 일처럼 힘이 완전히 빠진 것 같았다는 것이다. 테레사는 내가 만났던 다른 여자들과 마찬가지로 '우울한' 것처럼 보였다. 테레사와 같은 많은 여성들을 만나면서 내가 확실히 알고 있는 것은, 처음부터 곧바로 거절, 자기연민, 절망상태에 대한 이야기의 덫에 걸리지 않도록 피하는 것이다.

나는 테레사에게 그녀의 이야기를 나에게 말해 보라고 요구하지 않기로 결심했다. 특히 그녀가 어떻게 느끼는지에 대해서 묻지 않기로 했다. 그녀가 자신도 모르게 자기가 선택한다는 것, 특히 우울해하기를 선택하고 있다는 나의 주장을 그녀가 전혀 받아들이지 못할 것임을 잘 알고 있음에도 불구하고, 나는 그녀에게 그녀가 자기 삶에서 비효과적인 선택을 하고 있다는 것을 믿도록 설득해야만 한다. 만약 이것을 내가 첫 상담시간부터 그녀에게 납득시키기 시작하지 못하면, 중요한 진전을 볼 수 없을 것이다.

나는 기분 좋게 일어나서, 손을 내밀어 그녀를 따뜻하게 맞아들이면서 상담을 시작했다. 테레사는 자신을 맞이하는 나의 정력과 열의에 대해 놀라했다. 나는 그녀가 처음 만나는 상담자는 아니다. 그녀는 자신의 우울해하기로 만남의 시간을 주도하고, 가능한 한 모든 희망을 즉각적으로 소멸시키는 데 익숙해 있었다.

그녀는 어리둥절한 표정으로 힘없이 나와 악수를 하고 앉아서 그냥 나를 쳐다보았다.

난 가능한 한 즐거운 목소리로 말하기 시작했다.

"당신을 만나서 정말 반갑습니다. 약속시간을 정하는 데 어려움이 있었나요?"

나는 그녀가 그런 질문을 기대하지 않았다는 것을 알 수 있었다. 그녀는 자신이 느끼는 감정이 얼마나 비참한 것인지에 대해 넋두리를 늘어놓을 것을 예상하고 있었다. 이런 색다른 상황에 적응하기 위해 그녀는 시간이 약간 필요했고, 난 그냥 웃으면서 기다렸다.

"아니요, 전혀. 난 3주를 기다려야 했지만, 선생님도 아시다시피 사회복지사인 자넷이 더 이상 기다리지 않아도 된다고 했어요."

나는 자넷을 알고 있다. 그녀가 나에게 테레사를 만나보기를 청했을 때, 그녀는 테레사가 아주 우울해하고 있다고 말했다. 자넷은 테레사와 무엇을 해야 할지 전혀 감도 못 잡고 있었다. 그녀는 나에게 테레사에 대해 더 많이 들려주길 원했으나, 내가 내담자를 만나기 전에 그들의 배경이나 정보를 원치 않는다는 사실도 잘 알고 있었다. 자넷은 선택이론을 배우려 하고 있지만, 우리가 하는 모든 행동을 우리가 선택한다는 개념을 이해하는 데 어려움을 겪고 있다.

난 공손하고 즐거운 태도로 계속했다.

"자넷이 나와의 만남에 대해 말하면서 당신에게 친절했나요? 그녀가 당신을 만날 때 보통 친절하게 대해 주지요?"

테레사는 아무 말도 하지 않았다. 그녀는 그냥 고개를 끄덕였다. 나는 자넷이 항상 친절하고 신중하다는 것을 안다. 그렇지 않았다면 나는 그 질문을 하지 않았을 것이다. 그러나 테레사의 입장에서는 내가 아주 특별한 관심을 보이는 것으로 받아들였고, 느낄 수 있을 정도로 그녀가 명랑해진 것을 볼 수 있었다.

난 계속했다.

"당신이 여기 온 지 얼마 되진 않지만, 지금까지 보건대 내가 정중하고 관심을 가지고 있는 것처럼 보이십니까?"

이 질문이 너무 지나치게 들릴지도 모르지만 나는 성실했고, 그녀는 나의 성실성을 인정했다.

"예, 선생님은 좋은 분 같군요."

이제 나는 그녀의 주의를 끌었다. 그녀의 우울해하기가 내 눈앞에서 줄어들고 있었다.

"테레사, 상담은 쉽지 않아요. 나는 당신을 약간 혼란하게 할지도 모르는 까다로운 질문을 몇 개 해야만 해요. 하지만 내가 당신을 돕는 것을 무척이나 원하기 때문에 그렇게 하는 거죠. 그러나 당신이 옳지 않다고 생각하는 것을 내가 말한다면, 그 이유를 내게 물어 보세요. 가능한 한 잘 설명할게요. 이건 사실 어려운 질문은 아니지만, 나는 당신이 최선을 다해 대답해 주었으면 해요. 정신과 의사가 당신을 위해 할 수 있는 일이 뭐라고 생각해요?"

난 그녀가 어떤 기대를 가져 주기를 원했다. 즉, 별다른 일이 일어나지 않을 거라고 생각하면서 그저 앉아만 있는 것이 아니도록 말이다. 이 질문은 우리가 하는 모든 것이 중요하다는 것을 그녀가 깨닫게 하는 데 도움이 될 것이다. 그녀가 나와 같이 작업을 한다면 그녀는 도움을 얻을 수 있다. 내가 예측한 대로 그녀는 대답했다. 중요한 것은 그것이다.

"내 기분이 좀 더 나아지게 도와주세요. 난 너무 우울해요. 난 힘이 하나도 없어요. 내 인생은 불행해요. 날 보세요. 내가 즐기는 것은 오직 먹는 것뿐이에요."

"좋아요. 내가 기대한 대답이 바로 그거지요. 당신은 도움을 받을 수 있다고 생각하고 있죠. 당신은 포기하지 않았어요[12]."

나는 그녀의 절망적인 대답을 희망적으로 재구성하였다. 테레사의 관심

---

12 역자 주: 내담자의 부정적인 진술을 긍정적인 자원으로 재구조화한 것이다.

은 한 고비를 넘어섰고, 나는 계속했다.

"난 지금 이해가 안 될지도 모를 질문을 하나 하려고 해요. 기꺼이 대답해 주겠소?"

"선생님은 의사세요. 물어 보세요. 대답하도록 노력하겠어요."

"당신의 느낌이나 삶에 대해 우리가 전혀 이야기하지 않아도 괜찮겠어요? 당신은 불행하다고 말했어요. 난 그 점에 대해서는 이야기하지 않을 거예요."

"이해가 안 돼요. 내가 다른 상담자들과 상담을 할 때, 그들은 모두 그것에 대해 이야기하길 원했어요. 나는 자넷한테도 그 점에 대해 이야기를 해 왔어요. 그녀가 당신에게 나를 보낸 이유도 그거라고 생각해요. 세상에나, 내 삶 같은 것 말고 말할 게 뭐가 있겠어요?"

"제발 테레사, 말해 봐요. 다른 사람에게 당신의 불행에 대해 말하는 것이 어떻게 이득을 주었나요?

예를 들어, 당신이 얼마나 불행한지 누군가에게 말한 다음에 당신은 기분이 좋아지는 것을 선택했습니까?"

나는 그녀가 기분을 더 나아지게 하는 것을 선택할 수 있다는 개념을 살짝 언급했다. 그녀가 그것을 알아챌지 궁금했다. 그녀는 그러지 못했다.

"잠깐만요, 선생님은 나를 혼란시키고 계세요. 선생님에게 내가 어떻게 느끼는지에 대해 이야기해야겠어요. 내가 어떻게 느끼는지를 선생님이 모른다면 어떻게 날 도울 수 있겠어요?"

"테레사, 당신이 어떻게 느끼는지를 나에게 말하지 않아도 돼요. 난 당신 기분이 어떤지 알고 있어요. 자넷도 알고 있고요. 당신을 알고 있는 모든 사람이 당신 기분이 어떤지 다 알고 있다고 생각해요."

그녀가 어떻게 느끼는지를 그녀가 선택하고 있다는 개념을 이제 나는 제시할 것이다. 그녀는 이번에는 그것을 놓칠 수 없을 것이다.

"여기에 오는 모든 사람들은 기분 나쁘게 느끼는 것을 선택하고 있어요. 기분을 좋게 느끼는 것을 선택하는 사람들은 여기에 오지 않아요. 적어도 나를 만나러 오지는 않았죠. 기분 나쁜 것을 얘기하는 것은 좋은 선택이라고 생각지는 않아요. 내가 그 점에 대해 말하길 원치 않는 이유가 바로 그거예요."
"무슨 말씀을 하는지 모르겠군요. 난 기분이 나쁜 것을 선택하지 않았어요."
"음, 만약 당신이 기분이 나쁜 것을 선택하지 않았다면, 어떻게 당신 기분이 나빠졌나요?"
"내 생활이 불행하기 때문에 기분이 나쁜 거예요. 그 밖에 내가 뭘 느끼겠어요."
"기분 나쁘게 느끼는 것이 어떤 식으로든 기분 좋게 되는 데 도움이 됩니까? 내가 당신을 혼란스럽게 한다는 건 알아요. 하지만 난 당신을 도우려고 애쓰고 있어요. 당신이 어떻게 느끼는가는 당신이 삶을 살아가기 위해 선택하는 방법 중의 하나죠. 당신이 어제 하루 종일 한 모든 일은 당신이 선택했어요. 어제 기분이 좋았나요, 나빴나요?"

나는 어제에 주의를 돌리는 이런 테크닉을 테레사와 비슷한 많은 내담자들에게 사용한다. 그들은 나이 40에 자신들의 불행한 삶은 이미 운명이라고 생각한다. 우리가 만약 지금까지의 그녀의 생활을 전체적으로 들여다본다면, 아마도 희망이 없다고 할 것이다. 하지만 단지 어제만 우리가 살펴본다면 희망은 많이 있다. 내가 앞으로 작업하려고 하는 것이 희망이다. 그리고 나서 우울해하기를 선택하고 있는 많은 사람들이 하는 일반적인 대답을 테레사도 내게 했다.

"하지만 선생님, 몇몇 선생님들이 내가 임상 우울증으로 고통받고 있다고 말했어요. 그것은 정신병이죠. 내가 그저 우울해하지 않기를 할 수는 없지요…. 선생님은 진짜 정신과 의사 맞아요?"
"당신에게 정신병에 걸렸다고 말하고 당신을 도와주었던 정신과 의사가 있었나요?"
"그들은 내게 약을 줬어요. 그것은 잠시 동안 기분이 나아지게 해 주었지만 그 이상은 효과가 없었어요. 내가 선생님을 만날 수 있는지를 자넷에게 물어 본 것도 그 이유죠."

사람들의 기분을 좋게 하는 '우울증'에 대한 약품은 테레사보다 더 심각한 삶을 살고 있는 사람들에게 효과가 있다. 내 경험에 비추어 보면, 상담이 이런 사람들에게 효과가 있고 때로는 더 좋을 수도 있다.

"난 당신에게 약을 줄 계획이 없어요. 난 당신과 이야기를 하고 싶어요. 그리고 지금 이 시점부터 당신의 인생에서 당신이 더 나은 선택을 하도록 당신을 돕길 원해요. 내가 지금 하는 것처럼 당신이 하는 선택에 대해 당신에게 말한 사람이 있나요?"
"아니요, 별로 없어요. 그들 대부분은 내 문제들에 대해 말했어요. 내가 우리 아이들과 무엇을 하는지, 돈을 어떻게 쓰는지, 내 몸무게, 대충 그런 것들에 대해서죠. 그런데 그 누구도 선택에 대해서 언급하지는 않았어요. 이런 식으로 말하는 것은 선생님이 처음이죠."

"좋아요, 자 말해 봐요. 지금 당신이 어떻게 느끼고 있는지? 지금 이 순간에."

"난 약간 화가 나요. 내 생각에 선생님은 나하고 게임을 하고 있는 것 같아요."

이때 난 매우 진지했다. 우리가 말하고 있는 것이 내게 얼마나 중요한지를 그녀는 알 수 있을 것이다.

"약간 화가 나 있는 것이 당신이 여기에 들어올 때 느꼈던 것보다 좀 더 나은 것인가요? 지금 당신이 어떻게 느끼고 있는지, 당신이 문으로 들어서던 몇 분 전에는 어떻게 느꼈는지 생각해 봐요. 우리 다시 인사해 보죠. 자, 기분 좋게 악수 한번 해요."

난 손을 내밀었고, 그녀는 처음 들어와서 했던 것보다 더 활기차게 악수를 했다.

"알았어요, 선생님이 옳아요. 난 기분이 더 나아졌어요. 맞아요."
"당신은 기분이 더 나아지는 것을 선택하지 않았나요? 여기 들어올 때 당신이 느꼈던 그 기분을 계속 느낄 수도 있었어요. 만약 당신이 병적인 우울증으로 고통받고 있었다면, 어떻게 갑자기 기분이 더 나아질 수 있겠어요?"

"모르겠어요. 난 항상 기분이 나쁘지는 않아요. 게다가 난 기분이 나쁜 것을 원치 않아요. 선생님하고 있으면서 기분이 나아졌어요."

"난 문제를 오래 논하는 것을 싫어하지만, 당신은 나쁘게 느끼는 것을 그만두기로 선택했어요. 그리고 당신은 나와 있으면서 기분이 더 나아지는 것을 선택하고 있고요."

"좋아요, 난 몇 분 동안 기분이 나아지는 것을 선택하고 있어요. 그것이 나의 여생 동안 어떻게 도움이 되나요?"

"당신은 기분이 더 나아지는 것을 선택하기를 그만두고 기분이 더 나빠지는 것을 선택하기로 돌아가고 싶어요? 당신이 원한다면 당장 그렇게 할 수 있어요. 난 당신이 기분 나쁘게 느끼는 것을 선택하는 전문가라고 믿어요."

"오, 선생님이 주장하는 것은 내가 남은 인생 동안 기분 좋게 느끼는 것을 선택해야만 하고, 그러면 모든 게 다 잘될 거라는 말이군요? 농담하세요?"

"알아요, 내가 그렇게 보일지도 모르죠, 하지만 아니에요. 내 권유를 따라 봐요. 이런 질문들이 어리둥절하게 할 거라고 말했죠. 왜 당신은 지금 기분이 약간 더 좋게 느끼는 것을 선택하고 있는지 이유를 내게 말해 봐요."

"모르겠어요, 아마도 선생님이 나를 약간 생각하게 만들었기 때문일지도 모르죠. 난 생각하는 것을 거의 포기했었어요."

"난 당신이 모든 것을 포기했다는 느낌을 받았어요."

"바로 보셨어요."

"당신이 당신 삶을 포기했을 때, 진짜 포기한 것이 뭐죠? 잠깐 생각해 봐요. 만약 당신이 그 질문에 대답할 수 있다면, 당신은 정말 도움을 받을 수 있다고 생각해요."

"그러나 내가 대답하지 못한다면, 도움을 받을 수 없나요?"

"이런, 그렇지 않아요. 난 당신이 대답하도록 도울 거예요. 하지만 당신이 그 질문에 대답하는 것이 어렵다는 것을 알게 되어도 놀라지 말아요. 난 그 질문에 대답할 수 있는 사람이 많다고 생각지 않아요. 당신이 복지국에 다니기 시작한 지난 2년 동안 당신이 선택하는 방식에 대해 생각해 본다면 도움이 될 거예요."

그녀는 단지 나를 쳐다보았다. 그녀는 뭐라고 말해야 할지를 몰랐다. 그래서 난 계속했다.

"당신 생활에서 무엇이 달라졌나요? 당신이 이런 식으로 평생을 살지는 않았을 텐데."
"남편이 나를 버리기 전에는 난 대체로 기분이 좋았죠. 오랫동안 그렇게 느껴 보지 못했어요."
"당신이 기분이 괜찮다고 느꼈을 때, 요즘에 와서 전혀 하지 않는 것들 중 무엇을 하기로 선택했었나요?"
"난 여러 가지를 했어요. 사람들을 만나고, 아이들을 잘 돌보고, 나는 빈 털터리가 아니었지요. 내겐 생활이 있었어요."
"좀 더 자세히 설명해야 하는 부분은 있지만, 완벽한 대답이군요. 당신은 모든 좋은 것들을 선택했었어요. 당신은 좋은 삶을 선택했었어요."
"좋아요, 좋아요. 하지만 이젠 모두 사라졌어요. 선생님 말씀대로, 지금 내가 그런 삶을 갖도록 어떻게 선택할 수 있는지 말해 주세요."
"예전에 그것을 선택한 것과 같은 식으로요."
"하지만 난 결혼생활이 있었고 중요한 사람이었어요. 지금은 보잘 것 없는 사람이죠. 단지 아이들과 생활보호대상자로 지내는 가난한 여자죠. 그리고 생활보호 기간도 이제 1년이면 끝나 버려요."

"당신 생활이 지금보다 훨씬 좋았었다는 것은 인정하겠지만, 그럼에도 불구하고 당신은 살아 있어요. 그리고 당신이 살아 있다면, 삶을 되찾기를 아직도 선택할 수 있어요. 지금 당신이 더 나은 선택을 하는 것을 막고 있는 유일한 사람은 당신 자신이에요. 당신이 우울해하는 것을 선택하는 한 당신은 더 이상 삶을 되찾을 수 없어요."

"하지만 내가 선택할 수 있는 것이 무엇이겠어요? 난 그저 집에 가서 간단히 행복해지는 것을 선택할 수 없어요."

"맞아요, 당신은 무엇을 할지를 선택하는 것과 어떻게 느끼는가를 선택하는 것을 분리시킬 수 없어요. 그것들은 동시에 일어나죠. 그러나 오늘 나머지 시간 동안 집에 가서 자기 자신에게 '테레사, 직면해. 좋든 나쁘든, 행복하든 슬프든, 하루 종일 네가 하는 모든 일은 네가 선택하고 있는 것이야'라고 말하면서 보내세요."

난 테레사에게 전행동을 설명하지 않았지만, 이것은 느끼기와 활동하기를 연결시켜준 것이다. 그것은 효과가 있었다. 그녀는 깨달았다.

"하지만 그렇게 하는 게 무슨 차이가 있죠? 난 여전히 똑같이 형편없는 생활을 할 텐데."

"당신 삶이 변화 없이 계속되기 위해 당신은 하루 종일 무엇을 하기로 선택하나요?"

"난 앉아서 드라마를 보고 먹어요. 그게 내가 하는 거죠. 많은 여자들이 나같이 지내요. 난 그런 이웃들을 많이 알고 있어요. 그들 대부분은 나와 똑같아요. 사랑하기엔 너무 늙었고, 죽기엔 너무 젊죠."

"하지만 더 나은 선택을 하기 시작하기에 너무 늦지는 않았죠."

"그래요, 이를테면 뭐죠?"

'이를테면 뭐죠'가 지면상으로는 빈정대는 것 같겠지만, 실제로는 전혀 그렇지 않았다. 그녀는 진짜 알기를 원했다.

"좋아요, 먼저 한 가지를 시작해 봅시다. 내일을 오늘보다 더 낫게 하기 위해 무엇을 할지 선택해 보겠어요?"

"난 하루 종일 앉아 있지 않기로 선택할 수 있어요."

"아니죠, 그것은 별로 효과가 없을 거예요. 그것은 그렇게 많이 먹지 않기로 선택하려고 노력하는 것과 같은 거죠. 난 당신이 무엇인가 하지 않기로 선택하는 것을 보려고 하는 것은 아니에요. 난 당신이 지금보다 더 나은 무언가를 선택하기 시작하는 것을 보고 싶어요. 어떤 활동을 하는 거죠. 그러기 위해 당신은 일어나서 계속 무언가를 진행시켜야만 해요."

드디어 그녀가 우리 둘 다를 미소 짓게 하는 무언가를 말했다. 그녀는 이해하기 시작했다.

"난 집을 청소하는 것을 선택할 수 있어요. 엉망이거든요."

"아주 좋아요, 하지만 당신이 그것을 하겠어요?"

"하겠어요. 할 거예요."

"당신이 방금 말한 것, 아니 그 말하는 방법이 뭔가를 생각하게 하는군요. 『My Fair Lady』라는 영화 본 적 있어요?"

"그럼요, 영화, 연극 다 봤어요. 난 결혼했었고, 그땐 돈도 있었죠."

"엘리자가 정확히 말하기 시작한 때를 기억해요? 히긴스 교수와 피커링이 춤을 추고 노래를 했지요. 그 노래 가사 아시지요?"

그녀는 기억이 안 난다는 표정으로 나를 쳐다보았다.

"그들은 '그녀는 이해했어요, 맹세코 내 생각에 그녀는 이해했어요'라고 노래했죠. 아니면 그 비슷할 거예요. 내 생각에 테레사 당신은 이해했어요. 그러니 당신이 하는 모든 일에 대해 알고 있는 게 뭔지 내게 말해 봐요. 우리가 모든 것을 하기 전에 우리가 하는 게 뭐죠?"

그녀는 미소를 지으며 약간 생각한 후에 노래하듯 말했다.

"그것은 선택이죠. 맹세코 우린 그것을 선택한다고 나는 생각해요."
"당신이 집을 청소한 후에 내게 전화해 줄래요? 실제로 당신이 일주일 내내 어떤 일을 하기로 선택하면 아무 때나 내게 전화하고 응답기에 메시지를 남겨 줘요. 당신 전화번호를 알려 주면, 나중에 시간이 될 때 당신에게 전화할게요. 다음 주 같은 시간에 올 수 있죠?"

테레사는 그녀가 하는 모든 것을 그녀가 선택한다는 것을 빨리 이해했다. 하지만 이것이 그녀가 이런 지식을 활용할 준비가 되었다는 것을 의미하지는 않는다. 상담에서 내담자들에게 이런 점을 이해시키는 데 얼마나 시간이 걸릴지는 예언할 수 없다. 내가 테레사를 대하는 방법으로 일관되게 계속한다면, 상담이 3회 이상 가지 않을 것이라고 말할 수 있다.

이 상담 후, 나는 며칠 기다렸고 그리고 나서 자넷과 충분한 대화를 나누었다. 나는 내가 테레사와 했던 것과 그녀가 건설적인 일을 하는 것을 선택했다는 것을 알려 주기 위해 내게 두 번 전화했다는 것을 자넷에게 말해 주었다. 그녀는 아직도 행복해하는 것처럼 들리진 않지만, 덜 우울해하고 있었다.

난 자넷에게 테레사가 말했던 것, '사랑하기엔 너무 늙었고, 죽기엔 너무 젊죠'라는 말을 얘기해 주고, 그녀에게 물어 보았다.

"『Ya-Ya 자매들(역자 주: 여성공동체의 일종)의 큰 비밀(The Divine Secrets of the Ya-Ya Sisterhood)』이라는 책을 읽은 적이 있나요?"

"그럼요. 재미있었어요."

"난 당신이 우리 내담자들 몇몇과 Ya-Ya 여성공동체 구성을 시작해 볼 의사가 있는지 생각해 봤어요. 그들은 너무도 외로워해요. 그들은 생활보호를 받는 것과 자신들의 인생을 어찌할 수 없다는 것을 부끄러워하고 있어요. 몇 군데에서 Ya-Ya 아이디어가 적용되고 있다는 소리를 들었어요. 테레사하고 다른 내담자 몇 명과 해 보면 어때요? 그들은 자신들이 사랑할 남자가 필요하다는 생각을 아직도 고수하고 있어요. 우린 사랑이 필요해요. 하지만 그것을 얻을 수 있는 길이 필요해요. 서로들 상대방으로부터 얻는 것은 어때요? 그리고 집단이 무언가를 하는 데에 초점을 맞추어 봐요. Ya-Ya들은 일을 했지요. 그들은 주저앉아서 자신들에 대해 비참해하기를 하지는 않았죠. 난 테레사를 다음 주에 만날 거고 그것에 대해 그녀에게 말하겠어요. 당신은 여기서 집단을 할 수 있어요. 내가 당신을 돕겠습니다. 나 역시 곧 그들을 한번 만나 보고 싶군요."

"빌, 나도 그 비슷한 것에 대해 생각해 봤었어요. 우린 지금 그들을 일하게 하라는 압력을 받고 있어요. 난 Ya-Ya 아이디어가 많이 도움이 될 거라고 봐요. 내가 담당하고 있는 케이스들을 조사해 보겠어요. 우리가 적당한 집단을 구성하면 효과가 있을 거라고 생각해요."

다음 주 테레사는 제시간에 왔고, 더 나아 보였다. 그녀는 다음과 같이 말하면서 곧바로 시작했다.

"한 가지 선생님이 옳았어요. 난 내가 하는 것을 선택했어요. 그리고 내가 하지 않는 모든 것도 마찬가지라고 생각해요. 난 어떤 일을 했어요. 내가 선생님에게 전화를 걸었을 때 난 농담이 아니었어요. 하지만 너무 힘이 들어요. 왜 그렇게 힘든 거죠?"

"당신이 한 질문들이 간단하고 정확하게 답할 수 있는 것들은 아니지만, 그것만은 간단하게 할 수 있겠군요. 당신이 혼자이기 때문에 그래서 어려운 거예요. 지금 당신은 내가 단절상태라고 부르는 상황에 놓여 있어요. 당신 자녀들을 제외하고 당신에게 관심을 갖는 사람이 아무도 없어요. 당신에겐 다른 사람이 필요합니다."

"난 남자가 필요하죠. 하지만 날 보세요, 어떤 남자가 내게 관심을 가지겠어요?"

"당신에게 남자가 필요하지 않다고 말하는 게 아니에요. 그런데, 당신은 한 남자에게 당신의 모든 희망을 걸기 원합니까 아니면 다른 걸 해 보고 싶습니까?"

"다른 거 뭐요?"

"테레사, 여기 책이 한 권 있어요. 내 책인데, 난 다 읽었어요. 그 책을 가져도 좋아요. 그것은 Ya-Ya에 관한 책인데, 그것에 대해 들어 봤습니까?"

"아니요, 전혀 들은 적이 없어요. 무엇에 관한 거죠?"

"부유한 여자들 집단에 관한 거죠. 그들은 모두 남편과 가족들이 있어요."

그녀는 말을 가로막았다.

"도대체 이런 여자들하고 나하고 무슨 관계가 있어요?"

"침착해요. 내게 기회를 줘요. 그들은 당신과 크게 관계가 있다고 생각해요."

"예, 어떻게요?"

"그들은 외롭고, 문제를 가지고 있어요. 당신이 결혼했었고 돈이 있을 때, 당신에게 문제가 없었나요?"

"그랬다고 생각해요. 난 정말 문제에서 벗어나 있었어요. 지금과 비교하면 난 정말 걱정이 없었어요."

"음, 우리가 다루어야 할 것은 '지금'이죠. 난 당신이 이 책을 읽었으면 해요. 그리고 나서 당신이 관심 있다면, 자넷과 나는 당신의 도움으로 Ya-Ya 집단을 시작하고 싶어요. 여자들은 모두 서로를 위해 자매들처럼 가깝게 지내지요. 다른 사람들을 보살피는 데 돈이 꼭 필요한 것은 아닙니다. 여자들은 서로에게 어떻게 대해야 하는지 알고 있죠. 당신은 이 책에서 그것을 이해할 수 있을 거예요. 그리고 난 성관계에 대해서 말하는 것이 아니라는 것을 확실히 하고 싶어요. 수많은 세월 동안 여자들은 여자들을 돌보아 주었죠. 그것이 아마 인류가 살아남은 이유일지도 몰라요. 자, 당신의 유전적 행운을 이용해요. 서로서로 보살피세요."

제12장
성전환을 원하는 남편과 아내 II

그가 자살한다고요?
그가 자살하길 원했단 말이죠?
뭐가 잘못된 거죠?
제발 뭐가 문제인지 말해 주세요.

거의 2주 동안 조지는 포트랜드에 머물러 있었다. 그는 내게 전화를 해서 다른 남자들이 이런 문제를 어떻게 극복했는지에 관해 많이 배우고 있으며, 돌아오는 대로 나를 빨리 만나고 싶다고 말했다. 그가 돌아왔을 때의 변화는 놀라왔다. 우울해하는 기색은 없었다. 커다란 짐이 그의 마음속으로부터 사라진 것처럼 보였다. 그는 곧바로 시작했다. 난 간신히 인사만 할 수 있었다.

"포트랜드에서 예전에 남자였던 여자 네 명을 만났어요. 그들의 이야기는 내 것과 거의 똑같았어요. 심지어 자살에 대한 생각도요."
"다른 점은 뭐죠?"
"아내들이죠. 그들의 아내들은 남자들이 수술을 받기 전에 그들의 문제에 대해 알고 있었어요. 그녀들은 남자들이 여자로 바뀌었을 때 여자 친구인 것처럼 행동하고 심지어 그들과 같이 외출하기까지 해요. 그들의 아내들은 수술이 그들 모두를 만족시킬 것이라는 점을 인정했어요. 그들은 아내들이나 자녀들과 좋은 사이를 유지하고 있어요. 두 사람의 경우는 자녀들이 있었고, 남편이 아내의 여자형제가 되고, 아이들에게는 이모가 되었죠."

"이런 사람들과 어떻게 연락이 되었나요?"

"의사를 통해서요. 그는 내 문제를 잘 이해하고 있는 것 같았어요. 난 그를 좋아해요. 그는 내게 아주 많은 심리검사를 받게 했고, 난 그 모든 검사에서 여자로 나왔어요. 난 수술을 받을 준비가 되었지만, 아직 내 아내에게 말하지 못했어요. 난 정말로 어떻게 해야 할지 모르겠어요. 내가 만났던 사람들은 내가 아내에게 말을 못했다는 것을 믿을 수 없다고 하더군요."

"어떻게 하라고 그들이 무슨 제안이라도 했나요."

"아니요, 하지만 모두들 해야 할 필요가 있다고 말하더군요. 사실 결혼한 남자는 아내의 동의 없이 이런 수술을 받을 수 없다고 해요. 난 아내에게 말해야만 해요. 그러나 아내가 그것을 받아들이는 것이 쉽지 않으리란 것은 알아요. 난 그녀가 무엇을 할지 전혀 예상할 수가 없어요."

"하지만 당신은 마음을 정했잖아요. 당신은 수술을 받을 예정이죠?"

"예…. 받을 거예요. 난 그 남자들처럼 되고 싶어요. 내가 거울을 보면 여자가 비춰지길 원해요. 그리고 나는 한 여자가 남자를 원하는 것처럼 한 남자를 원해요. 그런데 난 그 의사가 좋아요. 그래서 내 아내의 허락을 받아야만 해요. 그게 내 문제죠. 선생님 도움이 필요해요."

이것은 다루기 힘든 상황이다. 나는 그를 돕길 원하지만, 내가 할 수 있을지 모르겠다. 이것은 상담이 아니다. 상담은 사람들을 돕는다. 이것은 순진한 사람에게 상처를 주는 일이다. 그녀가 알고 있는 한 아무것도 잘못은 없었다. 나는 이것이 윤리적인지조차도 모르겠다. 나는 말했다.

"조지, 이것은 내게 처음 있는 일이에요. 옳다고 느껴지지 않아요. 당신이 말한 그 남자들은 자신들의 아내에게 얘기를 했어요. 그들은 다른 사람들에게 그것을 부탁하지 않았어요. 내 느낌은 당신이 아내에게 말해야 한다는 거죠. 말이 난 김에 그녀의 이름을 말해 줘요. 난 계속 '당신 아내'라고 부르고 싶지 않아요."

"그녀는 엘렌이에요."

"난 당신이 그녀에게 말하도록 도울 수 있어요. 난 그렇게 하도록 최선을 다하겠어요. 여기서 내가 그녀에게 처음으로 말하게 되는 사람이 된다는 것이 마음이 편치 않군요. 나에게는 그것이 옳은 것 같지 않아요."

"난 정말 아내에게 말할 수 없어요. 선생님은 아내를 모르세요. 난 그녀가 무슨 일을 저지를지 모르겠어요…. 난 선생님으로부터 도움을 받으려고 왔어요. 이것이 바로 내가 필요로 하는 도움이죠. 선생님 말고 내가 부탁할 수 있는 사람이 누가 있겠어요?"

그는 타당한 이유를 댔다. 그가 내게 자신의 문제를 말한 후에 난 이렇게 말할 수 있었다.

"난 당신을 도울 수 없어요."

하지만 나는 그렇게 하길 원하지 않았다. 나는 너무도 궁금했다. 여전히 나는 궁금하지만 두렵기도 하다. 내가 어찌할 바를 몰라 그냥 앉아 있었더니 그는 계속 말을 했다.

"난 다른 누군가가 그녀에게 말하길 원하지 않아요. 난 선생님이 말해 주시길 원해요."

"내가 그녀에게 말하고 나서 만일 그녀가 엄청난 일을 저지른다고 해도 나에게는 책임이 없다는 서약을 해 줄 수 있겠어요?"

그는 고개를 끄덕였고, 난 계속했다.

"나를 만나라고 당신은 아내에게 어떻게 말하겠습니까? 여기에 오라고 그녀에게 어떻게 제안하겠어요?"
"난 그녀에게 사실대로 말할 겁니다. 내가 심각한 문제가 있어서 당신에게 상담하러 갔었다고 말이죠. 그리고 그 문제가 아내와 관련이 있기 때문에 이제 선생님이 아내를 만나길 원한다고 할 거예요."
"아내가 당신에게 그 문제가 무엇인지 물어 볼 것이 분명해요."
"난 아내에게 '당신이 선생님을 만난 후에 이야기하겠다'라고 말할 거예요."

우린 좀 더 오랫동안 대화를 했지만, 그가 말해야 할 것에 더 이상 보탤 것은 정말 없었다. 그녀는 올 것이다. 난 그럴 것이라고 확신하고 있었다. 그리고 나는 그녀에게 말할 것이다. 그것 역시 확실하다. 하지만 어떻게? 전에 이런 일을 해본 적이 한 번도 없었다. 조지는 내가 잘해 낼 거라고 지지를 해 주었는데, 아마도 내가 생각하기에는 그가 나에게 약간의 치료를 하려고 한 것 같다.[13]

---

13 역자 주: 상담자로서의 글라써가 유머 사용을 한 자기개방이다.

그는 말했다.

"내가 죽을병에 걸린 것 같다고 할 수는 없죠. 난 괜찮아질 거예요. 난 그래도 그녀를 계속 사랑할 거예요. 하지만 자매로서죠. 그것은 남자들이 나에게 말해 주었던 것이에요. 그렇게 보는 것이 가장 최선의 방법이죠."

엘렌은 내가 조지와 상담한 며칠 후에 내게 왔다. 그녀는 우아한 옷차림을 하고 있었고 아름답게 화장도 했다. 그녀는 나이보다 적어도 10년 정도 젊어 보이는 아주 매력적인 여성이었다. 그녀는 상냥하고 사랑스러운 표정을 지니고 있었다. 그녀는 걱정스럽게 보였으나, 문제가 무엇이든 그녀가 걱정하지 않고 다룰 수 있는 듯 자신 있게 보였다. 내가 지금 그녀에게 말하려고 하는 것에 대해 그녀가 전혀 짐작도 못하고 있다는 것은 확실했다. 그녀는 앉아서 나를 쳐다보기만 했다. 그녀는 카드놀이에서 상황 판단을 하기 전에 먼저 게임을 시작하는 여자는 아닌 것 같았다.

나는 물어 보았다.

"조지가 당신이 나를 만났으면 하고 당신에게 말할 때 뭐라고 말했습니까?"

"그는 선생님을 만났었고, 자기에게 문제가 있다고 말했어요. 난 문제가 무엇인지 물었고, '당신이 선생님을 만나게 되면 바로 그때 그것에 대해 말해 주겠소'라고 그가 말하더군요. 그래서 내가 여기에 왔어요. 무슨 일이 벌어지고 있다는 것에 대해서 내가 기분 나빠한다는 것을 선생님에게 말할 필요가 없겠죠. 그에게 문제가 있다면 그는 왜 내게 말할 수 없죠?"

"엘렌, 내가 엘렌이라고 불러도 되죠?"

그녀는 끄덕였다.

"엘렌, 당신에게 뭔가를 보여 주고 싶어요. 여기 내 책상 속에 있어요. 당신은 그냥 한번 보세요."

난 내 책상 서랍을 열었고, 그녀가 다가와서 들여다보았다.

"어머나, 난 상담가에게 총이 필요한지는 몰랐어요. 선생님은 내 남편을 두려워하고 있나요? 왜 그 총을 내게 보여 주죠?"
"조지가 집에 총을 가지고 있습니까?"
"내가 아는 한 아니에요. 그러나 그건 선생님 총이죠, 그렇지 않아요?"

엘렌은 똑똑한 여자다. 그것은 선생님 거죠? 그렇게 말했음에도 불구하고, '그렇지 않아요?'라고 덧붙였다. 나는 그녀가 그것을 의심하고 있다는 것을 알 수 있었다. 그녀는 뭔가를 의심하기 시작했다. 잠시 후 내가 고갯짓으로 그 총이 내 것이 아님을 알리자, 그녀는 말했다.

"만약 그것이 남편의 총이라면, 왜 선생님 서랍 속에 있죠?"

나는 고개를 끄덕인 후 말해 주었다.

"몇 주 전 그를 처음 만났을 때 내게 총을 맡기도록 했죠. 그가 그렇게 하지 않으면, 난 그를 만나지 않을 거라고 그에게 말했어요."
"하지만, 왜 그는 총을 가지고 있었죠? 왜 그것을 선생님에게 보여 주었나요?"

"그는 내게 그것을 보여 주면서 말하길 내가 그를 돕지 못한다면 자살할 거라고 하더군요. 난 돕겠다고 말했지만 총을 가지고 있는 한 돕지 않겠다고 했어요. 그는 총을 내게 주는 것에 동의했죠. 이런 일이 일어나는 것은 처음은 아니죠."

"하지만 그가 나가서 다른 총을 구할 수도 있잖아요."

"물론 할 수 있겠지만, 만약 그가 정말로 도움을 원한다면 그렇게 하지 않았을 거예요. 난 단지 그가 별안간 아주 낙심하게 됐을 때 그가 총을 가지고 있지 않기를 바랐을 뿐이죠."

침묵이 흘렀다. 난 눈물을 흘리는 그녀를 보았다. 그녀는 마스카라가 번지지 않도록 재빨리 그녀의 눈을 닦아냈다.

"그가 자살하려 했다고요? 그가 자살하길 원했단 말이죠? 뭐가 잘못된 거죠? 제발, 뭐가 문제인지 말해 주세요."

"당신보고 나를 만나라고 말할 때 그는 흥분된 것처럼 보이지 않았나요?"

"아니요, 전혀, 오히려 그 반대였죠. 사실, 그는 포트랜드로 출장을 다녀왔어요. 그는 2주간 있었죠. 그는 매일 밤 내게 전화했고 괜찮게 느꼈어요. 하지만 그가 돌아왔을 때, 그는 지난 몇 년 동안에 비해서 아주 행복해 보였어요. 제발 말해 주세요, 뭐가 잘못된 건지."

난 그녀에게 말해야만 했다.

"조지는 더 이상 자살하려고 하지 않을 겁니다. 그는 살아 있고, 살려고 계획을 세웠어요. 그러나 그에겐 문제가 있어요. 아무리 오래 시간을 들여도 그의 문제가 무엇인지 당신이 전혀 짐작도 못할 거라고 생각해요. 나 자신도 너무 놀랐었죠. 그가 나를 만나러 왔을 때, 그는 자신의 인생을 끝내기로 마음을 먹고 있었어요. 그는 이 총으로 두 번이나 자살시도를 했다고 내게 말하더군요. 총이 발사되지 않자 그것을 무슨 징조라 여기고 나를 만나러 온 거죠. 그가 문제가 무언지 말했을 때, 내가 첫 번째로 질문한 것이 이거죠, '엘렌도 알고 있나요?' 그는 당신이 모르고 있다고 내게 분명히 말하더군요. 그리고 당신에게 말하는 게 두렵다고 내게 말했어요. 그는 내게 당신을 만나 말해 달라고 애걸했어요. 당신이 나를 만난 후에 그것에 대해 그가 기꺼이 말하겠다고 한 것이 맞아요."

그녀가 당황스러움과 공포가 뒤섞인 표정으로 나를 쳐다보고 있는 동안 나는 침묵했다.

"이런 얘기를 쉽게 하는 방법은 절대로 없는 것 같군요…. 그는 자신이 사실은 여자라고 믿고 있고 수술을 받길 원해요. 당신이 이런 류의 얘기를 들어 본 적이 있다고 생각하는데…."

그것은 마치 내가 큰 쇠망치로 그녀를 후려친 것 같았다. 조지의 말이 생각났다. '그녀가 이것을 알게 되었을 때, 그녀는 심장발작을 일으킬 거예요.' 그녀는 내 앞에서 어쩔 줄 모르고 있었다. 나는 무슨 말을 할지 혹은 어떻게 해야 할지 전혀 생각나지 않았다. 나는 그냥 그녀를 바라보고 있었고, 내가 말한 것이 사실이라는 메시지를 보내고 있었다.

"화장실 좀 다녀올게요"라고 그녀가 말했다.

나는 그녀에게 열쇠를 주고 나서 가만히 앉아 기다렸다. 약 15분 후에 그녀는 돌아왔다. 그녀는 운 게 틀림없지만 모르는 사람 앞에서 눈물을 보이는 여자가 아니었다. 그녀는 자신을 진정시키기 위해 화장실에 간 것이다. 남에게 어떻게 보이느냐는 그녀에게 매우 중요한 것이었다.

"난 조지와 대화를 했죠. 난 그가 당신에게 말하게 하려고 노력했어요. 난 이 일을 하고 싶지 않았습니다. 하지만 당신의 남편은 '선생님이 진짜 나를 돕길 원한다면, 나를 위해서 이 일을 해달라'고 말했어요."
"얼마나 오랫동안 남편이 그런 생각을 하고 있었죠?"
"그가 어렸을 때부터, 10대가 되기 전부터죠. 당신 남편은 결혼하기 전에 당신에게 말했어야 했지만, 그는 확신할 수가 없었습니다. 그는 결혼이 자신을 달라지게 할 거라고 생각했는데 그렇게 되지 않았죠. 아무것도 그를 바꿀 수 없었죠. 그는 수술을 받을 계획을 세우고 있어요. 그는 이 수술을 해 줄 의사를 포트랜드에서 찾았어요. 조지는 그 의사를 좋아해요. 그래서 당신의 남편이 그렇게 행복해진 거지요."
"하지만 그는 항상 너무도 다정했어요. 그게 모두 속임수였나요?"
"엘렌, 그는 당신을 사랑하고 있어요. 그는 당신을 많이 사랑하고 있어요. 그가 당신을 사랑하지 않았다면, 당신에게 말하는 것을 내가 거절했을 거예요. 그런데 그는 남자로서 당신을 사랑하는 게 아니죠. 그 부분을 속인 거죠. 그는 여자로서 당신을 사랑하고 있어요."

그녀는 눈썹을 추커올렸다.

"아니요, 결코 레즈비언으로서가 아니에요. 전혀 그런 게 아니에요. 자매와 좀 더 비슷한 거죠, 아주 친한 자매죠. 그런데 생각해 봐요. 지금 당신은 이 사실을 알게 되었는데, 그의 행동 중 예전에 당신을 어리둥절하게 한 것이 없었나요? 아마도 그것이 지금은 이해가 될 텐데."

"섹스를 말하시는 건가요?"

"예, 그래요. 난 그에게 당신과의 섹스에 대해서는 묻지 않았어요. 그가 너무 혼란스러워했기 때문이죠. 그 정보는 나에게 꼭 필요하지는 않았죠."

난 그녀에게도 섹스에 대해 묻지 않았다. 단지 그녀가 알아차린 것을 내게 말해 주었으면 하고 그녀를 바라보고 있었다.

"우린 섹스를 많이 하지는 않았어요. 우리가 육체관계를 맺은 지도 아마 몇 년이 지났을 거예요. 그는 내게, 이유는 모르겠지만 자신이 섹스를 좋아하지 않는다고 말했어요. 내가 아는 여자들과 이야기를 해봤는데, 그녀들이 어떤 남자들은 섹스를 그만두었다고 하더군요. 난 그가 다정했기 때문에 신경 쓰지 않았어요. 그는 내 곁에 있는 것을 좋아해요. 우린 아직 같이 잠을 자고 포옹하죠. 뭔가 잘못되었다는 것을 알았지만, 내가 무엇을 할 수 있었겠어요? 난 행복한 생활을 하고 있었고, 그는 좋은 반려자고, 우린 경제적으로도 풍족해요. 우린 모든 것에 대해 대화를 해요…. 음, 한 가지는 아니지만."

"당신 옷에 대해 관심을 보였나요? 혹은 일반적으로 여자들 옷에?"

"관심이 많았죠. 그가 좋아하는 일 중의 하나가 나와 같이 쇼핑을 가는 거죠. 그가 내게 이 옷을 사 줬어요. 사실, 내가 가지고 있는 모든 게

다 그가 사 준 거죠. 블라우스, 보석 등. 가끔 그는 내게 속옷도 사다 줘요. 하지만 함께 사러 가진 않았어요. 난 좋은 옷들을 가지고 있어요. 그는 크리스마스 선물로 그의 직원들에게 옷을 사 주는 것을 좋아해요. 하지만 여자뿐만 아니라, 남자에게도요. 사실 작년에 우리가 함께 크리스마스 선물을 사러 나갔을 때, 그는 '내가 여자들 옷을 고르고, 당신이 남자들 옷을 고르면 어떨까?' 하고 말했죠. 선생님이 알고 싶어 하던 게 그것이었나요?"

나는 끄덕였다. 그녀는 이해가 빠른 사람이었다. 우리가 이야기하면서 그녀는 덜 혼란스러워하는 것 같았다. 그리고 나서 약간 놀리는 듯한 태도로 놀랄 만한 말을 했다.

"내가 총을 사야겠다고 생각하고 있어요. 아니면 선생님이 그의 총을 내게 주든지요. 가족 중에 누군가가 그것을 써야 할 필요가 있을 것 같군요."

나는 만족했다. 그녀는 문제에 대처하려고 애쓰고 있었다. 그녀는 대화가 되게끔 도움을 주었다. 이것은 좋은 징조다. 나는 그때를, 조지가 나를 처음 만나 보러 왔을 때 나에게 말했던 것을 그녀에게 말할 수 있는 기회로 삼았다. 내가 감춰야 할 아무런 이유가 없었다. 그는 그것을 나한테 부탁하진 않았지만, 난 총에 대한 그녀의 언급을 무시했다.

"그가 행복해 보이기는 하나, 당신에게서 필요로 하는 게 있어요. 결혼한 남자에게는 아내의 동의가 없이 의사가 수술을 해 주지 않아요. 그는 당신의 허락을 원하고 있어요. 그는 심지어 그가 수술할 때 당신이 그곳에 있길 원한다고 내게 말했어요. 그것은 너무 지나친 요구죠."

"그래요. 너무 지나친 요구군요. 난 그 문제에 대해 생각해야겠어요. 이 전체적인 상황에 대해 더 많이 생각해 봐야 할 것 같아요. 하지만 선생님이 생각하고 있는 것을 내게 말해 주세요. 그가 진심으로 원하는 게 이건가요? 난 잘 모르겠어요. 만약 남편이 원하는 대로 안 되면, 그가 자살할까 봐 난 너무 걱정될 것 같군요."

"난 우리 모두 다 이 일에 대해 잘 알고 있다고 생각하지 않아요. 내가 이런 일에 전문가라고는 말할 수 없어요. 그러나 그는 기꺼이 위험부담을 감수할 만큼 너무도 간절히 원하고 있어요. 당신이 그의 문제의 심각성을 깨달았다고 생각하진 않아요. 조지는 더 이상 살고 싶어 하지 않아요. 조지는 기꺼이 수술대 위에서 죽으려 하고 있어요."

"무슨 말씀이세요?"

"그는 사라지고 49세의 여인으로 다시 태어나려고 하는 거예요. 그는 여자가 느끼는 것같이 느끼려 하고 있어요. 그는 당신이 느끼는 것처럼, 즉 모든 여자들이 느끼는 것과 같이 느끼려 하고 있어요."

"하지만 어떻게 그렇게 될 수 있죠? 그 수술이 남자를 여자로 만들 수 없죠."

"내가 설명하려는 게 그거예요. 그는 여자처럼 느끼기 위해 수술을 필요로 하지는 않아요. 그는 이미 그런 식으로 느끼고 있어요. 그는 10살 때부터 그런 식으로 느껴 왔죠. 그는 자신의 마음을 정리하기 위해 수술을 필요로 하고 있어요. 그는 거울을 보았을 때 여자로 보이길 원해요. 그는 남자처럼 가장하는 것보다 차라리 죽는 것이 낫다고 생각해요."

다시 긴 침묵이 흘렀다. 그녀는 나를 바라보기만 했다. 그리고 나서 그녀가 말했다.

"알았어요, 그는 준비가 다 됐군요. 그가 수술을 받을 수 있도록 돕겠어요. 그 다음에 내가 할 게 뭐죠?"

"당신 여자 형제로 그를 받아들이는 거요. 당신 아들의 이모로. 그는 당신 인생에서 사라지는 것을 원하지 않아요."

다시 침묵이 흐르고 나서 그녀가 말했다.

"난 선생님이 말씀하신 걸 이해했어요. 하지만 내 지금 느낌으로는 난 그렇게 하길 원하지 않아요. 그가 현재의 자기 자신을 인정할 수 없는 것과 마찬가지로 나도 그런 역할을 하고 있는 내 자신을 인정할 수 없어요."

그녀가 말한 것에 동의했다. 나는 그녀에게 뭔가를 하라고 설득하고 싶은 충동을 느끼지 않는다. 그녀는 자살하거나 혹은 살인할 것처럼 보이진 않는다. 그녀는 남자와 결혼했다. 그 남자는 지금 사라지려 한다. 조지가 되려는 것에 그녀가 대처하는 방법에 관해 영향을 주는 것은 내가 관여할 일이 아니다. 그것은 그녀에게 달려 있다.

"엘렌, 그가 수술을 받은 다음에 당신이 어떻게 할지는 당신에게 달려 있어요. 내가 하기로 한 것은 당신에게 말하는 거죠. 당신과 조지 사이에 그 밖에 무슨 일이 일어나든 간에."

"그가 자기 사업, 여행사에 대해 선생님에게 말했나요? 그것은 큰 사업체죠. 처음에 나는 그와 같이 일했지만, 몇 년 동안은 안 했어요."

"그에게 말해요. 이런 질문들 모두 그에게 물어봐요. 그가 대답하길 원할 거예요. 그는 충분히 재정적인 부담을 할 거라고 내게 말했어요. 그는 사업을 포기하는 것에 대해선 아무 말도 하지 않았어요."

"선생님은 어때요? 선생님도 관련되어 있잖아요. 내가 와서 선생님과 대화를 해도 되나요?"

"물론이죠, 하지만 난 당신이 내게 와서 나와 상담을 해야만 한다고 생각하는 건 바라지 않아요. 내가 아는 한, 당신에게 잘못된 건 아무것도 없어요. 그와 결혼할 때 그가 어떤 사람인지 알 수 없었죠. 내가 당신에게 말할 때까지 그가 어떤지 당신은 몰랐었죠. 난 조지를 만났었던 것이고, 당신이 누군가의 도움이 필요하다고 느껴지면 당신은 아마도 다른 상담자와 상담하길 원할 수도 있어요. 그게 훨씬 좋은 생각일 거예요."

이 인터뷰에서 내가 할 수 있는 것은 더 이상 없었다. 그러나 엘렌은 자리를 뜨기 위해 전혀 서두르지 않았다. 그녀는 가만히 앉아서 전에는 의아하게 보였지만 지금은 이해가 가는 그 모든 일들에 대해 생각하고 있었다.

그녀는 말했다.

"그는 항상 여자들을 고용하려고 했어요. 그리고 그녀들에게 아주 잘 대해 주죠. 그는 내게 자주 말했어요. '여자들에게 잘 대해 주면 그들은 열심히 일해. 남자들보다 더 열심히.' 난 그가 그들을 얼마나 잘 다루는지에 대해 언제나 놀라곤 했어요. 난 결코 그것을 분명히 파악할 수 없었지만, 그가 여자처럼 생각을 했었나 봐요. 그게 그의 비밀이었어요. 그래요, 선생님, 그것이 없다고 생각이 되네요."

나는 고개를 끄덕였고 그녀는 떠났다.

조지에게서 전화가 걸려오는 데는 오래 걸리지 않았다. 그는 다음 날 일찍 왔다. 나는 물어 보았다.

"엘렌이 그것을 어떻게 받아들이고 있나요?"

"내가 선생님에게 말하려고 온 게 바로 그 점 때문이에요. 말이 난 김에 선생님이 그녀에게 말을 해 줘서 정말 감사드립니다. 정말 큰 은혜를 입었어요."

"그녀가 집에 도착했을 때 그녀는 어땠어요?"

"놀랍게도 침착했어요. 전혀 히스테릭하지도 않았고요. 그리고 그녀는 이야기하길 원했어요. 새벽까지 우린 대화를 했어요. 그녀는 선생님에게 이제는 가지 않겠다고 전해 달라고 하더군요. 그녀는 말했어요, '나에겐 잘못된 게 없어요. 난 상담자가 필요 없어요. 내가 선생님을 만날 이유가 전혀 없어요'라고."

"당신은 무슨 얘기를 했나요?"

"모두 다요. 그녀는 내가 심각한지 아닌지 알려고 했어요. 시간이 약간 걸렸지만, 그녀는 내가 원하는 것이 이것이라는 것을 받아들인다고 했어요. 심장발작을 일으키기보다는 오히려 놀랄 만큼 침착하게 보였어요. 그녀는 동의서에 사인할 거예요. 하지만 그녀는 지금 당장 이혼을 원해요. 그녀는 충분한 경제적 안정을 원해요. 그녀는 자기 변호사에게 연락할 거예요. 우린 돈이 있죠. 그녀는 이제는 돈에 대해 걱정하는 게 싫다고 말했어요. 그녀는 내가 고급 콘도를 사서 저당권 없이 자기에게 주길 바라요. 그것도 빨리."

"당신에게 이게 문제가 되나요?"

"내가 바라는 바는 아니죠. 선생님도 알다시피, 그녀는 수술 후 적어도 1년 동안은 나를 다시 만나길 원하지 않아요. '도움이 필요하면, 글라써 선생님을 만나세요'라고 그녀가 말하더군요."

"그녀는 당신이 원했던 대로 당신과 같이 가지는 않겠군요?"

"정확히 그래요, 나에게 달렸죠. 만약 수술 후 내가 조금이라도 행복한 생활을 한다면, 그녀는 아마 나를 다시 기꺼이 만날 거예요. 하지만 그녀는 그것을 약속하진 않았어요. 선생님, 그녀는 내가 이미 죽은 것같이 그렇게 대했어요. 무시무시했죠."

"당신을 이미 죽은 사람으로 대하는 그녀를 당신은 받아들일 수 있나요? 당신이 그녀를 비난할 수 있나요? 엘렌은 여성이 된 남편(조지아)을 상상할 수 없어요. 난 그녀에 대해서 감탄하고 있어요. 난 그녀가 이 문제를 아주 잘 처리하고 있다고 생각해요. 내가 기대했던 것보다 더."

"수술을 받았던 다른 남자들과 얘기를 나눴는데, 그 사람들의 아내들은 그들의 옆에 있어 주었다고 하더군요. 그들은 지금 좋은 친구가 되었죠. 난 엘렌도 그렇게 해 주리라고 생각했어요."

"당신이 그들보다 더 나은 입장일 수도 있어요. 그녀는 새로운 삶을 시작하길 원해요. 그녀는 조지와 결혼했지, 조지아와는 아니죠. 당신도 역시 새 인생을 원하지 않나요?"

"그렇죠, 하지만…."

"그럼 그렇게 해요. 당신이 도움이 필요하면 나에게 와요. 난 당신을 다시 만나도 좋아요. 그렇지만 내가 당신이라면, 난 그녀가 요구한 대로 따르겠어요. 당신이 언젠가 다시 그녀를 만나길 원한다면 그녀를 내버려 둬요. 그녀는 지금 화가 나 있어요, 조지. 그건 좋은 현상이라고 생각해요. 분노는 그녀에게 도움이 될 거예요. 그녀가 당신에게 전화하지 않는 한 그녀와 떨어져 지내요. 그녀가 시작하도록 기다려 줘요. 그런데, 당신들은 아들에 관해서도 대화를 했나요?"

"우린 오랜 시간 대화를 나누었어요."

"당신들은 뭔가를 결정했나요?"

"그녀는 내가 그 애에게 그 소식을 전해야 한다고 말했어요. 그리고 가까운 장래에 우리가 아들을 따로따로 만나는 것이 좋겠다고 말했어요. 내가 그 애의 이모가 되고 싶다고 말했을 때 그녀는 웃더군요."

"좋아요. 자, 내가 당신을 위해 뭘 해 줄까요?"

"이런 일은 있었지만 선생님은 나를 만나 주셔야죠. 난 대화를 나눌 사람이 필요해요."

"나도 그러고 싶어요. 일주일에 한 번 당신을 만나도 좋습니다. 그렇게 되면 우린 서로에 대해 좀 더 알게 될 거예요."

그게 일어난 일 모두이다. 조지가 수술을 받기 위해 떠나기 전, 그는 아들에게 사실을 얘기했고, 그 애는 그것을 받아들였다. 아들은 능력이 있었고 독립적이었으며, 아버지와의 관계에 심각한 문제는 없었다. 그가 더 이상 즉시 말해야 할 사람은 아들 이외에는 없었다.

나는 조지가 수술받기 전까지 만났다. 그리고 그가 곧바로 돌아오길 기대했지만, 그는 그렇게 하지 않았다. 그는 포트랜드에 약 1년간 있었다. 드디어 그가 돌아와서 나를 만나러 왔을 때, 내가 깜짝 놀랐다는 것을 인정해야만 하겠다. 변화를 예상하기는 했으나 그가 키 크고 매력적인 여성이 되었을 거라곤 전혀 예상치 못했다. 나는 놀라지 말아야 한다고 생각했지만 놀라고 말았다. 그는 또한 자신이 진심으로 원했던 것을 얻었다. 그는 포트랜드에서 남자와 사랑에 빠졌고, 그 남자도 자기를 사랑한다고 말했다고 했다. 난 그에게 물어 보았다.

"당신이 남자였다는 것을 그가 알고 있나요?"

"난 그에게 모든 것을 얘기했어요. 그는 나를 사랑하고, 여자가 아닌 나를 모르기 때문에, 내가 무엇이었든 간에 중요하지 않다고 말했어요. 그는 직장을 얻는 대로 곧 이리로 와서 나와 같이 살 예정이에요. 그에게는 문제가 없어요. 그는 여기서 좋은 직장 제의를 벌써 몇 개 받았어요."

"당신은 돌아와서 엘렌을 만나기 위해 노력했나요?"

"그녀에게 전화했었지만, 그녀는 나와 말하길 원하지 않았고, 나를 만나지 않을 거예요. 그녀는 지금 사랑에 빠졌는데, 그 사람이 나에 대해 몰랐으면 하죠. 난 그것을 존중해 줄 수 있어요."

이 일은 몇 년 전에 있었던 일이다. 하지만 모든 것이 잘된 것처럼 보였다. 내가 이 모든 일에 대해 생각해 보면, 내가 가장 잘한 일은 그가 자살하지 않도록 막았던 것과 그의 아내를 만났던 일이라고 본다. 아내를 그와 친구 관계로 남도록 설득시키려 하지 않았다는 것에 대해 그는 나를 원망하지 않았다.

나는 조지아로 돌아온 후 한 번 그녀를 만났다. 그녀는 수술 후, 나로부터 더 이상 도움을 필요로 하지 않았다. 그녀의 회사에서 일하던 여자들이 그녀가 없었던 동안에도 일을 잘했고, 그들이 그녀를 여자로서 받아들이는 데에도 어려움이 없었다고 조지아는 말했다. 그녀는 더 이상 일하길 원하지 않아서 사업체를 팔려고 그들과 타협을 하고 있다. 잠깐 동안 그녀는 일주일에 하루 혹은 이틀 동안 도와주기 위해 일할 것이며 그들은 그것을 고맙게 생각했다. 수술은 그녀의 사업 수완에 영향을 미치지 않았다.

제13장
성행위에 탐닉하는 주디스

> 우리가 문을 열었을 때 발견한 것은
> 그 애가 또래 남자애와 벌거벗은 채로 침대에서
> 정신없이 섹스하고 있는 장면이었어요.

주디스는 내가 상담을 통해서 만났던 가장 흥미로운 젊은 여성들 중 하나였다. 그녀의 부모는 그녀에 대해 걱정하고 있었고, 그래서 나를 만나러 왔다. 주디스의 부모는 둘 다 고학력자로, 주디스의 아버지는 유전학자고 어머니는 공인 회계사였다. 그들은 50대 후반으로 보였다. 그 밖에 그들의 인상이나 태도에서 눈에 띌 만한 것은 없었다. 난 그들이 16살 난 자녀를 두기에는 약간 나이가 많다고 생각했지만 아무 말도 하지 않았다. 그것은 적절한 질문 같지 않았다.

부모들이 10대 자녀 때문에 나에게 올 때마다, 난 반항적인 아이를 예상한다. 주디스도 그랬다. 하지만 주디스는 내가 그전에 혹은 그 이후로 만난 보통 10대와는 거리가 멀었다. 모든 대화를 자세히 논하지는 않을 것이다. 서로 친숙해지기 위한 약간의 대화가 있었는데 다음은 우리가 나눈 대화 중 중요한 부분이다.

부: 우린 선생님이 잘못된 인식을 갖지 마시기를 바랍니다. 그 애가 미치거나 혹은 마약이나 술을 먹지는 않는단 얘기죠. 그 애는 일류 고등학교의 우등생이랍니다. 그리고 그 앤 학교를 좋아해요. 그 애는 문제를 일으킨

적이 한 번도 없었어요. 지금까지 그 애는 우리 둘에게 고민거리를 안겨준 적이 없죠. 그 애는 우리가 주는 용돈으로 책을 사거나 클래식 CD를 사죠. 그 애는 우리가 선생님을 만나러 온 것을 알고 있고, '난 괜찮아요'라고 말했죠. 그 애는 어차피 그것이 우리 문제라고 말하더군요. 그 애는 자기 상태가 문제가 없다고 믿고 있어요.

모: 선생님, 저는 그 애가 절대로 괜찮다고 생각하지 않아요. 그 애는 도움이 필요해요. 그래서 여기에 우리가 왔죠.

그녀는 나에게 시선을 돌리고 말했다.

모: 단도직입적으로 말씀드리겠어요. 그 애는 늦둥이죠. 그 애가 태어날 때 난 43세였어요. 우리는 아들도 둘 있어요. 둘 다 30대 초반이고, 결혼해서 자녀도 있죠. 그 애는 오빠들과 사이가 좋죠. 한 명은 여기에 살고 있고, 주디스는 특히 올케와 가깝게 지내고 있죠. 우린 여행을 많이 다녀요. 하지만 12살 때부터 그 애는 집에 혼자 남아 있기를 좋아했죠. 그 애는 아주 자립심이 강하거든요. 그리고 우리가 집에 돌아왔을 때 집은 항상 깨끗했어요. 그 애와 같이 지낼 수 있는 대학생을 두자고 제안했을 때 딸은 싫다고 하더군요. 만약 딸이 도움이 필요할 때는 그 애는 오빠나 올케를 부르면 되었죠. 딸은 지금 운전도 할 줄 알아요. 우린 그 애에게 차를 맡기죠. 그 애는 조심스럽게 운전을 하고, 우린 그 애에 대해서 전혀 걱정이 없었어요.

그러고 나서 그녀는 남편을 쳐다보았고 난 뭐가 문제죠? 그 애는 완벽한 것 같은데, 라고 말하는 듯한 표정으로 그들을 바라보았다. 그러자 그녀가 말했다.

모: 이제, 당신이 말씀드려요.

부: 약 일주일 전, 금요일 오후 5시경에 우린 여행에서 돌아왔죠. 요새는 그 애가 운전을 하기 때문에 그 애가 우리를 마중 나온다고 했어요. 하지만 우리 비행기가 예정보다 일찍 도착했죠, 아주 일찍. 원래는 우린 10시에 도착할 예정이었죠. 우린 그 애에게 전화를 하지 않기로 하고, 그냥 집으로 왔죠. 우린 그 애가 우리 때문에 계획을 변경하길 원하지 않았어요.

모: 우리가 문으로 들어서자마자, 우린 그 애 방에서 무슨 소리가 나는 것을 들었어요. 그 방은 1층에 있었고, 그 애는 어렸을 때부터 그 방을 사용했어요. 오빠들 방과 떨어져 있고 목욕탕이 딸려 있어서 주디스는 그 방을 좋아했어요. 여하튼간에…. 우리가 문을 열었을 때 발견한 것은 그 애가 또래 남자애와 벌거벗은 채로 침대에서 정신없이 섹스를 하고 있는 장면이었어요. 그 앤 우리를 보지 못했고, 소리도 듣지 못했죠. 잠깐 동안 우린 거기에 그냥 서 있었어요. 전혀 예상치 못한 일이었죠. 결국, 내가 말을 꺼냈어요. "주디, 뭐하고 있니?" 그러자 그 애가 말했죠, 태연자약하게, 아무 일도 없었던 것처럼. "엄마, 내 이름은 주디스에요. 주디라고 부르지 마세요." 나는 기가 막혔죠.

부: 그 애가 정숙한 여자여야 한다고 말하려는 것이 아니고 우리가 어떻게 생각할지를 걱정한다든가 반성하기를 기대했던 거죠.

모: 하지만 그 앤 그렇지 않았죠. 전혀 그러지 않았어요. 그 애는 우리를 노려보았어요. 그 애는 방해받았기 때문에 화를 냈죠.

부: 그 애는 화를 냈어요. 그 애는 도리어 우리에게 뭐 하러 일찍 돌아왔느냐고 묻더군요. 그 애는 여긴 자기 방이고, 이 안에서는 자기가 원하는 것을 할 권리를 가지고 있다고 말했죠.

모: 그 남자애는 새파랗게 질려 있었고, 주디는 우리에게 나가라고 말했죠. 그리고 나서 그들은 옷을 챙겨 입었고, 우리 딸애가 그 남자애를 집에 태워다 주었죠. 그 애는 우리가 그 문제에 대해 얘기를 나누길 원한다면 나중에 우리에게 말하겠다고 했죠.

부: 그게 일어난 일이죠. 우린 어떻게 해야 할지 전혀 모르겠어요. 우린 그 방을 나왔고, 약 15분 후에 우리 딸애가 나와서 그 남자애를 소개시켰죠. 그는 우리 딸애 또래였고 같은 반 친구라고 하더군요. 그 남자애는 여전히 거북해했지만 악수를 청해서 우린 악수를 했어요. 딸애가 그 애를 집에 태워다 주었고 우린 넋이 나가 있었죠. 딸애는 오랫동안 그렇게 지냈고, 우리가 걱정할 일이 아무것도 없다는 것처럼 말하더군요.

모: 뭔가 잘못됐어요. 이건 정상적인 행동이 아니죠. 딸애가 집에 돌아와서는 자신이 섹스를 하는 건 우리가 상관할 일이 아니라고 말했어요. 그 애는 13살 때부터 섹스를 했고 섹스를 즐긴다고 했어요. 딸애는 그걸 그만둘 생각이 없고 우리가 알게 된 것이 오히려 다행이라고 했어요. 그 애는 이제 더 이상 숨어서 할 필요가 없어진 거죠. 그 애는 전혀 자기주장

을 굽히지 않았어요.

부: 우리는 그 애가 문제없는 모범생처럼 보이길 원하는 것은 아니지만, 그 애는 대체로 조용했죠. 공부하고, 독서하고, 클래식 음악을 듣고. 그러나 그 애는 좌절할 때마다 거침없이 말을 했죠. 우리에게는 그렇게까지 많이 그러지는 않았지만. 초등학교 2학년 때부터 그 애는 자기가 무슨 생각을 하는지 선생님들에게 분명하게 털어놓았죠. 딸애는 선생님들의 가르치는 능력과 자기에게 내주는 시시한 숙제에 대해서 비판했어요. 하지만 그 애의 실력이 너무나 뛰어나서 선생님들이 그 애를 어떻게 할 수가 없었죠. 딸애를 좋아하고 그 애도 좋아하는 선생님들 사이에 한 번은 크게 문제가 터졌었는데 그 후 그 애가 전학 가겠다고 했고, 대략 그 애가 원하는 대로 됐죠. 그런 일이 많이 일어나지는 않지만, 그런 일이 생기면 진정되는 데 약간 시간이 걸리죠. 학교에서는 우리를 탓하지 않았어요. 우린 우리가 할 수 있는 일을 언제나 최선을 다해서 하려 했고 우리가 할 일은 별로 없었어요. 때때로, 최근에는 많지 않았지만 딸애는 우리와 지적인 것에 대해 토론을 하기도 하죠. 그 애와 논쟁할 때 우린 긴장해야만 했죠.

모: 하지만 이건 다른 문제예요. 이건 옳지 않아요. 뭔가가 정말 잘못됐어요. 우린 선생님이 그녀를 만나 주길 원해요.

상담자: 나를 만나는 것에 대해 그녀에게 얘기를 꺼냈나요? 그 애가 내가 누군지 모른다면 그 애를 만나는 것이 조심스럽군요.

부: 물론 그 앤 알고 있어요. 하느님 맙소사, 우리는 그 애가 기대하지 않

은 것을 하지 않아요.

모: 우리가 그 문제를 논할 때, 그 애는 어떤 사람이든지 생각이 있는 사람이라면 그녀가 하는 것을 지지할 거라고 말하더군요. 그 애는 문제는 우리에게 있고, 자신에게는 없다는 점을 분명히 했어요.

부: 딸애는 선생님을 만나러 와도 괜찮을 거예요. 우린 아무런 다짐도 요구하지 않겠어요. 단지 그 애와 대화를 나눠 주세요. 그 애가 도움이 필요한지 봐주세요.

   우리는 약간 이야기를 더 했지만, 기본적인 내용이었다. 다행스러운 점은 주디스가 나를 만나길 원한다는 것이다. 나쁜 점은 내가 그녀와 할 수 있는 게 많지 않을 거라는 것이다. 내겐 성적 욕구가 강한 16살 아이에게 섹스를 포기하라고 설득시킬 수 있는 신비한 말이 없다. 하지만 그녀의 부모들은 지지하지 못하겠다는 위협으로써 상황을 악화시키지는 않았다. 그것은 좋은 정보이다.
   주디스는 며칠 후에 왔고, 그녀가 너무도 수수한 옷차림을 하고 있어서 난 놀랬다. 화장도 전혀 하지 않았다. 그리고 머리카락은 길고 깔끔한 어두운 갈색이었다. 그녀는 어려 보이는 16살 난 소녀였다. 나는 섹시하고 성숙하게 보이려고 하는 10대 아이를 기대했지만, 그녀는 전혀 그렇지가 않았다. 그녀는 다소 이지적인 면에서는 귀여웠고, 그녀의 인상은 섹스에 열중해 있거나 혹은 언변이 날카롭다는 인상을 전혀 주지 않았다. 그녀는 또한 침착하고 우호적이었으며, 매우 여유 있는 것처럼 보였다.

"네 부모님들이 내게 말을 다 했단다. 그들이 집에 일찍 도착했고, 그리고 나서 논쟁을 했다고. 그들은 내가 너를 만나 주길 원했었어. 네가 다른 누군가와 대화를 나누길 원할지도 모른다고 생각해서이지. 난 이 질문을 너에게 먼저 물어 봐야 한다고 생각하는데, 너에게 상담이 필요하다고 생각하고 있니?"라고 나는 말문을 열었다.

"내게 상담이 필요한지는 모르겠지만, 난 선생님과 이야길 하길 무척 원하고 있어요. 내게 상담이 필요하다면 그렇다고 말해 주세요. 난 우리 부모님 같지 않아요. 나는 내 마음을 숨기고 싶지 않아요. 게다가 선생님이 이성적이고 대화를 나눌 수 있다면, 난 그것을 즐길 거예요. 난 사람들과 가치 있는 대화를 나누길 좋아해요. 정말이지 그런 사람을 찾는 게 쉽지 않아요. 그리고 돈에 대해선 걱정하지 마세요. 부모님은 돈이 많아요. 무엇에 대해 이야기하고 싶으세요?"

독자가 볼 수 있듯이, 그녀와 대화를 하는 데는 아무 문제가 없었다. 하지만 내가 마음에 든 것은 그녀의 친절함이었다. 난 쓸데없는 소리를 하는 것을 피하기만 하면 된다. 그리고 조금이라도 외부통제 기미가 보이는 말이나 행동을 해서도 안 된다. 그녀는 자신이 만나는 거의 모든 사람들과 자신이 동등하거나 더 우월하다고 생각하고 있다는 것을 나는 알 수 있었다. 이것은 정말 흥미 있는 부분이다.

"음, 너에게 물어볼 첫 번째는 섹스에 관한 것이야. 그게 네 부모님들이 걱정하는 부분인데, 그것에 대해 먼저 시작해 보면 어떨까? 난 물어 볼 게 전혀 없구나. 네 생각 중에 내가 알아야만 한다고 생각하는 것을 말해 주겠니?"

"아, 좋아요. 섹스에 대해 어른과 얘기하는 것이 재미있을 거라고 생각해요. 올케하고 약간 대화를 나눈 적이 있어요. 난 피임약이 필요했기 때문에 그래야만 했어요. 난 임신할 마음은 없어요. 난 단지 13살이었기 때문에 설득을 많이 해야만 했죠. 그녀는 약간 주저했어요. 하지만 부모님께 말씀드리고 싶다면 난 상관없다고 그녀에게 말했죠. 그리고 그녀는 내가 임신하길 원치 않았기 때문에, 내게 약을 주어야만 했죠. 그녀는 멋있어요. 가끔 내게 묻죠, '모든 것이 잘 되어 가니?'라고. 난 모든 것이 잘 되어 간다고 항상 그녀에게 말했죠. 그리고 그녀는 내게 쭉 약을 구해 줬어요. 얼마 후에 그녀는 걱정이 되어서, 의사가 처방해 준 약을 나에게 주고 있다고 자기 담당 의사에게 말했어요. 올케의 담당의사가 나를 오라고 해서, 난 그렇게 했어요. 난 검사를 받았고, 아무 이상이 없었죠. 난 피임약을 복용하는 데 대한 부작용은 없어요. 그 사건 이후, 엄마가 피임에 대해 내게 묻더군요. 난 올케가 나를 위해 피임약을 구해 준다는 것을 부모님께 말씀드렸어요. 만약 그녀가 그렇게 해 주지 않았다면, 난 콘돔을 사용했거나 임신을 피하기 위해 다른 조치를 했을 거예요. 아무도 그런 섹스는 원하지 않죠?"

난 인생을 살아가는 그녀의 방식에 놀라워 했다. 난 아무 말도 하지 않았다. 난 그저 그녀가 계속 얘기하는 것을 방해하지 않았다.

"피임약에 대해 부모님께 말씀드렸을 때, 부모님은 올케가 날 도와준 것을 다행으로 여겨 안도감을 느꼈죠. 부모님은 그녀를 사랑해요. 부모님은 내 행동을 그들에게 말하지 않은 점에 대해서 그녀에게 화를 내지 않았죠. 부모님께 말씀드린 대로, 이제 이것이 다 공개된 것에 대해 다행으로 생각해요. 나는 숨어서 하는 것을 싫어해요."

난 그냥 그녀를 바라보고 있었다. 그녀는 즐거운 대화 시간을 보내고 있었다. 난 아무 말도 할 필요가 없었다. 그녀는 계속했다.

"내가 섹스를 좋아한다는 것을 선생님께서 확실히 알게 되신 것 같아요. 난 내가 그것을 처음 했을 때부터 바로 좋아했어요. 난 거의 항상 섹스를 즐기죠. 인생에서 가장 좋은 순간은 사랑을 할 때라고 생각해요. 도대체 이렇게 좋은 것을 느끼기 위해 왜 기다려야 하죠? 자연의 법칙이 내 나이에 섹스를 하는 것을 원하지 않았다면, 그렇게 좋다고 느껴지지 않았을 거예요. 내가 하는 행동이 잘못된 것 같지는 않아요. 신중하고, 안전한 섹스가 뭐가 문제죠?"
"한 남자만 상대하니 아니면 동시에 여러 명을 상대하니?"
"아니요, 한 번에 한 남자애하고만 쭉 하죠. 난 섹스 이상의 것을 기대해요."
"사랑?"
"사랑이요? 아니요. 그렇다고 생각진 않아요. 사랑하기엔 내 나이가 어리다는 말에 동감해요. 사랑, 결혼, 자녀 양육은 신중한 문제죠. 나는 그런 것을 위한 준비가 되어 있지 않다는 것은 알고 있어요. 섹스는 즐거움을 위한 것이죠. 난 섹스를 즐기기 위해 사랑에 빠진 척하진 않아요. 정말이에요, 선생님. 난 사랑이 어떤 느낌인지조차도 몰라요."
"하지만 섹스 이상의 것을 찾고 있다고 했잖니?"
"맞아요. 난 나와 같이 침대에 갈 남자에 대해서 매우 까다로워요. 지금 남자애가 여태까지 중에서 제일 낫죠."
"까다롭다는 게 무슨 말이니?"

"누군들 같이 침대에 갈 사람에 대해 까다롭지 않을 수 있나요? 왜 나는 달라야만 하나요?"

난 조심해야만 했다. 그녀는 매우 면도칼같이 날카로운 소녀였다. 그녀는 경멸하듯이 그 질문을 던졌다. 그녀는 어른들을 그다지 존경하지 않고 있었으며, 나의 그런 질문은 멍청한 질문이었다.

그녀는 계속했다.

"내가 13살 때부터 그렇게 하기 시작했다고 엄마가 말씀드렸을 거예요. 사실, 나는 13살 6개월이었고 꽤 성숙했지요. 난 그때보다 그다지 많이 자라지는 않았어요. 하지만 난 외모를 눈에 띄게 할 옷을 입지는 않아요. 내 외모는 내 마음대로 하죠. 섹시하게 옷을 입는 것은 멍청한 짓이에요. 섹스는 침대에서 하는 거지, 거리에서 남에게 보여 주기 위한 것은 아니죠. 하지만 섹스가 그렇게 좋다는 것을 처음으로 알게 된 후에 난 많은 생각을 했어요. 내가 충동적이지 않다는 것을 선생님은 알게 되셨을 거라고 생각해요. 난 내가 섹스를 계속하길 원한다는 것을 알고 마음을 정했죠. 그러나 첫 번째 그 아이는 아니었어요. 그 앤 엄청나게 겁먹었어요. 난 그런 게 싫어요. 겁먹을 게 뭐가 있어요? 우린 길거리에서 섹스를 하진 않았어요. 어쨌든 난 내가 어떤 사람하고 침대에 같이 가고 싶은지를 알아내는 데 많은 시간을 쏟아요."

그녀가 내게 이 이야기를 들려줄 때, 난 이런 생각이 들었다. 그녀를 위해서 내가 뭘 할 수 있을까? 난 확실히 그녀가 섹스하는 것을 강제로 그만두도록 노력하지 않을 것이다. 그런 외부통제 쪽으로 가는 기미를 조금이라도 보인다면 그녀를 완전히 돌아서게 할 것이다. 하지만 난 들어주는 것 외에 내가 무언가를 해야 한다고는 생각하지 않는다. 그녀의 부모가 내가 그렇게 해 주기를 바란다고 해서 말이다. 그리고 사실 이 시점에서 그것이 내가 원하는 전부이다. 난 그녀에 대해 그리고 무슨 일들이 일어나고 있는지에 대해 더 자세히 알려고 노력할 것이다. 난 그냥 듣고만 있었고, 그녀는 계속했다.

"내가 깨달은 점은 바로 이거예요. 그리고 거의 3년간은 잘 진행되었죠. 기준에 딱 들어맞는 아이여야만 해요. 학교에서 여자애들이 섹시하다고 생각하는 그런 남자애들은 아니죠, 축구나 야구를 하는 얼간이 같은 애들은 아니에요. 그런 남자애들이 사귀는 여자애들을 때린다는 것을 알고 계세요? 그들은 여자애들을 지배하길 원하죠. 얼간이 같은 여자애들은 그걸 사랑이라고 생각해요. 난 사랑에 대해선 잘 몰라요. 하지만 지배를 받고 있는 것이 사랑하고는 아무 관련이 없다는 것은 알아요. 절대로 아무도 나를 지배하려는 사람은 없을 거예요. 믿으세요."
"너에게 알맞은 상대는 어떤 남자애지?"
"첫째, 똑똑해야 해요. 나만큼은 아니더라도 그런 대로 하여튼 높은 수준이어야 해요. 아무튼 상당히 똑똑해야 해요. 난 독서를 하고 생각하는 남자애를 원해요. 그리고 클래식 음악을 즐길 줄 알아야 해요. 난 대화하는 것을 좋아하는 애를 원하죠. TV나 보는 애들은 싫어요. 난 친절한 남자애를 원해요. 나를 기쁘게 해 줄 수 있는 것을 배우길 원하고 내가 어떻게 느끼는지에 대해 관심을 가지는 애를 원하죠. 난 우리가 섹스를 그만두더라도 좋은 친구로 남아 있을 수 있는 남자애를 원해요. 예전에는 섹스를 하다가 그만둔 남자애들이 아직도 나의 좋은 친구예요. 난 그런 애들을 찾는 데 아무 어려움이 없어요…. 난 학교에서 주위를 살펴보죠. 난 학급의 남자애들을 주시해요. 난 학급에서 거리낌 없이 말을 하는 편이기 때문에 남자애들 대부분은 처음에는 나에 대해서 겁을 먹는다는 것을 선생님도 짐작하시겠죠. 하지만 그들 중 한 명이 논쟁에 끼어들면서 재치 있는 말을 하면, 난 그 애에 대해서 관심을 가지게 되죠. 그리고 나서 난 접근하기 시작해요. 이런 애들은 섹스를 해본 적이 없기 때문에 어떻게 접근해야 할지 방법을 찾는 데 시간이 걸려요. 나 같은 머리를 가진 여자아이가 섹스에 대해 어떻게 접근하는지 그 애들은 도저히 상상도 못하죠. 하지만 내가 진짜 관심이 있다는 것을 그 애들이 깨닫자마자, 제대로 맞아떨어지는 거죠. 하지만 난 서두르지 않아요. 난 우리 집으로 그 애들을 초대해요. 주로 집에는 아무도 없죠. 그러고 나서 우린 내 침실로 가서 좋은 음악을 들어요. 우린 음악과 우리가 읽은 책에 대해서 대화를 나누죠. 대부분의 남자애들이 그런 것들을 읽었죠. 한 가지는 그 나이에는 흥분시키는 데에 특별한 것이 필요 없다는 거죠."

"네가 어떻게 시작하게 됐는지 이해할 수 있겠다. 그런데 넌 여러 아이들을 사귀었지? 넌 그 애들에게 싫증났던 적이 있었니? 만약 네가 다른 애를 사귀길 원하게 되면 먼저 남자애와 어떤 식으로 헤어지니?"

"어느 정도 지나면 난 새로운 애를 원해요. 하지만 그 애들에게 싫증났기 때문은 아니죠. 난 단지 새로운 경험을 원해요, 말씀드린 대로, 난 한 번에 한 명 이상을 원하진 않아요. 난 그들에게 우리가 경험한 것은 좋았지만 새로운 사람과 이런 경험을 나누길 원한다고 그 애들에게 설명해 주죠. 난 우리가 한 행동이 결혼과는 상반된 것이라고 말해요. 일단 결혼을 하게 되면, 그때의 규칙은 새로운 사람은 안 된다는 것이죠. 난 규칙을 존중해요. 하지만 10대에 좋은 경험을 많이 갖는 것이 결국은 결혼에 대비

하는 가장 좋은 방법이라고 생각해요. 난 대학을 졸업할 때까지 계속할 계획이죠. 그 이후에는 잘 몰라요. 하지만 그때까지는 시간이 많이 남아 있어요."

"남자애가 너와 사랑에 빠지는 것에 대해서는 걱정하지 않니? 너와 헤어지는 것에 대해 정말로 화를 낼 수도 있잖니?"

"자살한다고 위협하는 것을 의미하시나요?"

"혹은 너를 죽인다고?"

"있었죠. 자살한다고 하진 않았지만, 두 명이 나를 사랑한다고 하면서 나 없이는 살 수 없다고 했죠. 하지만 지금까지 난 내 주장을 고수하고 있어요. 난 우리가 시작하기 전에 내가 끝낼 거라고 그들에게 말한 사실을 상기시켜 주죠. 그러나 우린 여전히 친구가 될 수 있고 그런 식으로 잘 마무리되죠. 난 이것은 사랑이 아니고 영원한 것도 아니라고 그들에게 말해요. 그리고 그것은 멋졌다고. 내가 아는 한 이것은 내 생애의 최고의 섹스가 될 거라고 말이에요."

"그런데 너의 평판에 대해서는 신경 쓰지 않니? 말이 좀 있을 텐데."

"약간 그래요, 그리고 난 그것을 좋아해요. 내가 만났던 남자애들 중 한 명이 나에 대해서 미리 좀 알고 있었죠. 그러나 그것이 오히려 도움이 됐어요. 그것을 알게 된 몇몇 아이들은 소름끼치게 하는 기분 나쁜 아이들이죠. 그리고 그들이 말하는 것에 대해 왜 내가 신경 써야 하나요? 내가 한 명이 아니고 다섯 명이라도 내가 좋아할 만한 아이들이 모자라는 일은 없을 거예요. 대부분의 힘쓰는 얼간이 남자애들은 나에 대해서 정말 아무것도 몰라요. 내가 학급에서 무엇인가 말을 할 때, 그 애들은 자신들이 범어를 듣고 있다고 생각하죠."

"내가 너한테 솔직해야겠다. 난 섹스에 대해 이렇게 많이 생각하는 사람을, 하물며 네 나이 또래에 그런 애를 만난 적이 없단다. 난 그것을 네가 너무 쉽게 생각하는 게 걱정되는구나. 단지 섹스만으로 보일지도 모르나, 넌 사랑을 가지고 장난하고 있어. 그건 위험한 일이지. 두서너 명의 남자애들이 너와 사랑에 빠졌다고 했었지. 이건 심각해질 수도 있어."

"저 좀 보세요, 난 기계가 아니에요. 난 그들 모두와 약간은 사랑에 빠졌었어요. 하지만 그런 입장이 그것을 좋게 만들죠. 내가 이런 남자애들을 고를 때 얼마나 조심하는지 선생님은 이해하지 못한 것 같군요. 질투심이 있거나 여자를 손아귀에 넣은 것을 자랑으로 여기는 남성적인 애들이 아니라, 똑똑한 남자애들이죠. 난 그들에게 잘해 주고 그들도 내게 매우 잘해 주었어요. 지금까지 아무 문제없었죠. 그리고 난 궁핍하지 않아요. 난 남자애들을 좋아해요. 하지만 그들을 필요로 하진 않죠. 운동선수들 주변에서 어슬렁거리는 멍청이 같은 남자애를 내가 필요로 할 거라고는 상상할 수 없어요. 아무튼 선생님이 옳아요. 난 사랑을 가지고 장난하고 있고 상처를 받을 수도 있죠. 그러나 내가 사랑에 빠진다면 난 그것에 대처해야만 해요. 그렇지만 내가 선생님을 만나길 원한 이유가 그것이란 걸 모르시겠어요? 만약 내게 문제가 생기면, 난 혼자가 아닐 거예요, 선생님이 날 돕겠죠. 하지만 무슨 일이 생긴다 하더라도, 난 이야기할 누군가가 있었으면 해요. 부모님이 우리를 만나게 해 주어서 난 기뻐요."

"자, 주디스. 난 너와 만나서 얘기를 나누고 싶었단다. 난 너에 대해서 대단히 관심이 많아. 하지만 난 이 모든 얘기를 너희 부모님께 말씀드려야만 해. 내가 네 인생에 도움을 줄 거라는 것을 너희 부모님이 알아야만 한단다. 하지만 난 네가 지금하고 있는 것을 그만두도록 애쓰지는 않을 거야. 만약 부모님이 네가 나에게 말한 것을 모두 알게 된다 할지라도, 그들은 네가 계속 나와 만나기를 원할 거야. 난 정말 그러고 싶구나. 네가 내게 말한 것을 부모님께 말씀드려도 되겠니?"

"난 상관없어요. 내가 부모님께 직접 말하고 싶지만 선생님이 그렇게 한다면 충격을 덜 받겠죠. 내가 부모님을 속이려고 하지 않았다는 것을 강조해 주세요. 하지만 부모님이 선생님을 계속 만나기를 허락해 주신다면 난 정말 고마워할 거예요."

우린 그녀의 관심사에 대해 좀 더 얘기를 나누었다. 그녀는 아무거나 닥치는 대로 읽는 독서가이고, 여러분이 이미 알 수 있듯이, 대단한 이야기꾼이었다. 그녀 부모에게 사실을 말하는 것 외에도, 내 고민은 그들이 나에게 부탁한 것 즉 그녀를 만나고 대화 나누는 것이 내가 할 수 있는 전부였다는 것이다. 만약 그녀가 자신의 인생을 망치더라도, 적어도 그녀는 나를 이야기할 수 있는 대상으로 여기고 있을 것이다. 하지만 난 그녀가 자신의 인생을 망칠 것으로 생각지 않는다.

나 역시 그녀의 부모와 같은 문제를 가지고 있다. 그녀의 행동 방식은 사실상 세상의 도덕성을 비웃는 것이다. 내가 그녀와 이것을 계속할 의무가 있는가? 글쎄, 무슨 일이 있을지 두고 보자. 그녀 부모와 대화를 해야만 했다.

나는 그들과 연락을 해서 내게 오라고 했다. 전화상에서, 난 주디스와 정말로 좋은 얘기를 많이 했고 그녀가 나를 계속 만나길 원한다고 그들에게 말했다. 그러나 내가 그녀를 계속 만나는 것에 동의하기 전에, 내 사무실에서 우리가 대화를 나눠야만 했다. 며칠 후에 그들이 왔다. "당신들은 아주 흥미로운 딸을 두고 있더군요"라고 말하면서 시작했다.

모: 그 애가 당신에게 뭐라고 말했나요?

나는 모든 이야기를 말해 주었다. 그리고 나서 그들이 뭘 하길 원하는지 물어 보았다. 그녀의 아버지가 먼저 말을 꺼냈다.

부: 어떻게 해야 할지 모르겠어요. 하지만 그 애가 하는 행동은 옳지 않아요. 선생님이 그 애를 그만두게 할 수 없나요?

상담자: 주디스와 이야기를 하고 관계를 맺는 것 외에 내가 할 수 있는 것은 없어요. 그녀는 대화할 누군가가 필요하다고 말했어요. 그녀는 당신들과는 말하지 않을 거예요. 그녀는 그것이 결국에는 논쟁이 될 거라고 말하더군요. 난 주디스를 믿어요. 당신들은 전혀 들어줄 기분이 아니에요.

모: 그 애를 다른 곳으로 보내면 안 되나요, 지금 그 애가 하고 있는 것을 못하게 할 어떤 곳으로요?

상담자: 가능하죠. 당신들은 그녀에게 일종의 성적 장애로 진단을 내려서 병원에 입원시키려고 하는 정신과 의사를 찾을 수 있을 거예요. 그녀는 아직은 미성년이니까요. 당신들은 서명을 할 수 있겠죠. 하지만 이런 말을 해 주고 싶어요. 만약 당신들이 그렇게 한다면 당신들은 그녀를 잃어버리게 될 거라고 난 생각해요. 이 소녀는 호락호락하지 않아요. 그녀는 당신들을 결코 용서하지 않을 거예요. 그리고 그들이 그녀에게 약을 복용하게 해서 그녀를 무감각하게 만들지 않고는 그들도 그녀를 오래 병원에 있게 할 수 없을 거예요. 그런 위험 부담을 원하시나요? 그녀는 어떤 정신과 의사를 만나든지 그 의사만큼이나 똑똑해요. 그녀는 도망칠 방법을 찾아낼 거예요. 난 그녀를 통제하려고 하는 어떤 사람의 입장도 탐나지 않아요.

당신들이 단지 할 수 있는 것은 그녀를 간섭하지 않는 거죠. 내 뜻은 그녀를 사랑해 주고, 이 문제를 제외하고 그녀와 진심으로 대화를 나누라는 거죠. 당신들이 그녀와 싸우려고 하면 할수록 그녀는 더 강렬하게 싸우려 할 거예요. 그럴 가능성이 아주 커요. 난 당신들이 그녀를 잃기를 원한다고 생각하진 않아요.

모: 그 애를 만나 주실 거죠?

   나는 고개를 끄덕였다.

상담자: 일주일에 한 번 그녀를 만나고 싶어요. 시간이 걸리겠지만, 우린 서로를 잘 이해하게 될 거예요. 만약 주디스가 실패한다면, 난 도와줄 거예요. 하지만 그녀가 그럴 거라고는 생각지 않아요.

부: 그런데 그 애가 남자애를 집에 데리고 오길 원한다면 어쩌죠?

상담자: 딸하고 그것에 대해서 이야기를 하세요. 당신들이 집에 있을 때는 절대로 안 된다고 말하세요. 당신들은 여행을 많이 하죠. 그녀가 집에 안전하게 있다는 것을 아는 게 더 낫지 않겠어요?

모: 하지만 그건 불법 아닌가요?

상담자: 내가 당신이라면 변호사와 이야기해 보겠어요. 만일 그렇게 한다면 딸을 변호사 사무실에 데리고 가세요. 그녀 모르게 아무것도 하지 마세

요. 하지만 경찰을 연결시키지는 말아 주세요…. 만약 당신들이 생각하고 있는 게 그것이라면, 난 그녀를 만나지 않을 거예요. 주디스는 천부적인 재능이 있는 아이죠. 그녀는 정말 어린아이 같지 않아요. 그녀를 잃지 않으려면 신중해야 해요.

그녀의 부모들은 그녀를 잃지 않으려고 몹시 노력했다. 그들은 그녀에게 정신의학적 도움을 받게 해줌으로써 그들이 할 수 있는 최선을 다했다. 나는 그들이 경찰을 관련시켰다면 그녀가 무엇을 했을지 예상할 수 없다. 하지만 그것이 무엇이든지 그것은 가족 전체를 파괴했을 것이다. 그녀와 좋은 관계를 맺기 위해 최선을 다해야만 한다. 그리고 나면 그녀 부모님의 관점을 그녀가 이해하도록 내가 도울 수 있을지도 모른다.

그리고 그렇게 되었다. 난 그 후 일 년 동안 매주 주디스를 만났다. 우린 모든 것에 대해 대화를 나누었다. 그녀가 관심을 갖지 않은 것은 없는 것처럼 보였다. 그동안에, 그녀는 그녀와 잠자리를 같이 한 남자애와 헤어지고 나서 다른 새로운 남자애를 사귀었다.

그녀는 동부 대학으로 갈 때까지 그와 계속 만났다. 그 남자친구가 캘리포니아에 머물기 때문에 둘의 관계가 끝난 것이라고 생각한다. 난 그녀를 마지막으로 만난 후 그녀를 다시는 만나지 못했다. 하지만 대학으로 가기 전에 그녀는 내게 전화를 해서 작별인사를 했다.

내 마음속에서 계속 맴돌고 있는 한 가지 의문점은 이것이다. 아무것도 변한 것이 없는데도 불구하고 그렇게 오랫동안 그녀를 만난 것이 정당했는가? 난 그녀 부모들과 두 번 그 점에 대해 논의를 했었다. 그리고 그들은 내가 그만두지 않기를 부탁했었다. 난 그 점에 대해 그녀와도 이야기를 했었다, 그리고 그녀는 평소대로 허심탄회하게 말했다. "만약 선생님이 내가 신경쇠약에 걸리길 원한다면, 난 기꺼이 그렇게 하겠어요. 재미있을 거라고 생각해요."

그러나 그녀를 처음 만난 지 약 3개월 후에 난 한 문제를 제시했고 그것은 상담에 도움이 되었다.

"난 너와 한 가지 얘기를 하고 싶은 것이 있어. 그것은 나에게는 매우 중요해, 그리고 너에게도 중요하다고 생각한단다."

계속하라는 듯이 그녀는 나를 쳐다보았다.

"네가 부모님에게 대하는 방식이 난 걱정이 되는구나. 내가 너의 부모님에게 전화했을 때 네 부모님들은 만족스러워하는 것 같았지만, 난 아직도 궁금해. 말해 보렴, 집에서 도대체 무슨 일이 벌어지고 있는지?"

"아무것도, 정말 아무 일도 없어요. 난 매우 좋아요, 난 내 식대로 부모님은 부모님 식대로 지내요."
"바로 그거야. 넌 네 식대로 지내고 부모님은 그들 식대로 지내는 것에 만족하니?"
"부모님은 만족하는 것 같아요. 부모님과 대화를 나누는 것은 어려워요."
"주디스, 넌 어려울 게 아무것도 없어. 내가 무얼 말하려는지 넌 알 거야."
"보세요, 내가 부모님과 마주칠 때마다, 난 그분들 눈에서 안 된다는 거절을 느껴요."
"그들의 허락을 원하지 않잖니?"
"내가 어떻게 그것을 얻겠어요?"

"그 질문에 어떻게 대답해야 할지 네가 찾아내야지. 넌 그곳에서 살고 있어. 난 대답해 줄 수 없단다."
"난 내가 지금 하고 있는 것을 그만둘 거라고 말할 필요가 없죠?"
"그렇게 하라고 네게 요구하시던?"
"아니요, 부모님은 한 마디도 안 하셨어요. 하지만 최근 남자친구에게 대하시는 게 전보다는 나아졌어요. 우린 주로 그 애 집으로 가요."
"전보다 나아졌을지는 몰라도, 여전히 만족스러운 것과는 거리가 멀구나. 너희 부모님들은 너를 두려워하고 있어. 넌 그들이 너를 두려워하길 원하니?"

난 그녀에게 이것을 말할 기회를 가졌다. 일반적으로, 어떤 연령층에 있는 아이일지라도 내가 이렇게 말한 것은 위험을 감수한 시도였다. 부모님이 자신으로부터 위협받고 있다는 얘기를 해 주는 것은 좋은 생각이 아니다. 이것은 아이에게 관계를 더 악화시킬 수 있는 힘을 느끼게 한다. 하지만 주디스에게는 그렇지 않을 거라고 생각했고, 그 생각은 맞았다.

"난 부모님과 대화를 해야만 하죠, 그렇죠? 좀 더 우호적으로요."
"네가 나와 하는 대로 하면 돼. 우리가 대화한 내용에 대해 그들에게 말하렴. 네가 부모님을 사랑하고 있다는 것을 알게 해 봐. 넌 할 수 있어. 그것이 해가 될 수 있을까?"
"내가 속이 좁았었죠, 그렇죠?"
"그래."
"선생님, 제안하실 것이 있으세요?"
"부모님에게 진실을 말하렴. 우리가 이 문제에 대해 이야기한 것을 말씀드려. 부모님과 대화를 하길 원한다고 말하고. 연극 티켓을 사달라고 하고, 네 남자친구 것도 사달라고 부탁하렴. 나중에 그 연극에 대해서 모두 함께 대화를 나눠보도록 해봐. 지금 네 부모님은 네가 대학에 가면 너와 멀어질 것을 걱정하고 있어. 그들은 좋은 분들이야. 하지만 그들은 네가 그들을 사랑하고 있다는 것과 함께 즐겁게 지낼 수 있다는 것을 알 필요가 있어. 방법을 찾아내 보렴. 아마도 내 아이디어들은 네 아이디어만큼 훌륭하지 않을 수도 있어."

우리가 좋은 관계를 맺을 수 없었다면, 나는 그런 식으로 그녀에게 말할 수 없었을 것이다. 그녀는 시간을 필요로 했었고, 두서너 달 후에 주디스의 부모는 그들이 잃어버렸던 것을 다시 찾았고, 예전보다 더 좋아졌다.

주디스가 대학에 진학할 때 그녀의 부모는 내게 전화를 했고 내가 한 모든 것에 대해 고마워했다. 나는 그녀를 만나게 해 준 것에 대해 그들에게 감사해했다. 약 10년 후에, 나는 쇼핑하러 가서 우연히 주디스의 부모를 만났다. 그들은 나를 만나서 너무나 반가워했고 그녀가 성취한 모든 것을 나에게 자랑함으로써 나를 기쁘게 해 주었다. 그들은 그녀와 잘 지내고 있었다. 주디스는 결혼하기 위해 약혼까지 한 상태였었다.

제14장
알코올이 문제가 아니라고 주장하는 로저

알코올은 로저에게 있어서
외부통제로부터의 일시적 도피가 되며,
그리고 그가 외부통제를 더 할 수 있는 일시적인 구실이 된다.

로저는 서구세계에서 가장 보편적인 중독이라 할 수 있는 알코올 중독자이다. 약물 중독자들이 어떤 종류의 약물을 선택하든 그 약물은 다른 것보다 그들이 원하는 것을 제공해 준다. 그것들은 다른 방식으로 얻을 수 있다고 믿는 것보다 큰 즐거움을 쉽고 확실하게 제공한다. 즐거움을 생성하는 뇌의 화학 반응을 활성화시키거나 그것과 비슷한 작용을 일어나게 하는 중독성 약물은 우리의 기본 욕구들 중 하나 혹은 그 이상이 충족되고 있다는 정보를 우리에게 주는 것으로 판명된다.

정상적인 삶에서는 어떤 욕구를 충족시키기 위해서 의도적인 노력이 필요하다. 욕구 충족이 안 되었을 때 따르는 피할 수 없는 고통과 또 우리가 해낼 때 느낄 수 있는 기쁨의 대가 때문에 노력하도록 우리는 동기화된다. 만약 당신이 배가 고프거나 혹은 외로울 때, 음식과 우정은 우리에게 절대로 제 발로 걸어들어 오지 않는다. 일류 등산가들은 에베레스트 산 정상에 오르는 기쁨을 추구하기 위해 인생의 반을 투자한다. 그것은 결국 그들에게는 최종적인 힘을 향한 여정인 것이다.

원하는 만큼 우리의 욕구들을 충족시키는 데 실패를 했을 때 고통은 필연적으로 치러야 하는 대가이기 때문에, 우리는 고통을 줄이기 위해 뭔가를 하려고 시도해야만 한다. 예를 들어, 이 책에 등장하는 내담자들의 거의 모든 증상, 제리의 강박적 이기부터 조지의 우울해하기에 이르기까지, 그들은 자신들의 좌절된 삶에 대한 고통을 줄이기 위해 그 당시에는 최선을 다한 것이다. 이런 증상은 고통스럽거나 혼란스러울 수도 있으나, 선택이론은 그들이 고통을 줄이고 있다고 설명한다. 그러나 우리는 이렇게 적은 감소로 기꺼이 만족하지는 않을 것이다. 내가 상담한 사람들을 포함하여, 대부분의 사람들은 계속적으로 사용할 수 있는 즐거운 행동으로 고통 혹은 고통스러운 증상을 줄이길 원한다. 예를 들어, 조지는 여자가 되었고, 제리는 캐롤과 사귀게 되었다. 하지만 그렇게 하는 데는 엄청난 노력을 해야만 했다.

중독성이 있는 약물들은 독특하다. 그 약물들은 큰 만족을 얻기 위해 더 많은 노력을 하고자 하는 욕구를 줄어들게 한다. 그들은 1달러짜리 복권으로 이기는 도박꾼과 같다. 도박꾼들은 작은 노력을 들여서, 오랜 세월 일해서 벌 수 있는 돈보다 더 많은 돈을 딴다. 약물이 주는 쾌감 때문에 중독자들은 그것을 얻기 위해 요구되는 노력이 무엇이건 간에 아주 가치 있다고 여긴다. 로저의 경우, 그가 해야 하는 노력은 적다. 알코올은 합법적이며 어디서건 쉽게 구할 수 있다. 그러나 합법적이든 아니든 간에 약물을 구하는 노력은 결코 큰 장애가 될 수 없다.

중독자들은 스스로의 인생이나 그들에게 의존하는 사람들의 인생 역시 망칠 수 있음이 명백한 사실인데도 불구하고 쾌감을 추구하는 것을 멈추지 못한다. 그들은 약물이 해가 될 것이라고 좀처럼 생각하지 않을 것이며, 더군다나 그들이 약물을 얻는 데 성공한다면 결코 그런 생각을 떠올리지 않을 것이다. 확실한 쾌감이 고통에서의 해방을 증대시킴과 동시에 그들의 마음을 완전히 점령한다. 중독의 회복기 말기에 쾌감이 거의 사라진 때에도 그들 머릿속에 아직도 깊이 간직된 것은 이런 시간에 대한 희망이며, 그들은 그때 경험했던 쾌감을 되찾고자 한다. 그런 희망은 그것을 '어떤 방법'으로 포기하기 시작할 때까지 그들을 계속 동기화시킬 것이다. 그 '어떤 방법'이 중독자들에 대한 모든 치료에서의 목표가 된다.

중독자를 치료하기 위해서, 치료는 생활의 정상적인 즐거움에 마음을 붙이도록 그들을 설득해야만 한다. 그런 즐거움은 더 오래 지속되기는 하나 약물이 제공할 수 있는 것보다 덜 강렬할 것이다. 만약 그것이 성공한다면, 치료는 약물이 주는 쾌감에 대한 희망을 줄일 수 있을 것이고, 그래서 그들은 약물 없이도 충분히 살아갈 수 있을 것이다. 대부분의 중독자들은 이런 희망이 완전히 사라지지 않을 거라고 내게 말한다. 그러나 만약 그들이 인생에서 정상적인 즐거움을 즐기기 시작할 수만 있다면-그들의 욕구를 충분히 충족시키는- 그런 희망은 통제할 수 있게 될 것이다.

이런 이유로, 중독자를 치료할 때 그들의 만족스러운 약물 경험에 대해 이야기를 나누지 않는 것이 중요하다. 이런 이야기들은 그런 희망을 더 갖게 해 줄 것이다. 그러나 그들의 비참한 경험에 대해 이야기를 나누는 것도 생략해야만 한다. 그것 역시 역효과를 초래할 것이다. 왜냐하면 모든 중독자들은 이런 이야기를 할 때 아무런 어려움 없이 약을 더 많이 구할 수 있는 상황이었다면 그들의 생활이 얼마나 더 나아졌을지에 대해 생각할 것이기 때문이다. 주디스를 제외하고, 비록 내가 상담했던 사람들이 과거의 불만족을 잘 인식하고 있었지만, 중독자들은 과거의 불행에 대해 주의를 기울이지 않는다. 그들은 고통은 잊고 오직 즐거움만을 상기한다. 어떤 방법이든지 간에 효과적인 치료는, 다른 내담자들에게나 중독자들에게나 마찬가지로 같다.

1. 오래된 관계를 새로 맺거나 혹은 새로운 관계를 맺을 수 있게 하기 위해 내담자들이 새로운 행동을 배울 수 있도록 돕는 데 초점을 맞춘다. 오래되었든 새롭든, 이런 관계들은 비중독자들이 더 이상 증상을 필요로 하지 않을 만큼 그리고 중독자들이 더 이상 약물을 필요로 하지 않을 만큼 충분히 만족스러운 것이어야 한다.

2. 치료자는 중독자를 포함하여 어떤 내담자에게도 변화를 강요하거나 압력을 주어서는 안 된다.

그러나 중독자에게는 이러한 치료 목표를 이루기가 다른 내담자들에 비해 훨씬 더 어렵다. 예를 들어, 좋은 관계에서 얻어지는 불확실한 쾌감에 반해 약물에 대한 확실한 쾌감을 포기하는 것이 중독자들에게 요구되는 것이다. 그리고 중독자에게 마약을 포기하도록 설득시키려는 유혹을 치료자는 계속 받을 것이다.

도박에 중독된 사람을 제외하고는 거의 모든 내담자들에게 치료자가 고통이나 증상을 포기하라고 요구하지 않아도 된다. 그것 때문에 그들이 상담을 받으러 온 것이다. 주디스를 제외하고 이 책에 등장하는 모든 내담자들은 그들의 고통스러운 행동을 없애길 원했고 상담은 이런 선택을 하도록 진행되었다. 주디스만이 오직 중독자들과 마찬가지로 그녀의 쾌감을 고수하고 싶어 했다. 중독자들은 치료하기 어렵다. 왜냐하면 그들은 자신들의 행동을 변화시키는 데 관심이 없기 때문이다. 그들은 자신이 추구하는 즐거움을 찾아냈다. 그들은 치료에 저항을 한다. 치료가 자신들의 쾌감을 뺏을 거라고 인식하고 있기 때문이다.

중독자에게 있어 또 다른 어려움은, 다른 문제를 가진 내담자들에게는 이런 문제로 싸우지는 않지만 그들의 인생에서 중요한 사람들(즉, 가족 구성원들, 친구들, 직장 상사들 그리고 심지어는 전문적인 상담가들)이 중독자가 약물을 포기하도록 설득하려고 노력한다는 것이다. 그들이 중독자들에게 약물을 포기하라고 설득하는 것은 중독자들이 이런 사람들과 한때 가졌던 만족스러운 관계를 되찾을 기회를 감소시키고 있는 것이다. 비록 제리가 여성과의 만족스러운 관계를 필요로 한다는 것을 알아차리는 것이 어렵지는 않았지만, 그를 아는 사람들이 강제로 그런 쪽으로 그를 밀고 가려고 강요하는 일은 없었다.

로저 같은 알코올 중독자에게 있어서, 그가 술을 마시는 것이 문제라는 것은 그의 주위 사람들 모두가 분명히 알고 있었다. 그러나 로저의 문제가 명확한 것이 오히려 함정이 되었다. 왜냐하면 누군가가 로저가 술 마시는 것을 그만두도록 압력을 넣으려고 하는 것은 그가 진짜 필요로 하는 것-즉, 만족스러운 관계-에 오히려 장애가 되기 때문이다. 그리고 외부통제가 우리 세계에서는 상식적인 심리학이기 때문에, 그에게 중요한 모든 사람들은 그가 술 마시는 것을 그만두게 하려고 위협하고, 벌을 주고, 비판하고, 비난하고, 불평하고, 잔소리하고, 매수하는 등의 행동을 한다.

그는 20년 가까이 술을 마셨었고 지금 나를 만나러 왔다. 그는 관계를 맺으려는 노력을 거의 포기하고 있었고, 술을 마시고는 얼마나 마셨는지에 대해 거짓말을 하면서 지내고 있었다. 그는 자신이 잘못된 행동을 하고 있다는 것에 거의 관심이 없었다. 왜냐하면 그는 자신이 필요로 하는 사람들이 어떻게 느끼는지에 대해 더 이상 마음을 쓰고 있지 않기 때문이다. 게다가 그들이 하고 있는 행동이 도움이 되는 것 같지는 않다. 그것은 더 나아지게 하는 게 아니라 더 악화시키고 있는 것이었다. 그리고 로저 이상으로 그것을 잘 알고 있는 사람은 아무도 없었다. 주위 사람들의 노력이 실제로 술을 끊게 하지 못하고 있기 때문에 로저는 이런 노력들에 대해 단지 말로만 적당히 넘어가고 있었다.

그러나 그 후 로저는 음주 운전 때문에 걸렸고 두 번째 위반으로 수감되었다. 나는 이것이 그에게 좋은 기회가 될 것이라고 생각한다. 그는 투옥되었다. 처음으로 법원 상담자의 충고를 따라 익명의 알코올 중독자 가족모임(A.A.)의 지지를 받고서 그의 아내는 그가 보석을 받게 하지 않았다. 그녀는 감옥에 있는 로저를 면회하러 갔고 더 이상은 그가 술을 마시는 것을 허용할 수 없다고 말했다.

아내는 그를 사랑하고 그의 곁에 있겠다고 말했지만 로저는 이 곤경에서 스스로 벗어나야 한다고 말했다. 로저는 법정에 갔고, 운전 면허증을 잃는 것 외에도 판사는 로저에게 1주일에 한 번 나를 만나고 그 외에 매주 4번 AA에 참석하거나 아니면 감옥에 가는 것을 선택하라고 했다.

판사는 적절한 외부통제를 사용한 것이다. 그는 로저와 관계를 맺기 위해 노력하지 않았다. 오히려 그는 로저가 감옥에 가는 것보다 더 나은 치료를 받도록 했다. 판사는 또한 지역사회에 대한 자신의 법적 책임을 잘 인식하고 있었다. 로저가 운전대를 잡는 것은 생명을 위험 속에 몰아넣는 것이다. 판사는 로저의 진전에 대한 보고를 원했다. 나는 로저가 나를 만나는 것과 AA에 가는 것 둘 다 원하지 않는다는 것을 알고 있다. 그가 나를 만나는 주된 동기는 감옥에 가고 싶지 않다는 것이다. 그러나 그것이 나를 단념시키지는 않는다. 자발적이든 강제적이든, 여자이건 남자이건 내가 내담자들로부터 원하는 것은 나를 만나러 오는 것뿐이다. 나머지는 내 책임이다.

현실치료상담이 법을 대신하진 않는다. 법적 책임은 법원의 문제고, 법원의 심리학은 언제나 외부통제이다. 내 책임은 법원에 계속 보고를 하는 것이다. 예를 들어, 나는 로저가 음주 운전이나 음주와 관련된 다른 범죄 때문에 경찰에 다시 걸릴지라도 그를 옹호해 주지는 않겠다. 나는 그가 나를 만나러 오지 않는다면 법원에 그 사실을 알릴 것이고, AA 모임에 참석하는지를 확인하는 것은 법원에서 알아서 하도록 할 것이다. 나는 또한 로저를 돕기 위해 최선을 다할 것이다. 그러나 비중독자인 내담자들을 돕던 것만큼 도울 수 있는지 약속하지는 않을 것이다. 처음에 그가 오면 바로 나의 입장을 명확히 밝힐 것이다.

더욱이 난 그와 법적으로 관련된 모든 사람들 즉, 그의 아내와 고용주 같은 사람들이, 로저에게 매수하기를 중단하도록 가르치고 외부통제 심리학을 선택이론으로 바꾸라고 아내와 그의 가족들을 가르칠 것이다. 만약 로저가 술 마시는 것을 그만두려면 그는 이 사람들과 다시 관계를 맺어야만 한다. 그들이 외부통제 심리학을 사용하는 한, 로저가 그렇게 될 가능성은 거의 없다.

비록 내가 AA를 지지하고 AA를 치료의 한 부분으로 판사가 결정했지만, 만일 그가 나를 만나고 AA에 계속 참석한다면 술을 끊을 승산이 더 클 것으로 나는 믿는다. 그는 AA에 평생 참석해야만 할 것이고, 그와 나 그리고 법원은 서로 합의하에 그가 언제 나를 그만 만날 준비가 되어 있는지 결정할 것이다.

내가 노력할 것은 그가 알아야 할 필요가 있는 선택이론을 그에게 가르치는 것과 함께, 만족스럽고 개인적인, 선택이론에 부합되는 관계를 제공하는 것이다. AA에서 얻어지는 이익은 그에게 도움이 될 것이며, 그 원칙은 선택이론과 모순되는 것은 아니다. 관계를 맺는 것이 AA의 핵심이며 정신이다. 그곳은 누구나 외로움을 느낄 수 없는 곳이다.

처음부터 그의 가족들이나 친구들, 그리고 그가 과거에 만났을지도 모를 다른 상담자들이 했던 것과는 다른 방식으로 그에게 접근해야만 한다는 것을 안다. 내 계획은 절대로 외부통제 심리학을 사용하려고 해서는 안 된다는 것이다. 예를 들어, 그가 술 마시기를 그만두어야만 한다는 말조차 그에게 해서는 안 된다. 그가 무엇을 하든 나는 절대로 비판하거나, 비난하거나, 불평하거나 혹은 잔소리를 하지 않을 것이다. 그가 술을 끊어야 한다면 그가 필요로 하는 모델이 될 관계를 내가 보여 주어야만 한다. 내가 알아 낼 수 있는 많은 변인 안에서, 나는 그에게 중요한 현실치료상담 질문을 하나 할 것이다: 술을 마시는 것이 당신이 필요로 하는 사람들과 가까워지는 데 도움이 됩니까?

로저와 같이 보내진 서류에는 다음과 같은 사항이 포함되어 있었다: 나이는 42세, 첫 부인과 결혼생활을 유지하고 있고, 10대 자녀가 3명 있으며, 그를 잘 참아 주고 있는 회사에서는 중간관리자로서 일을 잘해 내고 있었다. 그러나 상사의 참을성은 극에 달해 있다. 그가 최근에 투옥되는 바람에 2주 동안 직장에 출근을 하지 못했는데 다음번에도 그러면 그는 해고될 것이 틀림없다.

비록 아내가 그의 곁에 남아 있으려는 의지를 가지고 있지만, 그의 결혼생활은 상당히 파괴되어 있다. 그의 친구들 대부분은 그를 포기했다. 현재 남은 관계는 주로 술친구들뿐이다. 그와 내가 빨리 돈독한 관계를 맺지 못한다면, 그리고 AA의 지지적인 관계가 추가되지 않는다면, 그는 성공할 가망이 거의 없다.

로저가 내 방으로 들어왔을 때, 그는 이미 초기 알코올 중독자의 모습을 하고 있었다: 깨끗하지만 단정하지 않았고, 눈은 충혈되어 있었으며, 신경이 매우 예민해져 있었다.

그는 옷차림을 바로 잡으면서 편안하지 않은 것 마냥 의자에 자리를 잡았다. 나는 다음과 같이 현실적인 사실에 대한 것을 지적하는 것으로 시작했다. 내 입장과 그의 상황이 매우 심각하다는 것을 그가 이해하는 것이 중요하다는 것이다. 또한 나는 이러한 내용들을 서면화했다. 나는 하나는 나를 위하여, 또 다른 하나는 그를 위하여 두 장의 서류에 사인하라고 그에게 요구할 것이다. 결과적으로 그는 저항하지 않았다.

"로저, 만나서 반가워요. 우리가 여기서 할 일은 대화를 나누는 겁니다. 그게 전부예요. 정신안정제나 혹은 다른 약을 처방하지는 않아요. 그러나 우리가 시작하기 전에, 당신 같은 사람들과 내가 상담할 때 무엇을 하는지를 당신에게 말하고 싶군요. 만약 내가 당신에게 말하려고 하는 것에 대해 당신이 동의하지 않는다면, 당신은 법원에 가서 다른 사람을 소개받아도 됩니다. 나를 만나야 한다는 부담을 가지지 말아요. 먼저, 난 당신이 알코올 중독자라고 알고 있습니다. 그리고 그 점에 대해서는 논하지 않을 거예요. 이 사실은 음주와 관련해서 당신이 문제를 가지고 있고 당신은 그것을 끊기 위해 도움을 필요로 한다는 것을 뜻하는 것이죠. 당신은 자기 스스로 술을 끊을 수가 없었죠. 당신은 알코올 중독이 알코올로 유발된 전염병이라고 하는 주장을 들어 봤을 겁니다. 당신이 그 병을 앓고 있다고 생각하길 원해도, 난 상관없어요. 그 병은 어떤 점에서는 당신이 술을 마시고자 하는 욕망이 없어져도 치료가 안 된다는 것이지만, 욕망이 여전히 남아 있어도 단주문제는 가능하지요.

만약 당신이 술을 끊는다면, 당신은 좀 더 책임감 있는 삶을 살 수 있을 겁니다. 우리가 대화를 나눌 때 내가 제안을 할 수도 있겠지만, 난 무엇을 하라고 당신에게 말하지 않을 작정이에요. 하지만 난 법원의 대리인으로서 당신이 나를 만나지 않는다면 법원에 알려 주어야만 해요. 또는 당신이 음주운전을 한다고 내게 말한다면 그렇게 해야만 해요. 당신 말고 내가 첫째로 대화를 나누고자 하는 사람은 당신과 함께 있어 줄 당신의 아내죠. 만약 당신이 원한다면, 난 다른 누구라도 만나서 얘기를 나눌 거예요. 예를 들어, 당신 상사도 되지요. 우리가 만나자마자 너무 많은 것을 이야기하는 것 같군요. 그러나 내 경험에 따르면 당신은 자신이 술을 마시는 것을 심각한 문제로 생각하고 있지 않고 있으며, 사실은 나를 만나거나 AA에 가는 것을 원하지 않고 있다는 것을 난 알 수 있어요. 당신은 감옥에 가는 것보다 낫기 때문에 여기에 온 거죠. 하지만 로저, 내가 지금 말할 것에 당신이 동의할 거라고 봅니다. 나를 만나는 것이 감옥에 가는 것보다 천 배는 낫죠. 질문 있나요?"

로저는 가만히 앉아서 나를 바라보기만 했다. 마치 이 강의를 기대하고 있었고 그것이 그에게는 그렇게 큰 영향을 주지 않는다는 것처럼 말이다.

마침내, 그가 말문을 열었다.

"맙소사, 선생님. 선생님은 선생님이 해야 할 일을 하세요…. 난 감옥에 가길 원치 않아요…. 그리고 내 아내는 선생님을 만나길 원하고 있죠. 그녀는 상담이 끝나면 날 태우러 올 예정이죠. 만약 그녀가 할 수만 있다면, 일찍 올 수 있을 거예요. 그러면 선생님이 원하는 대로 제 아내를 만날 수 있죠."

이런 반응은 전형적이다. 그는 다음과 같이 말하고 있다. '선생님이 해야 할 일을 하는 것에 내담자의 도움을 기대하지 말라는 것'이다. 아내가 치료자를 만나기를 원한다는 것도 마찬가지다. 그는 아내의 도움으로 함께 그의 문제를 해결하기 위하여 아내가 상담자를 만나기를 원하는 것이 아니라는 것이다.

AA에 대한 그의 의견을 듣고 싶어서 물어 보았다.

"당신은 일주일에 4번 AA 모임에 나가야만 한다는 것을 이해하고 있나요? 그건 많은 편이죠. AA는 당신이 참석하는지를 법원에 알릴 거예요. 그 점을 이해하시죠?"

"그럼요, 그것에 대해 보호 관찰관과 얘기를 했어요. 그는 내가 전화를 걸어야만 하는 사람의 이름을 가르쳐 주었어요. 난 선생님을 먼저 만나야겠다고 생각했어요. 몇 번 모임에 갔었지요. 그것은 괜찮아요. 하지만 그게 어떻게 도움이 될지 이해가 안 되는군요. 대부분의 남자들은 모임 후에 술을 마시러 가죠. 몇 년 전에 잠깐 모임에 다녔는데, 나도 몇 번 그렇게 했어요. 하지만 걱정 마세요, 그 남자에게 전화할 거예요. 난 감옥에 가길 원치 않아요."

독자는 내 문제를 이해할 수 있다고 생각한다. 로저에 있어, 이 모든 것은 외부 통제이다: 나, 아내, 보호 관찰관, 법원. 그는 자신을 돕기 위해 무엇을 해야만 한다는 생각을 조금도 하지 않고 있다. 지금 나는 그의 머릿속에서 맴도는 생각을 알 수 있다, 지금 한 잔이 필요해. 난 그의 주의를 끌기 위해 뭐라 말을 해야만 한다. 그것은 내가 방금 말한 것과는 전혀 다른 것이어야 한다. 그 모든 것은 외부 통제였다. 지금부터 로저를 상담할 때 완전히 선택이론에만 매달리겠다.

"로저, 당신은 집에서, 직장에서, 가족이나 친구들과 같이 있을 때, 여기서 나와 같이 있을 때도, 모든 사람들이 무엇을 하라고 당신에게 말하고 있다는 느낌을 받고 있나요? 그런 사람들은 당신을 비판하고, 비난하고, 당신에 대해 불평하고, 당신에게 잔소리를 하고 있죠? 무슨 말인지 이해하죠?"

그는 잠깐 생각하는 듯했다. 난 그가 그 질문을 어느 정도 이해했다고 생각했다. 그는 말했다.

"선생님, 난 일생 동안 내내 그런 느낌을 받고 있어요. 어떻게 아셨죠?"
"우리 모두 때때로 그런 느낌을 받거든요. 어느 정도 그런 느낌을 가지고 있지 않은 사람은 거의 없을 거예요. 하지만 대부분의 사람들보다 당신이 그런 느낌을 더 많이 받고 있다고 생각이 되는군요. 당신 인생에서 지금 당신을 있는 그대로 받아들이고 있는 사람이 누구 한 사람이라도 있는지 내게 말해 봐요. 음주, 음주운전, 전부 다를 포함해서."

지금 그는 주의를 기울이고 있다. 그 질문은 그의 관심을 끌었다. 그는 말했다.

"지금은 아무도 없어요. 글쎄, 같이 술 마시는 몇 명은 그럴지도 모르죠. 그 외엔 없어요. 그러나 예전에 내가 어렸을 때는 할머님이 그렇게 해주셨죠. 하지만 할머니는 오래전에 돌아가셨죠. 내가 술을 마시기 시작한 이래, 아무도 나를 받아 주지 않아요. 글쎄요, 아마도 내 아내는 수용해 줄지도 모르죠. 그러나 그녀가 이번에 나를 보석시켜 주지 않아서인지, 더 이상은 그녀에 대해서도 잘 모르겠어요. 나머지 사람들에게 난 술주정뱅이

일 뿐이죠. 직장에서 일하는 사람들 모두가 내가 구속된 것을 알고 있어요. 신문에 났거든요. 그들은 내가 돌아온 다음부터 날 우습게 봐요. 내가 손에 병을 들고 비틀거려야만 하는 것처럼 혹은 그 비슷하게 보는 거죠."

"당신도 그런가요? 말해 봐요. 당신도 다른 사람에게 무엇을 하라고 말하나요? 당신 아내나, 아이들, 당신 아랫사람들에게 말이죠."

"나 같은 술주정뱅이가요? 누가 내 말에 귀를 기울이겠어요?"

"나는 당신이 술 취했을 때가 아니라, 당신이 멀쩡할 때를 말하는 거예요. 당신은 직장에서는 술을 마시지 않죠, 그렇죠?"

"안 마시죠, 전혀. 난 충동을 느끼지만, 한 방울도 마시지 않았어요. 하지만 선생님 말씀이 맞아요. 내가 정신이 멀쩡할 때는, 이따금 곰같이 일을 하지요. 모든 것을 다 아는 사람처럼 말이에요."

"결근하는 것은 괜찮나요? 출근은 어떻게 하고 있어요?"

"나를 화나게 하는 게 바로 그거예요. 아내가 나를 보석 석방해 주었다면, 난 하루도 결근하지 않았겠죠. 2주일이나 결근해서 큰일입니다."

"그럼에도 불구하고 일에 지장은 없나요? 당신을 무시하며 바라보는 사람들이 당신의 말에 대해 귀를 기울이나요?"

"그렇게 안 할 수 없죠. 내가 관리하는 아래 사람들은 그들이 무엇을 해야 할지 말할 때 아무렇게나 하면 안 된다는 것을 잘 알고 있지요."

이건 정말 외부통제의 진정한 비극이다. 로저처럼 외부통제에 의해 가장 큰 상처를 받은 사람이 그것을 가장 많이 사용한다. 그것은 악순환이 된다. 그의 부하직원들은 지금 그의 말에 주의를 덜 기울인다. '그를 우습게 본다.' 그것이 자신에 대한 로저의 말이다. 이런 경멸은 그를 좌절시킨다. 그럼으로써 그는 더 많은 통제를 하게 되고, 효과적인 경영에 필요조

건인 관계를 해치게 된다. 그리고 그것은 집에서 더 심해진다. 그의 아내는 그를 계속 통제하려고 하고, 그는 음주를 포함해서 할 수 있는 한 모든 방법으로 저항하고 있다. 외부통제는 그것을 사용하는 모든 관계에 독이 된다. 알코올은 로저를 외부통제로부터 일시적으로 모면하게 해 준다. 그리고 더욱 더 통제를 하게 하는 일시적 구실이 된다. 그가 술을 마시는 한, 달라지는 것은 아무것도 없을 것이다. 그러나 만약 그가 술을 끊는 것을 배울 수 있다면, 직장에서 그의 상사가 그를 통제할 필요성을 덜 느끼게 될 것이고, 집에서는 아내가 그를 덜 통제하려 할 것이다. 그리고 그도 아내나 직장의 아랫사람들을 통제할 필요성이 줄어들 것이다. 나는 로저와 그의 아내에게 선택이론을 가르치는 것에서부터 상담을 시작할 것이다. 지금 선택이론이 가장 절실하게 필요한 곳은 바로 가정이다. 그가 직장에서 술을 마시지 않거나 결근하지 않는 한, 계속 직장에는 나갈 수 있다.

"로저, 당신 아내에 대해 얘기해 볼까요. 그녀는 당신이 오늘 나를 만나는 것을 알고 있어요. 당신은 직장에서 이리로 왔죠. 당신은 운전을 할 수 없는데, 어떻게 여기에 왔죠?"

"내 아내가 오늘 아침 직장까지 날 태워다 주었어요. 여기까지는 직장동료가 태워다 주었죠. 난 내가 선생님을 만나러 가야 한다고 그에게 말했어요. 아내가 나를 태우러 올 거예요. 그녀는 곧 올 겁니다."

"내가 그녀 보고 들어오라고 해도 괜찮을까요? 나는 우리가 같이 이야기를 했으면 하고 생각하는데, 그렇게 해도 당신은 괜찮겠어요?"

낭비할 시간이 없었다. 그녀가 계속 비판하고 비난한다면 그에게는 가망이 없다. 내가 그 둘에게 상대방에게 대하는 행동을 바꾸는 것이 얼마나 중요한지를 설명할 수 있다면 그는 오늘 밤 술을 마시지 않을 수도 있다. 그리고 내일 밤에는 그가 AA에 갈지도 모른다. 우린 약 15분 동안 우리가 다른 사람과 잘 못 지낼 때 다른 사람들을 어떻게 대하는지, 서로를 얼마나 통제하려 하는지에 대해 이야기했다. 외부 통제에 해당하는 말을 사용하지 않았다. 그러나 그녀가 우리와 합류했을 때 외부통제를 할 수 있도록 분위기를 만들어 놓았다. 벨이 울렸을 때, 그녀가 왔다는 것을 알았다.

  나는 나가서, 나를 소개하고, 그녀에게 들어와서 같이 이야기를 하자고 했다. 티아는 유능해 보이는 매력적인 여성이었다. 비록 무엇이 내게 그런 인상을 주었는지를 정확하게 설명할 수는 없지만.

상담자: 티아, 당신이 와서 기뻐요. 그가 술을 끊으려면, 당신의 도움을 필요로 할 거예요. 그런데 그것은 쌍방통행로라고 보아야 해요. 당신도 그의 도움이 필요하다는 것이죠.

티아: 내가 할 수 있는 모든 일을 난 했어요. 난 20년 동안 참아왔죠. 내가 그를 보석시켜 주지 않은 것은 이번이 처음이에요.

남편: 아내는 날 2주 동안 감옥에 날 방치해 두었어요.

아내: 미안해요. 법원 상담자가 내게 그렇게 하는 게 옳은 일이라고 해서요.

남편: 하지만 직장을 잃을 수도 있었어.

상담자: 좋아요, 당신들이 지금 하고 있는 것이 바로 내가 대화를 나누었

으면 하는 대목이에요. 로저, 감옥에 있었던 것에 대해 당신은 아내를 원망하고 있군요. 원망하는 것이 당신들의 결혼에 어떻게 도움이 되지요?

남편: 하지만 아내는 나를 보석시켜 주었어야만 해요.

상담자: 그녀가 무엇을 했었어야 한다는 것은 아무런 상관이 없어요. 그녀는 옳다고 생각하는 것을 했어요. 당신은 옳다고 생각했기 때문에 음주 운전을 했어요. 그래서 어쨌단 말인가요. 당신과 그녀가 했던 일들은 이미 끝난 일이에요. 우리들은 아무도 몇 분 전에 한 일을 바꿀 수 없어요. 2주 전에 한 일은 더 그렇죠. 당신들은 그 문제에 대해 크게 싸우길 원하나요? 그것 때문에 술에 취하는 것이 가치 있는 일인가요?

두 사람은 나를 쳐다보았다. 그들에게 과거가 끝난 일이라는 것은 새로운 개념이었다. 내 입장을 확신시키기 위해 난 계속 말했다.

상담자: 계속해요. 만약 당신들이 싸우길 원한다면 그렇게 해요. 당신들이 무언가를 부수거나 서로를 때리지 않는 한 난 방해하지 않을 거예요. 소리치고, 고함지르고, 욕하고, 당신들이 원하는 대로 해요.

남편: 난 싸우길 원하지 않아요. 우리가 하는 일이라곤 싸움밖에 없죠.

아내: 당신이 하는 일이라곤 술 마시는 게 전부죠. 당신은 며칠 술을 안 먹는 것에 대해서 내가 격려하고 당신 편을 들어 주길 기대하는 거죠?

상담자: 티아, 좋은 질문이군요. 그가 술을 먹지 않고 집에 돌아왔을 때 당신이 어떻게 해 주었으면 하고 기대하는 것 같아요?

아내: 그가 술을 먹지 않고 집에 온다고요? 농담하시나요? 술 안 먹는 며칠은 저 작자가 마치 금메달이라도 목에 걸어 주기를 원하는 것처럼 느꼈어요.

상담자: 로저, 당신이 원하는 게 그거예요?

남편: 우리가 얘기했던 것들과 비슷하네요. 내가 술에 취해 있든 아니든 그녀는 항상 나를 감시해요. 그녀는 오늘 아침에도 철저하게 나를 감시했어요. 난 판사처럼 정신이 멀쩡했어요.

아내: 그의 말이 맞아요. 나도 내 자신을 어쩔 수 없어요. 그가 하는 일이라곤 내 인생과 아이들 인생, 자신의 인생을 망치는 것이란 생각이 들 때면 난 화가 나요. 오늘 아침에 난 입을 다물고 있는 게 더 나았을 텐데도 그렇게 하지 못했어요.

상담자: 아녜요. 두 사람이 서로 말하지 않기로 하는 것은 소용이 없죠. 싸우는 것보다는 낫지만 별 도움이 안 돼죠. 로저는 멀쩡했어요. 그는 감옥에 가는 것을 두려워해요. 당신은 그와 대화를 나누는 게 더 나았을 거예요. 여기가 오늘 아침 당신들의 차 안이라고 가정해 봐요. 그가 취하지 않은 상태에서 조수석에 앉아 있어요. 한 번 생각해 봐요. 그의 문제에 도움이 될 만한 것으로 그에게 무슨 말을 해 줄 수 있었겠어요?

로저는 아내를 바라보았다. 그의 표정은 그녀가 무슨 말을 해 주길 간청하는 것 같았다. 그녀가 생각하는 동안 그에게 물어 보았다.

상담자: 로저, 오늘 아침에 아내가 하진 않았지만 뭐라고 말해 주었으면 좋았겠다고 생각해요?

아내: 좋아요, 그거 괜찮군요. 선생님. 난 제안을 하나 하고 싶어요, 정말 하고 싶어요. 빈정대는 것은 아니에요. 지금이 오늘 아침이고, 우리가 차 안에 있어요. 남편은 술을 먹지 않았어요. 당신은 내가 당신에게 무슨 말을 해 주었으면 좋겠는지 말해 봐요?

남편: 당신이 말해 주었으면 하는 것은 그렇게 많지 않아. 대부분은 당신이 말하지 않았으면 하는 것들이지.

상담자: 티아, 로저와 난 당신이 들어오기 전에 대화를 나누고 있었어요. 사람들이 보통 화가 났을 때 서로에게 뭐라고 말하죠?

아내: 불평을 하죠. 오늘 아침에 차 안에서 나도 내내 그렇게 했어요. 선생님이 술주정뱅이와 결혼했다면, 그 외에 뭘 하겠어요?

상담자: 로저, 우리가 하지 말아야 할 것이 무엇인지 그녀에게 말해 주세요. 우리가 다른 사람에게 화가 나 있어도 우리가 하면 안 된다고 내가 했던 말을 기억해요?

남편: 날 좀 봐요. 티아. 나에게 화내지 말아요…. 내 생각이 아니라, 선생님 생각이요. 내가 그 말을 모두 기억할 수 있을지 잘 모르겠지만, 선생님이 말씀하시길, '비난하기, 탓하기, 불평하기, 잔소리하지 말고, 위협하고 벌주지 말아라. 그리고 나를 보석, 석방시키지도 말라'고 하셨지. 그것은 뇌물과 같은 것인데 선생님은 그것을 매수하기라고 말하셨지.

아내: 그래요, 모두 내 잘못이군요. 그것은 불가능해요. 난 성인군자처럼 행동할 수 없어요. 맙소사, 나만 그런 게 아니죠. 당신 엄마도 당신과 말을 할 때마다 당신에게 그랬어요.

상담자: 제발 나와 상담하는 동안에는 인내를 가져요. 난 완전히 새로운 것을 당신들에게 가르쳐 주려 해요. 미친 소리처럼 들리겠지만, 티아, 내게 기회를 줘 봐요. 여기까지는 로저가 맞아요. 단지 여기까지만. 당신이 말하는 것은 당신 잘못이죠. 그러나 당신 잘못은 그것뿐이에요. 그가 술을 마시고, 운전하고, 문제를 일으키는 것은 당신 잘못은 아니죠. 그건 그의 잘못이죠. 그의 입에서 나오는 것도 그의 잘못이죠. 만약 그가 직장을 잃는다면, 그것은 그의 잘못이죠. 우리가 여기에서 할 일이 바로 그거예요. 만약 당신들이 20년 동안 했던 대로 계속 똑같이 행동한다면, 달라지는 것은 아무것도 없어요. 아무것도. 누가 잘못했는지는 잊어요. 오늘 아침 차 안에서 비난하고 탓하거나 불평하는 것 말고 당신이 그에게 할 수 있는 말이 뭐가 있을까요?

침묵이 흘렀다.

아내: 알았어요. 선생님이 무슨 말을 하시는지 이해했어요. 그러나 여기서는 더 쉬워요. 난 오늘 아침처럼 화가 나 있지 않거든요. 난 이렇게 말할 수 있었을 거예요. "당신이 술을 마시지 않아서 기뻐요. 직장에서 좋은 하루 보내길 바라요. 오늘 밤 상담 선생님 사무실에서 봐요." 어때요?

상담자: 로저, 당신은 지금 차 안에 그녀와 같이 있어요. 그녀가 방금처럼 말했어요. 당신은 그녀에게 뭐라고 말할 건가요?

남편: 왜 당신이 나를 보석 석방시켜 주지 않았는지 이해했어. 난 난생 처음으로 내 상황이 얼마나 위험한지 알았어. 감옥에서 보낸 2주가 나를 돌아보게 했지. 그리고 당신이 오늘 아침 날 직장까지 태워다 주면서 나에게 소리치지 않아서 기분이 참 좋아.

아내: 내가 이제껏 들어 보았던 말 중에 가장 심한 헛소리 같군요. 난 오랫동안 당신을 참아 왔어요. 당신은 그 비슷한 말을 한 적이 전혀 없었어요.

상담자: 허풍이든 아니든, 티아, 당신은 그것이 새롭다는 것을 인정해야만 해요. 당신이 허풍이라고 부르는 것을 난 선택이라고 부르죠. 당신들 둘이 항상 서로에게 하는 행동을 난 외부통제라고 불러요. 당신들이 20년 동안, 혹은 더 오래 그동안 했던 대로 똑같이 행동하길 원한다면, 왜 여기에 왔겠어요?

아내: 선택이론이 뭐죠?

남편: 그래요, 그게 무슨 뜻이죠?

　이것은 첫 번째 희망적인 징조이다. 그들은 서로에게 맞서는 것 대신, 둘이 같이 내가 무엇에 대해 말하고 있는지를 물어 보고 있다. 선택이론은 강력하다. 차 안에서의 작은 연극이 그들의 주목을 끌었다.

상담자: 이건 새로운 이론이죠. 이 이론에서는 당신들이 하는 모든 행동은 본질적으로 당신들이 선택한다고 해요. 당신이 말하는 모든 말들을 당신이 선택한 것처럼요. 그러나 더욱 중요한 것은, 상대방과 관계를 맺는 데 서로 주고받는다는 것이에요. 로저가 두세 번 술에 취했을 때부터 당신들이 했던 방법을 외부통제 심리학이라고 부르죠. 난 당신들이 1주일 동안 그것을 포기했으면 해요. 그것 대신 선택이론을 사용했으면 하는 거죠. 그것은 정말 도움이 될 것이고, 재미있을 거예요.

아내: 하지만 우리가 어떻게 하겠어요? 우리가 포기해야 하는 것이 무엇인지조차도 모르는데요. 외부통제, 그게 뭐죠?

남편: 그리고 그것 대신 선택이론을 사용하라고요? 어떻게 하면 되나요?

상담자: 몇 분 전에 당신들이 차 안에서 했던 것과 같아요. 한번 시도해 보고 싶어요?

남편: 난 해 보고 싶어요(아내는 동의한다는 의미로 고개를 끄덕였다).

상담자: 난 당신들이 이 작은 책을 함께 읽었으면 해요. 여러 번 읽고 그 책에서 제안하는 것을 당신들이 할 수 있는지를 생각해 봐요. 그러나 당신 둘이 같이 해야 해요. 한 사람만 하면 안 돼요. 이 책은 선택이론의 언어라고 해요. 난 당신들이 집에서 일주일 동안 서로에게 이런 표현들을 사용하려고 노력하면 좋겠어요. 당신들이 성공한다면, 그 1주일은 오랫동안 혹은 당신들의 전 생애 동안 가졌던 1주일과 아주 다른 1주일이 될 거예요. 그 책을 전부 읽어요. 서문에서 끝까지. 만약 상대방에게 어떤 불편을 느끼기 시작한다면, 당신이 하려고 하는 말들을 하지 마세요. 당신들이 서로 다른 방향으로 너무 멀어지기 전에 책을 잡아요.

아내: 알았어요. 그 책을 읽을게요. 하지만 이 질문에 대답해 주세요. 지금 그는 술을 마시지 않았어요. 그러나 그가 AA 모임에 갔다가 술이 취해 돌아온다면 내가 어떻게 행동해야 하죠? 그는 전에도 그랬어요. 또는 얼마간은 그가 술을 먹지 않고 있을 때도 술에 취해 있을 때만큼이나 난폭해요. 선생님은 그가 술을 먹을 수 없을 때 어떻게 행동하는지 모르세요.

상담자: 알아요, 그는 같이 지내기에 편한 사람은 아니죠. 그런데 당신은 그것을 참지 않는 거죠. 당신은 화나면 뭐라고 말하나요?

남편: 아내는 잔소리하고, 위협하고 나를 술주정뱅이라고 불러요. 아내는 나와 결혼한 것을 후회한다고 말해요. 그리고 그보다 더한데, 그걸 여기서 반복해야 할 필요는 없어요. 상상하시겠죠?

상담자: 항상 똑같나요?

아내: 비디오를 다시 보는 것 같죠.

상담자: 내가 설명할게요. 당신과 로저 둘 다 정상적인 사람이죠. 당신들은 정상적인 이유로 결혼했어요. 당신들은 서로를 사랑했죠. 내가 너무 지나친 가정을 했나요? 당신들은 서로를 사랑했죠?

아내: 난 그를 사랑했어요. 지금도 그렇고요. 그도 나를 사랑했다고 생각했죠.

남편: 나도 여전히 당신을 사랑해. 난 결코 당신을 사랑하지 않은 적이 없어.

아내: 알았어요, 당신은 나를 사랑하고 있군요. 대단하네요. 난 20년 동안 그 타령을 들어왔어요.

상담자: 당신이 그를 사랑하고 그의 곁에 머무는 것만큼, 당신은 강제로 그를 바꾸려는 표현과 말들을 사용해 왔어요. 그게 외부통제죠. 당신이 계속 똑같은 테이프를 반복해서 틀면 틀수록, 당신들의 관계는 점점 더 고통스러워질 거예요. 그런데 아내가 시작하면 당신은 무엇을 하죠?

남편: 난 그녀를 때리진 않아요. 그러고 싶다고 느끼지만 그렇게 하진 않아요. 그냥 집을 나가 버리죠. 난 술이 몹시 마시고 싶고 모든 것을 잊어버려요. 내가 집에 돌아오면 그녀는 다시 시작하죠. 하지만 너무 술에 취해 있어서 아내가 하는 말을 듣지도 못해요. 그냥 곯아떨어지죠.

아내: 하지만 그것보다 더 나빠요. 내가 말한 대로 남편은 술을 마시고 싶지만, 술을 마시지 못할 때는 너무 난폭해져요. 그는 어슬렁거리고 돌아다니면서 모든 것에 불평을 해대죠. 아이들은 그를 무시하게 되었지만 난 그렇지 못했어요. 그는 모든 일에 대해 나를 비난해요. 난 설거지조차 내가 그걸 어떻게 해야 한다는 그의 말참견을 들으면서 해야 해요.

상담자: 내가 당신들에게 가르치려고 하는 것이 정확히 그거예요. 당신들이 하는 행동이라곤 항상 낡은 테이프를 돌리는 것 같군요. 당신들의 모든 행동은 상대방을 통제하려는 것이죠. 내 요구는 1주일 동안 당신들 두 사람이 하던 것을 완전히 멈추는 것이죠. 이 책을 읽어요. 당신들의 자녀도 다 컸으니 그들이 흥미를 갖는다면 같이 이 책을 읽도록 해요. 선택이론은 새로운 것이죠. 그것은 외부통제와는 반대예요. 선택이론은 사람들이 관계를 맺게 해 주죠. 외부통제는 관계를 파괴시키죠.

아내: 알았어요. 그런데 우리가 집에 가는 길에 맥주 여섯 개들이 한 팩을 사기 위해 나보고 차를 세우라고 하면 내가 어떻게 행동해야 하나요? 그는 그것이 단지 맥주 여섯 개들이 한 팩일 뿐이라고 말할 거예요. 하지만 그는 어떻게 하면 술에 취하는지 알고 있다는 것을 말씀드리고 싶어요. 그는 그걸 마시고 술에 취할 거예요.

남편: 난 당신에게 부탁하지 않을 거야. 난 괜찮을 거라구.

상담자: 그러길 바라요. 그런데 그가 만약 당신에게 부탁한다면, 그리고 당신이 고함치길 원하지 않는다면 당신은 어떻게 말할 건가요?

아내: "난 당신을 사랑해요. 맥주 여섯 개들이 한 팩은 살 수 있죠"라고 말해야만 하겠죠. 그렇게 하면 다툼을 피할 수 있을 거예요.

상담자: 그렇게 나쁜 생각 같지는 않군요. 당신은 이렇게 말해야만 해요, "로저, 우리가 상담실을 떠날 때까지는 우린 잘 지냈어요. 오늘 밤 술을 마시는 것이 우리가 더 잘 지내는 데 도움이 될까요?"

아내: 아, 알겠어요. 그러고 나면 그는 나에게 노발대발하면서 내가 말장난한다고 나를 비난하겠죠.

상담자: 로저, 아내가 그렇게 말한다면 당신은 뭐라고 할 건가요? 그녀 질문에 대답해 주겠어요?

남편: 그녀는 절대 그렇게 말하지 않을 겁니다.

아내: 선생님이 무슨 말씀을 하시는지 난 이해했어요. 난 당신에게 이 질문을 하겠어요. "그 책을 읽는 것이 우리가 잘 지내는 데 도움이 될까요? 아니면 그냥 집에 가서 우리가 하던 대로 싸울까요?"

남편: 빌어먹을, 티아. 우리가 어떻게 싸우는지 알고 있잖소. 집에 가서 그 책을 읽읍시다. 난 오늘 밤에는 술을 마시지 않을 거예요. 맥주 한 팩을 사기 위해 차를 세우기를 원하지 않아요.

상담자: 로저, 다음 주에 만나요. 티아, 오늘처럼 당신도 여기에 올 수 있

나요? 내가 로저와 상담을 하는 초기에, 한두 달 동안은 당신도 같이 상담시간에 참석했으면 좋겠어요.

남편: 난 오늘 밤에 AA 사람에게 연락할 거예요. 감옥으로 다시 간다고 생각하면…. 맙소사, 그곳에서 1년을 지내느니 차라리 죽는 게 나아요.

외부통제의 법적 관례에는 약간의 효과가 있다. 감옥에 가야 한다는 위협은 로저가 아직은 잃고 싶지 않는 것이 남아 있을 때에만 효과적이다. 만약 그가 1년 동안 감옥에 있게 된다면 너무 늦을지도 모른다. 내가 해야만 하는 것은 그의 불안을 역이용하는 것이고 두 사람에게 선택이론을 가르치는 것이다. 난 이미 시작을 했다. 그들은 오랫동안 사용한 외부통제를 전부 그만둘 수는 없다. 아무도 그렇게 할 수 없다. 그러나 그들은 포기하기 시작할 것이다. 만약 그가 모임에 몇 번 참석한다면, 난 AA가 도움이 된다는 의견을 꺼내 놓을 것이다. 왜냐하면 그 모임에서는 거의 외부통제를 하지 않기 때문이다. 그러나 선택이론을 가르치는 것은 AA 이상으로 확실한 방법이다. 그것은 절대 해가 될 수 없으며 바람직한 많은 일을 할 수 있는 가능성을 가지고 있다.

제15장
어린 아들을 다루지 못하는 밥과 수

아이의 비위를 조금이라도 거스르는 일이
화를 더 내게 하는 일이라고 그들은 생각하는 것 같았다.

모든 부모들은 자신들의 좋은 세계 안에 자녀가 어떻게 행동해야만 한다는 사진을 가지고 있다. 주디스가 그런 사진을 노골적으로 무시했기 때문에 그녀의 부모들이 내게 온 것이다. 그러나 주디스는 16살이었고, 그녀는 나를 스스로 만나러 올 수 있을 정도로 충분히 성숙해 있었다. 게다가 그녀의 부모들은 자신들이 그녀와 잘 지낼 수 있을지 자신 없어 했다. 그들은 내가 그녀를 기꺼이 도와주려고 하자 기뻐했다. 그러나 그녀가 더 어렸다면, 예를 들어 막 걷기 시작한 때부터 사춘기 이전이었다고 가정해 보라. 그랬다면 나는 대부분 부모들에게 상담을 받으라고 권했을 것이다. 직접 그녀를 관여시킬 필요가 없었을 것이다. 이것은 정해진 규칙은 아니다. 그것은 내 경험에 근거한 지침이다. 각 사례는 성과에 따라 평가되어져야만 한다.

나는 사춘기 이전, 약 13세까지의 아이들의 경우 부모들과 같이 상담한다. 그 나이 때의 대부분의 아이들은 아직은 그런 대로 부모 통제하에 있기 때문에 부모들은 그들을 다루는 방법에 대해 지도를 받을 수 있다. 14세 이상의 아이들과 상담을 할 때는 그들의 부모들과 연락은 하지만 상담 시간에 오라고는 거의 요구하지 않는다. 주디스의 경우처럼 그들은 스스로 상담에서 도움을 받을 만큼 충분히 성숙해 있다.

아이들이 15세가 될 때까지는 부모들이 아이들에게 단연 최고로 중요한 사람이라고 생각한다. 비록 그들이 아이들과 잘 지내고 있지 못할지라도 말이다. 그러나 15세 이상이 되면 오랫동안 부모들의 말을 따르지 않았던 대부분의 아이들은 부모들이 하는 것에 진지하게 귀를 기울이지 않는다. 만약 부모들이 처음부터 선택이론을 사용했더라면 이런 일은 지금보다는 덜 일어났었을 것이다. 그러나 우리가 외부통제의 지배를 받고 있는 사회에서 사는 한, 청소년들과 부모들은 많은 갈등을 겪을 것이다.

내 기술은 관계 맺기이다. 내가 만약 성공한다면 나의 어린 내담자들이 대부분 필요로 하는 것을 줄 수 있을 것이다. 즉, 부모 이외의 다른 책임 있는 성인과의 좋은 관계 말이다. 여기에서 '책임 있는'이라는 뜻은 그들의 이야기에 내가 귀를 기울일 것이고 나의 이야기 즉 어른의 이야기에도 그들이 귀를 기울이도록 설득하는 기술을 가지고 있다는 뜻이다. 이런 관계를 통해서 아이들의 나이와 상관없이 그들이 부모들과 다시 관계를 맺을 수 있도록 도울 수 있다. 여러 해 동안 내 내담자 중 거의 반수가 15세에서 20세 사이의 젊은이들이었다. 나는 그들의 부모들과 연락을 계속했지만, 항상 그들을 혼자 만났고 상담의 대부분은 항상 성공적이었다.

불행히도 바람직하지 않은 행동을 하는 대부분의 청소년들은 그들의 부모들과 단절되는 경향이 있고, 역시 부모와 단절된 다른 친구들에게 마음을 돌린다. 유유상종이다. 그들이 또래 친구들로부터 지지받기는 하지만, 그런 지지는 부모들에게 반항하라는 충고의 형태로 종종 나타난다. 그러나 그런 유형의 지지는 그들에게 필요한 것이 아니다.

때때로 그들은 자신들과 관계를 잘 맺을 수 있는 할아버지, 할머니, 이모 혹은 삼촌 같은 친척어른들에게 마음을 돌리기도 한다. 그럼으로써 그들은 부모들과 좋은 관계를 유지할 수 있다. 그러나 그들과 관계를 맺기 위해서 친척들은 외부통제를 피해야만 했었는데, 이런 상황에서 외부통제를 사용하는 친척들이 그렇게 하기는 어렵다. 선택이론을 아는 친척을 발견한다면 참으로 다행스러울 것이다. 청소년들과 관계를 맺고 그들에게 많은 도움을 줄 수 있는 교사들, 성직자들, 주치의들, 학교 상담가들 모두 그래야만 한다. 사실 청소년들과 관계를 맺을 수 있는 기술을 가지고 있는 책임 있는 성인이라면 큰 도움이 될 것이다.

때때로 성인들을 다룰 때는 이런 문제가 명확하지 않을 수도 있지만, 부모들의 규칙을 어기기 시작하는 아이를 다룰 때 이것은 분명히 힘들 것이다. 아이가 어리면 어릴수록, 이런 반항은 점점 더 두드러질 것이다.

밥과 수는 그들의 소아과 의사가 소개해서 내게 왔다. 그는 내게 그들의 아들인 에릭이 걱정스럽다는 메모를 보냈다. 에릭은 한 살이 되었을 때부터 그가 짜증을 낸 것을 부모들이 바로 알아차리지 못하면 막 심술을 부렸다. 3살이 채 안 된 에릭은 부모를 때리고 심지어 가끔은 한 살배기 여동생에게도 덤볐다. 그 아이의 비위를 조금이라도 거스르는 일, 예를 들어 그의 접시에 음식이 잘못 놓였거나, 그가 부를 때 엄마가 가지 않는다거나, 그의 곰 인형이 사라졌거나, 혹은 자신의 장난감을 정돈해 놓은 것을 누군가가 어지럽혀 놓거나 하는 그런 것들이 화를 내게 하는 계기가 되었다고 밥과 수는 생각하는 것 같았다. 이따금 화를 왜 내는지 파악하는 것이 힘들 때도 있었다. 밥과 수는 이런 폭발을 걱정하면서 살고 있다.

밥과 수는 30대 초반인 인상이 좋은 부부로, 서로를 사랑하는 것처럼 보였고, 에릭에 대해서는 어찌해야 할지를 모르고 있었다. 다행스러운 점은 그들이 서로를 비난하지 않는다는 것이고 그래서 나는 그 문제를 다루지 않아도 되었다. 둘 다 직장생활을 하고 있었지만, 아침에 일찍 와서 그들이 퇴근할 때까지 아이들을 돌봐주는 아주 완벽한 보모가 있었다. 그 보모는 에릭이 자신과 있을 때는 아주 잘 지낸다고 그들에게 말했다. 만약 에릭이 화를 냈을 때에도 그렇게 오래가지 않는다고 한다. 주로 에릭은 부모에게만 화를 내고 있었다. 아이러니하게도 그들은 직장에 나가기 때문에 특히 에릭과 지내는 시간에는 아주 충실히 하려고 노력한다는 것이다. 그리고 그들이 그렇게 하면 할수록 에릭은 더 많은 것을 원하는 것처럼 보였다. 그들 중 한두 사람 혹은 모두가 오로지 말 그대로 그 아이에게만 전념한다면 에릭이 좋아질 거라고 기대하고 있었다.

문제점에 대해 앞서 말한 정보를 듣고 서로 친숙해지는 데 시간을 잠깐 보낸 후, 난 의견을 말하면서 시작했다.

상담자: 당신들이 여기에 왜 왔는지 나는 알겠군요. 당신들은 모든 것을 제대로 하고 있다고 여기는데, 아무것도 잘되지 않는다고 생각하는 것 같군요. 당신들이 터프한 아들을 기르고 있다는 말을 내가 할 필요는 없겠죠? 그가 원할 때 모든 주의를 기울이는 것 외에, 도움이 되었던 게 뭐가 있는지 말해 줄래요?

나는 그들의 잘못이 아니라는 것을 확인시켜 주고 싶었다. 그를 다른 모든 것들이 효과가 다 있었던 것은 아니었지만 그들은 무슨 짓을 해서라도 바르게 하려고 최선을 다했던 것이다. 잘못된 것은 외부통제를 발견한 아이를 다루고 있다는 것이다. 그 아이는 자신의 부모가 하루 종일 자신을 보모에게 맡겨 둔 것에 대해 죄책감을 느끼고 있다는 것을 알고 있고, 부모들을 통제하기 위해 화를 냄으로써 힘을 얻는 것에 중독되기 시작하고 있다는 것이다. 에릭이 상황을 통제하고 있을 때는 굉장히 기분이 좋다. 대체로 그의 통제하에 있고, 부모들은 외부통제를 하고 있지 않다. 그와는 정반대이다. 물론 그들은 그를 통제하려고 하지만, 강제로 하거나 지배하는 것은 아니다. 단지 상황을 진정시켜서 고비를 넘기려고 노력한 것이다. 선택이론에서 설명하기를 우리의 욕구들은 강도에서 차이가 난다. 어떤 사람들은 다른 사람들보다 힘의 욕구가 더 강할 수 있다. 그리고 에릭은 유전적으로 힘이 강한 사람들 중의 하나이다. 힘에 대한 이런 욕구가 그가 일생동안 화를 내면서 산다는 것을 의미하지는 않는다. 사실 힘에 대한 강한 욕구는 만약 그가 사람들과 잘 지내는 법을 배운다면 그가 생산적인 삶을 살 수 있다는 것을 예언해 준다. 이제 그를 가르칠 시간이다. 그가 화를 내는 것이 더 길어질수록, 그와 관계를 맺을 필요가 있는 사람들이 겪을 어려움은 더 커질 것이다. 비록 그가 부모를 통제하고 있을지라도, 그는 이미 낮 동안 자신을 돌봐 주는 여성에게는 화를 내보았자 소용이 없다는 것을 알고 있다. 그녀는 그의 부모만큼 그에 대해 걱정을 하지 않는다. 내가 할 일은 밥과 수에게 그를 어떻게 다루어야 할지 가르쳐 주는 것이고, 이것은 그들에게 외부통제와 선택이론 사이의 아주 미묘한 차이를 그들에게 가르친다는 것을 의미한다.

수: 아이에게 완전한 주의를 기울이는 것 이외에 다른 방법은 없는 것 같아요. 그런데 그러고 나서도 무엇인지 알아차릴 수도 없는 작은 일에 좌절을 하게 되면 그 아인 화를 내요.

상담자: 아이가 혼자서 하는 것들에 대해서 이야기해 보세요. 그와 같은 아이들에 대한 나의 경험으로는 그런 아이들은 스스로도 잘할 수 있더군요.

밥: 그게 이상한 거죠. 아이는 많은 부분을 혼자서 잘해요. 그는 때때로 여러 시간 동안 공룡 장난감을 가지고 놀아요. 그는 집중하는 시간이 아주 길어요. 그 나이대의 다른 아이들보다 더 길죠. 우린 다른 부모들과 얘기를 했어요. 아들은 이런 면에서는 다른 아이들과 달라요.

수: 그가 화를 내고 있으면 때론 우린 일어나서 그를 방에 가두죠. 하지만 우린 별로 그렇게 하는 것을 좋아하지 않아요. 왜냐하면 아이가 그것을 좋아하는 것처럼 보이기 때문이죠. 꼭 그가 원하는 것처럼 보여요. 아이는 혼자서는 방에 들어가진 않지만 우리가 데리고 가면 괜찮아요.

상담자: 당신들은 화를 내본 적이 있나요? 그에게 소리치고 그를 위협한 적이 있나요?

밥: 우린 안 하려고 하지만, 때로 그렇게 할 때도 있어요. 그러나 아이를 때리진 않아요. 단지 그를 억제하려고 하죠. 아이는 발버둥치지만, 잠시 후엔 괜찮아지죠.

상담자: 내 말이 이상하게 들릴 수도 있을 거예요. 당신들은 그 아이를 다루는 데에 많은 어려움이 있었지만 내가 생각하기에는 그 아이가 당신들을 많이 사랑하고 있는 것 같아요. 당신들이 원하는 것 이상일지도 모르죠.

수: 아이는 그것을 참 독특한 방법으로 표현하는군요.

상담자: 좋아요, 인정하지요. 그러나 아이가 키스해 주고 안아 주는 것을 좋아하고 즐거워하는 것처럼 보이나요?

밥: 그 아인 꼭 두 사람 같아요.

수: 지킬 박사와 하이드처럼요. 우린 그 문제에 대해 얘기를 했었죠.

밥: 때때로 사랑받고 싶어 할 때에는 아무리 안아주고 키스해 주어도 충분하지 않는 것 같아요. 그러니 다른 때는 말할 수 없죠.

상담자: 아이가 화를 못 내게 하기 위해 많은 사랑을 쏟으려고 한 적이 있나요?

수: 우린 그래요, 정말 그러고 있어요. 그리고 때론 그게 도움이 되기도 해요. 만약 아이가 너무 많이 흥분하지 않는다면, 그게 효과가 있어요.

상담자: 아이에게 벌을 주는 건 어때요? 당신들은 아이를 때리진 않았어요. 그건 아주 잘한 일이죠. 그 외에 당신들은 어떻게 하나요?

수: 무엇이든 다하려고 노력해요. 장난감을 뺏거나 TV를 못 보게 하거나―하지만 아이는 계속 화를 내거나 우리를 노려보다가 공룡 장난감 놀이로 돌아가죠. 우린 그 장난감을 절대로 뺏지 않을 거예요. 그렇게 해봤지만, 더 나빠졌었죠.

상담자: 그런데 그의 방에 그를 가두는 것이 벌이 아닐지라도, 그가 방을 나오길 원하는 때를 지나서 아주 오랫동안 그를 방에 있게 하나요?

밥: 그렇게 해본 적은 없는 것 같아요. 아이가 나오길 원하는 것처럼 보이면 우린 그를 데리고 나와요.

상담자: 당신들이 실수하는 게 바로 그것이라고 생각해요. 아이를 방에 가두는 것은 아마 벌이 아닐 수도 있어요. 아이가 원하는 바인지도 모르죠. 그건 그렇고, 아이는 당신들이 그것을 벌이라고 생각하고 있다는 것을 알고 있기 때문에 당신들에게 나오게 해달라고 요구하진 않을 거예요. 따라서 당신들이 그를 방에 가둘 때도 여전히 그는 당신들을 통제하고 있는 거죠.

수: 그건 세 살 된 아이에게는 너무 복잡한 추리군요.

상담자: 그렇죠. 그러나 내 얘기 좀 들어 봐요. 아이는 다른 행동을 할 것이 없어요. 단지 당신들을 통제하려 하고 있는 것뿐이에요. 그것이 그가 해야 할 일이죠. 아이는 임무를 잘 수행하고 있군요. 아니면 우리가 지금 이렇게 상담을 하고 있지도 않았겠죠. 게다가 당신들이 아이로부터 해방되기를 원하는 만큼 아이도 당신들로부터 통제를 받고 싶지 않을 때가 있어요. 결국 아이는 계속 자신이 원하는 것을 얻고 있는 것이죠.

밥: 그럼 우리가 어떻게 할까요?

상담자: 아들을 사랑하지만 당신들도 감정이 있는 사람이고, 일생 동안 그의 주변에서 맴돌면서 보낼 수 없다는 것을 그에게 가르쳐야만 해요. 아이가 지금처럼 당신들을 통제하는 한 그는 그런 교훈을 절대로 배울 수 없을 거예요. 그리고 세 살이면 그런 교훈을 배워야 할 때가 됐어요.

수: 그런데 만약 아이가 바랄 때 방에 들어가지 않는다면, 아이가 결국은 방에서 화를 내기 시작하지 않을까요?

상담자: 그럴 수도 있고 아닐 수도 있어요. 그건 별 차이가 없어요. 만약 아이를 예상한 것보다 더 오래 방안에 내버려둔다면, 그는 이해를 하게 되겠죠. 중요한 것은 방으로 데려가자마자 아이가 울음을 멈추었다고 해서 아이를 데리고 나오지 말아야 한다는 것이죠. 얼마 동안 그를 방 안에 내버려두어야 해요. 그 후에 그가 울기 시작해도, 뭐가 잘못되었는지 살펴보려고 방으로 달려가지 말아야 해요. 아이가 울음을 멈추길 선택할 때까지 울게 내버려둬야 합니다. 그 때가 바로 당신들이 아이를 방에서 데리고 나와야 할 때죠. 아이가 게임의 규칙을 간파하자마자 아이는 달라질 겁니다. 아이가 울음을 멈추는 순간 곧바로 당신들이 그를 데리고 나오진 말아야 한다는 것을 기억하세요. 몇 번 그러고 나면 아이는 자신이 당신들을 통제할 수 없다는 것을 깨닫게 될 겁니다. 아이가 다시 소리를 지르기 시작할 수도 있고, 한 시간 이상 소리를 지를 수도 있을 거예요. 이런 일이 몇 번 일어날지도 모르지만, 매번 점점 덜 소리를 지르게 될 겁니다.

밥: 우리가 할 수 있는 다른 일은 없나요? 나는 아이를 방에 가두고 싶지는 않아요.

상담자: 그럴 수도 있겠지만, 그것만큼 효과적인 것은 없어요. 세 살이 된 아이에게 항상 일관되게 행동해야 하는 것이 아주 중요해요. 하지만 내가 할 수 있는 것은 제안하는 것이고 그 이유를 설명해 주는 것이죠. 내 말을 무조건 받아들이라고 말할 수는 없지만, 내 제안을 당신들이 받아들인

다면, 내 생각에 당신들은 좀 더 행복해질 것이고 좀 더 분별 있는 자녀를 두게 될 거라고 봐요. 아이가 다른 아이들과 같이 있을 때는 어떤가요?

수: 대부분은 괜찮아요. 그러나 아이가 원하는 게 있거나 다른 아이들이 그걸 그에게 주지 않으면 공격적으로 돼요. 아이들을 밀치기는 하지만 지금까지는 때리거나 깨문 적은 없어요.

밥: 다른 아이들과는 점점 더 잘 지내고 있어요. 아이는 1주일에 두 번 놀이방에 가는 것을 좋아해요. 선생님들이 아이를 무척 좋아하시죠. 아이는 그곳에서는 잘 지내고 있어요.

여기서 나는 많은 정보를 얻었다. 아이는 자신에게 너무도 중요하고, 쉽게 위협하긴 하지만 그를 사랑하는, 자신의 부모에 대해서만 거의 항상 폭발한다는 것이다. 부모와 떨어져 있으면 아이는 자신이 누구를 통제할 수 있고 누구를 통제할 수 없는지 알기 때문에 그렇게 거칠게 굴지는 않는다. 문제는 아이가 부모의 주의를 끌기 위해 자기파괴적인 방법을 생각해 냈다는 것이다. 그것이 효과가 있기 때문에 아이는 자신을 바꿀 동기가 전혀 없다. 이것은 미묘한 문제이다. 부모들이 좋은 사람들이었지만 그들도 역시 외부통제적인 사람들이기 때문에 그들이 그것을 이해하기는 어렵다. 에릭이 사납게 굴다가 그의 방에 들어가면 곧바로 조용해지는 것을 보고 그들은 자기들이 에릭을 통제하고 있다고 생각하게 되었지만, 사실은 그렇지 않다.

상담자: 당신들이 했으면 하는 것에 대해서 생각나는 게 있어요. 하지만

먼저 얘기해 주세요. 당신들이 퇴근해서 돌아왔을 때, 아이가 공룡 장난감이나 혹은 다른 장난감을 가지고 놀고 있거나 아니면 조용히 TV를 보고 있으면, 당신들은 무엇을 하죠?

밥: 우린 같이 기도를 하고 그리고 아이를 혼자 놀게 하죠.

상담자: 동생은 어때요, 그 아이도 혼자 놀게 두나요?

수: 그 아인 달라요. 그 아인 온순해요. 우린 그 아이를 안아 일으켜서 꼭 껴안아 줘요. 하지만 그 아인 우릴 보는 것만으로도 행복해해요. 그 아인 문제를 일으키지 않아요.

상담자: 그 아이가 아직은 문제를 일으키지는 않고 있죠. 그 아인 당신들과 에릭이 하는 모든 행동거지를 보고 있어요. 만약 당신늘이 에릭을 도와준다면, 그 아이도 많은 도움을 받을 거예요. 당신들은 같은 시간에 퇴근하지는 않죠, 그렇죠?

밥: 달라요. 아내가 먼저 집에 도착해요. 약 4시경에 가지요. 난 6시에서 7시 사이에 집에 들어가죠.

상담자: 알았어요. 당신들이 집에 도착하면 곧바로 에릭에게 걸어가서 그에게 관심을 보여 주세요. 당신들이 생각해 낼 수 있는 전에는 해보지 않았던 것으로 아이가 좋아할 만한 뭔가를 해봐요. 아이가 당신들을 통제해야만 한다는 것을 깨닫기 전에 아이에게 다가가세요. 이것은 예방법이죠.

그러나 당신들이 그에게 잠깐 주의를 기울인 다음에는 그를 혼자 내버려 두세요. 이것은 당신들이 아이에게 관심을 가지고 있기는 하나 언제 그에게 충분한 관심을 기울일지는 당신들이 결정한다는 것을 보여 주는 전략이죠. 만약 아이가 화를 내면 방에 들어가라고 하세요. 그러나 당신들이 이렇게 하면 아이는 그렇게 자주 화를 내지는 않을 거예요. 그것은 도움이 될 거예요. 하지만 그 이상으로 하셔야 합니다. 아이를 방에 들어가게 하는 것을 벌이라고 생각하지 마세요. 스스로 되뇌세요. 그것은 효과가 있을 가능성이 높을 것이고, 내가 할 수 있는 전부이다.

수: 우린 지금 그렇게 행동하진 않아요. 그것은 확실히 다를 거예요. 만약 아이가 얌전하다면 우린 혼자 있게 하죠. 선생님이 제안한 대로 하는 것이 아이를 화나게 하면 어쩌나 걱정돼요.

상담자: 그럴 수도 있어요. 그러나 대부분 그렇지 않을 거예요. 만약 아이가 혼자 있기를 원한다고 당신이 느낀다면 그에게 키스를 해 주고 그냥 혼자 있게 하세요. 그러나 몇 분 후에 다가가서 아이에게 좀 더 많은 주의를 기울이세요. 내 생각에 아이가 생각을 다시 해보고 원할 것 같아요. 아이는 적응을 한다는 뜻이죠. 당신들은 아이가 화를 낼 때까지 그를 혼자 있게 했었어요. 이제는 그 패턴을 깰 때가 되었어요.

밥: 정말 이렇게 하는 게 도움이 될 거라고 생각하세요?

상담자: 그래요, 하지만 내가 제안한 대로 그것을 제대로 잘해야만 해요. 한 달 동안 시도해 봐요. 상황이 더 나빠지게 만들지는 않을 거예요. 그리

고 나서 나를 만나러 오세요. 하지만 내 생각에 한 달 안에 당신들은 약간의 진전을 볼 거라고 봐요.

밥과 수는 의심을 했다. 그들은 에릭이 원하는 것보다 더 오래 방에 내버려두는 것은 아이에게 벌을 더 주는 것이라고 생각했고, 아이에게 더 관심을 기울이는 것이 곧 굴복하는 것이라고 생각했다. 그러나 내가 제안했던 것은 두 경우 모두에서 그들이 아이에게서 외부통제를 제거하는 것이었다. 그것은 진정한 타협이었다. 아이도 더 얻는 것이 있고 부모도 더 얻는 것이 있다. 지금은 아이 방식대로만 되고 있다.

약 2주가 지나서 난 수로부터 전화를 받았다. 그들은 내가 제안한 대로 정확히 하고 있다고 그녀가 말했다. 가끔 그들은 직장에서 새로운 것을 가지고 집에 간다고 했다. 장난감도 아니고 그들이 산 것도 아니지만, 아이가 관심을 가질 만한 카탈로그, 팸플릿, 사진 혹은 직장에서 있었던 재미있는 일 등을 말이다. 그녀는 그것이 도움이 되고 있다고 말했다. 또한 단지 조용해질 때까지가 아니라 화를 진정시킬 때까지 혼자 방에 가두고 내버려두려는 부모들의 의도를 에릭이 그렇게나 빨리 배운 것에 대해 부모들은 놀라워하고 있었다. 더 시간이 필요한 것은 아니었다. 그 정도로도 부모에게도 역시 감정과 욕구가 있다는 것을 아이에게 가르치기에는 충분했다. 나는 2주 정도 더 지나고 나서 나를 만나러 오라고 그들에게 말했다. 그 사이에 선택이론 책을 사서, 1, 2, 3, 9장을 읽으라고 수에게 말했다. 나를 만나러 올 때까지 밥과 수에게서 아무런 연락을 받지 못했지만, 분명한 것은 상황이 나아지고 있다는 것이다. 그들은 책을 가지고 왔다.

상담자: 당신들은 책을 읽었군요. 내가 당신들에게 가르치려고 하는 것이

무엇인지 이해했나요?

밥: 그렇다고 생각해요. 우린 책을 읽고 많은 얘기를 했어요. 선생님이 이 이론을 만드셨나요?

상담자: 내가 첫 번째라고는 할 수 없죠. 나보다 훨씬 이전에 이런 말이 있었죠. 네 이웃을 네 자신처럼 사랑하라. 그러나 그렇게 많이 사랑하지는 마세요. 그가 당신을 마음대로 조정하게 될 정도로는 아니어야 하지요. 도리어 이런 생각을 이해하기 쉽고 가르치기 쉬운 심리학으로 정리한 첫 번째 사람이 나라고 생각해요. 당신들이 무엇을 배웠는지 말해 보세요.

수: 에릭은 외부통제에 대한 전문가죠. 에릭은 나를 불행하게 만드는 능력을 가지고 있는 게 확실해요.

상담자: 오, 이건 완전히 새로운 것이네요. 외부통제와 선택이론에 익숙해지는 데는 시간이 걸리죠. 당신도 알다시피, 에릭은 당신을 불행하게 만들지 않았어요. 누구도 당신을 불행하게 만들 수는 없어요. 그 아인 다루기 힘든 아이가 되려고 선택했어요. 그리고 당신은 그를 다루려고 당신이 불행해지는 것을 선택했어요. 그리고 에릭의 나이 때에는 당신들 하기에 달려 있죠. 아이는 당신들을 도우려 하지 않을 거예요. 그렇게 하는 것은 어려운 일이죠. 하지만 당신들 얘기에서 난 당신들이 선택이론을 처음으로 잘 사용하고 있다는 생각이 드네요. 당신들은 기분이 더 나아졌을 거예요. 그리고 확신컨대 아이도 기분이 더 나아졌을 거예요. 우리가 화 혹은 불행을 선택하는 경우는 주로 다른 사람을 통제하려 하거나 자신을 통제하려

할 때이죠. 나이가 어리든 많든 항상 같은 식이죠.

밥: 그 책을 읽고 그런 생각이 들긴 했어요. 그런데 뭔가 더 있죠, 그렇죠?

상담자: 더 많은 것은 시간이 걸려요. 난 여러 해 동안 선택이론을 실천해 왔어요. 그리고 아직도 배우고 있죠. 내 아내와 나는 매일 그것을 사용해요. 그리고 여전히 배우고 있죠. 그런데 에릭이 왜 그렇게 많이 나아졌다고 생각하나요?

수: 욕구들이죠. 우리가 아이에게 새로운 형태의 주의를 기울이고 우리가 방에 가두었을 때 아이를 밖으로 데리고 나오려고 서두르지 않게 되자, 그 아이는 그런 욕구들을 더 만족시킬 수 있었어요.

상담자: 그가 좀 더 많은 주의를 필요로 하는 것 같나요? 옛날보다 더 많은 주의를 기울였나요?

밥: 아니요. 옛날보다 오랜 시간은 아니었지만 더 자주 해 준 것 같아요.

상담자: 그건 전형적이죠. 당신들은 아이가 얼마나 그것을 필요로 하는지를 알게 될 거예요. 시간이 갈수록 달라질 겁니다. 얼마 동안 아이는 그것이 덜 필요할 거예요. 그러나 아주 덜 필요하다는 것은 아닙니다. 그가 10대가 되면 좀 더 많이 필요로 하게 될지도 몰라요. 내 생각에는 에릭은 그렇지 않을 거라고 봐요. 그런데 궁금한 게 있는데, 당신들은 논쟁을 많이 하나요? 당신들 결혼생활에 어떤 문제라도 있나요?

수: 우린 책에서 그 부분을 아주 주의 깊게 읽었어요. 책에서 말한 것을 좀 해 보려고 했어요. 그렇게 하는 게 어렵기는 하지만, 도움이 되는 것 같았어요.

근본적인 내 생각은 외부통제를 선택이론으로 바꾸는 것이다. 어떤 관계에서든지 문제가 생긴다면, 그 문제는 한 사람 혹은 두 사람 모두가 외부통제를 사용하기 때문이라는 것을 기억하기 바란다. 여러분이 외부통제를 선택이론으로 바꾸게 되면, 주변의 것들이 도움을 줄 수 없더라도 좋아질 것이다.

제16장
알코올 중독자인 로저와 부인 티아

그는 당신이 그와 자신의 음주 둘 다 사랑해 주길 원하고 있죠.

로저는 약속시간에 몇 분 늦었다. 지난번 만났을 때보다 그가 덜 불안해하고 옷차림도 더 말쑥하다는 것을 알아볼 수 있었다. 그는 자신이 어떻게 보일지에 대해 신경을 좀 쓴 것처럼 옷차림도 더 단정해졌고 깔끔하게 다림질되어 있었다. 내가 말을 하기 전에, 그는 약간 열의를 띠면서 말했다.

"티아는 잠시 후에 올 거예요. 아내는 선생님과 얘기하길 원해요. 그런데 말씀드리고 싶은 것이 있어요. 우린 이번 주에 그 책을 읽으면서 굉장히 좋은 시간을 보냈어요. 그것은 우리가 서로에게 오랫동안 대해 오던 것과는 아주 정반대되는 것들이었어요."

"그것에 대해 얘기해 봐요."

"우선 난 술에 취하지 않았었어요. 맥주를 몇 병을 마시기는 했지만 지나치지는 않았어요. 정말 좋은 한 주였어요."

이것은 전형적인 것이었다. 그는 지난주에 떠날 때, "술을 마시지 않겠다"고 말했었다. 지금 그가 내게 한 첫마디는 맥주를 약간 마셨다는 것이다. 난 티아가 무엇에 대해 화내는지를 확실히 알 수 있었다. 나는 그 점을 지적하려는 유혹을 받았지만, 그것은 아무 소용이 없었을 것이다. 그것은 외부통제이다. 그리고 그렇게 하면 우리가 맺었을 수도 있는 미약한 우리의 관계마저도 위태롭게 했을 것이다.

나는 말했다.

"약간이라는 것이 맥주 몇 병을 말하는 건지 궁금하네요?"

"일주일 동안 맥주 여섯 병들이 한 팩이죠. 그것은 전혀 많은 양이 아니죠. 티아는 좋아하지 않았어요. 그녀는 그 점에 대해 선생님과 이야기하길 원해요. 하지만 젠장, 난 그만하면 아주 좋은 편이죠. 난 술을 끊는 데 아무런 문제가 없었어요. 그것은 내가 알코올 중독자가 아니라는 것을 증명하는 거라고요."

"로저, 내가 말했죠. 난 당신이 알코올 중독자인지 아닌지에 대해 당신과 논쟁하지 않을 거예요. 어떤 것에 대해서도 난 당신과 논쟁하고 싶지 않아요. 하지만 당신이 좋은 일주일을 보냈다는 그 사실에 크게 의미를 두지 말아요. 전에도 당신은 그런 좋은 주간을 많이 지내보았어요. 당신에게 그런 날들이 없었다면 당신은 지금의 직장을 유지하지 못했을 거예요. 그러나 당신에게 말하겠는데, 만취되기 직전에서 술을 그만 마시는 것은 마치 흥분된 성관계 도중에 갑자기 멈추는 것과도 같은 것이지요. 물론 그렇게 할 수도 있죠. 때로 사람들은 무엇이든 해낼 수 있어요. 그러나 당신은 두 번이나 음주운전 단속에 걸렸어요. 당신이 술을 끊을 수 있는 능력은 거의 없는 것과도 같아요. 자, 당신이 좋은 일주일을 보냈다고 하니 나도 기쁘군요. 어땠는지 그것에 대해 한번 들어 보고 싶어요."

상담하고 있는 내담자에게 자신을 볼 수 있도록 거울을 비추어 주는 것은 아주 중요하다고 본다. 특히 아직도 자신이 알코올 중독자임을 부정하는 사람에게는 말이다. 로저는 즐거운 일주일을 보냈다. 그러나 사실은 그의 방법을 보면 그는 잘못된 부분에 초점을 맞추고 있다. 그는 술을 마셨지만, 취하진 않았다는 것이다. 그가 취하지 않았다는 것은 그가 아직까지는 감옥에 가는 것을 무엇보다도 두려워하고 있다는 사실과 많은 관련이 있을 것이다. 그러나 그 두려움은 점차 사라질 것이다. 과거에도 그것이 술을 끊도록 하지는 못했고, 앞으로도 그러지 못할 것이다. 로저가 중점을 둘 필요가 있는 것은 아내와 잘 지내는 것이다. 맥주 한 팩을 산 것은 그를 반대 방향으로 가게 한 것이다.

그는 말했다.

"집에 가는 길에 서점에 들러, '선택이론 언어' 책을 샀어요. 그리고 나서 우린 슈퍼에 갔어요. 자, 난 내가 하지 않을 거라고 말한 것을 했어요. 난 맥주 한 팩을 샀어요. 어쩌란 말이에요. 난 맥주를 마시고 싶었어요. 내가 그것을 집어서 쇼핑카트에 넣자마자, 티아는 우리가 여기에 있었을 때 하겠다던 말을 하지 않았어요. 그녀는 단지 나를 노려보기만 했죠. 그녀는 내가 그것을 제자리에 돌려놓길 바랐지요. 하지만 그녀는 그곳에서 난리를 피우길 원하진 않았어요. 슈퍼에서 집에 돌아오는 길에 그녀는 나에게 말을 걸지 않았죠. 내 생각에 그녀는 나를 벌하고 있었어요. 그녀는 오랫동안 그런 식이었죠. 그녀가 그럴 때면 난 이런 생각이 들어요. '난 무엇인가를 마셔야 할 필요가 있어'라고요. 우리가 집에 도착했을 때, 내게 재치 있는 생각이 떠올랐어요. 난 아내에게 말했죠. '당신은 그까짓 맥주 한 팩 때문에 화가 났군. 우리 그 책이나 지금 읽읍시다. 그리고 우리가 뭔가를 배울 수 있는지 알아봅시다.' 우리가 그 책을 읽기 시작하자마자 난 무엇이 잘못되었다는 것을 알았어요. 선생님, 난 수천 번이나 슈퍼에서 티아와 그랬었어요. 내가 맥주를 사면 그녀는 말을 하지 않고 이제껏 하던 대로 날 노려보기만 하죠. 그러면 난 스스로 말해요. '될 대로 되라.' 그리고는 만취되지요. 책은 아주 짧아서 우린 서문부터 시작해서 끝까지 그 자리에서 다 읽었어요. 선생님이 우리에게 보여 주고자 하시는 것을 이해하는데 뭐 우주공학자 같은 대단한 머리가 필요한 것은 아니죠. 우리의 결혼생활은 완전히 외부통제였어요."

"그리고 나서 무엇을 했나요?"

"아내가 말했죠. '좋아요, 인정하죠. 난 당신이 술을 안 마시게 하려고 애썼어요. 난 그놈의 맥주 한 팩을 보면 소름이 끼쳐요. 나도 어쩔 수 없어요. 언제나 맥주 한 팩으로 시작했죠. 더 나아지기 위해 당신은 내가 어떻게 하길 원하고 있는지 말해 봐요. 그 책에는 알코올 중독자인 남편에게 술에 취하는 것에 대해 아내가 어떻게 말해야 하는지는 나와 있지는 않더군요'라고 말이죠. 선생님, 난 그것에 대해 생각해 보고 나서 그녀에게 말했어요. '알았어, 당신이 이런 식으로 말하는 건 어때. 여보, 난 걱정돼요. 우린 이제 막 상담실에서 돌아왔는데, 당신은 술을 마시기 시작하려 하는군요. 하지만 난 배운 게 있어요. 난 우리가 여러 해 동안 싸우고 논쟁하면서 살았던 우리의 생활방식에 대해 더 걱정돼요. 난 우리가 잘 지낼 수 있다면 당신이 맥주 2병을 마시는 것을 참을 수 있을 것 같아요. 그리고 당신만 괜찮다면, 난 다른 네 병은 차 트렁크에 넣고 잠갔으면 해요. 당신은 내일 마실 수 있죠. 만약 당신이 이 제안을 받아들인다면, 우리가 평온한 밤을 보낼 수 있을 거라 생각해요.'"

"당신이 정말 그렇게 말했나요? 그리고 무슨 일이 있었나요?"

"그녀는 내가 그녀가 말해 주길 바란 것을 거의 그대로 반복했어요. 그녀는 정말 침착했어요. 그녀는 불쾌한 표정을 짓질 않았어요. 그리고 나서 그녀는 맥주 한 팩에서 2병을 빼고 나머지는 차 안에 갖다 넣었어요. 그녀가 돌아오자 내가 말했어요. '당신은 내게 맥주 네 병을 치워도 괜찮은지 묻지 않았어.' 그녀는 대답했죠, '난 그렇게까지 하는 것을 원하지는 않았어요. 난 당신에게 맥주 2병을 주었어요. 당신이 내게 요구한 것이고 그 정도까지만 하고 싶어요. 만약 당신이 더 원한다면 우린 다시 싸우는 상태로 돌아갈 거예요. 여기 차 열쇠가 있어요. 원한다면 나머지를 가지고 와서 마셔요. 그렇지만 집으로 가지고 들어오진 말아요. 다른 곳에 가서 마시도록 해요. 만약 당신이 오늘밤 집에서 맥주를 2병 이상 마신다면, 난 그 책을 갈기갈기 찢어 버릴 거예요."

"그래서 어떻게 되었나요?"

"아무 일도 없었어요. 난 맥주 2병으로 타협을 봤어요. 재미있는 것은 내가 더 이상 먹고 싶지 않더라는 것이지요. 그리고 우린 잘 지냈어요. 우린 그 책을 다시 읽었죠. 내용에 대해 이야기를 했어요. 난 그녀의 설거지를 도와주었어요. 우리는 아이들과도 대화를 했지요. 우리 애들은 대개 우리가 싸우는 소리를 듣게 되면 우리를 외면해 버리죠. 우리가 저녁시간에 즐겁게 보내는 것을 보자 아이들도 같이 이야기하고 싶어 했어요. 그리고 일주일 내내 그렇게 보냈어요. 맥주 한 팩 이상은 마시지도 않았어요. 다 떨어질 때까지 하루에 한 병씩만 마셨죠. 지금 집에는 마실 술이 없어요."

"그것이 당신의 새 주량인가요? 일주일에 맥주 한 팩? 집에 가는 길에 한 팩을 사기 위해 차를 세울 건가요?"

"그 문제에 대해 생각해 보았어요. 하지만 난 그렇게 생각하지 않아요. 난 내가 술을 마시지 않고 1주일 동안 다시 즐겁게 생활할 수 있는지를 알아보고 싶어요. 아내가 원하는 것이 바로 그거죠. 아내가 여기에 오면 선생님에게 말할 거예요. 그녀는 진심으로 선생님과 이야길 나누길 원해요."

"직장은 어때요?"

"잘 지냈어요. 맥주 6병 외엔 1주일 동안 전혀 술을 마시지 않았기 때문에 정말 잘 보냈죠. 재미있는 것은 부하직원들이 내가 술을 마시지 않은 것을 알아차리고 나를 다르게 대하더군요. 직장에서도 1주일 동안 예전처럼 무시하는 눈길은 없었어요."

"그런데 당신이 그들을 다르게 대했나요? 그들이 그것을 알아차렸나 보죠?"

"내가 다르게 대했나 봐요. 난 화를 많이 내지 않았어요. 우린 잘 지냈죠. 직장에서 가장 친한 친구 한 명이 내게 그 문제에 대해 묻더군요. 난 기분이 나아졌다고 대답했어요. 아내와 더 잘 지내고 있죠. 그리고 그건 사실이에요. 그는 우리 집의 문제에 대해 알고 있어요. 아주 많은 건 아니지만 그전보다 이번 주 안에 몇 년 동안 나눴던 것보다 더 많은 대화를 주고받았죠. 우린 이야기하는 것이 즐거웠어요."

"AA는 어때요?"

"갔었어요. 2번 모임에 참석했죠. 4번은 너무 많아요…."

난 말을 가로막았다.

"부탁인데, 로저, 당신이 얼마나 많이 모임에 가는지 내게 말하지 말아요. 그것은 내가 관여할 일이 아니에요. 당신과 법원 간의 문제죠. 1주일에 한 번 나를 만나러 오는 것, 그것이 내 일이죠. 모임에 가는 것은 어땠어요?"

"난 AA에 참석하는 것이 도움이 된다는 생각이 안 들어요. 하지만 난 가서 들을 거예요. 난 감옥에 가고 싶지 않아요. 하지만 1주일에 4번을 가려면 많은 시간을 포기해야 되죠."
 "무엇을 하는 시간을 포기한단 말이죠?"

 내가 그 질문을 했을 때, 그는 내가 의미하는 바를 알고 있었다. 이런 모임은 그가 음주시간과 음주에 대해 생각하는 시간을 줄어들게 한다. 그는 아무 말도 하지 않았고, 난 그의 대답을 기다렸다.

 "알았어요. 선생님이 무슨 말을 하시는지 이해했어요. 그런데 내가 술주정뱅이들과 그곳에 앉아서 그들의 음주에 대한 이야기를 듣다 보면 생각나는 것이라곤 술 마시는 일밖에 없어요."

 이것은 알코올 중독자의 사고방식을 보여 주는 좋은 예이다. AA에 있는 모든 사람들이 대부분 술을 끊으려고 노력한다고 말하면서, 그는 그들을 술주정뱅이라고 불렀다. 그리고 술을 마시고 싶은 그의 욕구가 모임에서 일어나는 일 때문에 생겼다고 하고 있다.

 "당신은 그들이 모두 술을 마시고 있고 그 모임이 엉터리라고 생각하나요?"
 "잘 모르겠어요. 말씀드린 대로 난 그곳에 앉아서 술을 마시고 싶다고 느껴요."

 그는 그 질문에 대답하길 원하지 않고 있다. 그는 자기처럼 술을 끊으려는 사람들에게 둘러 싸여 있기 때문에 AA에 가는 것을 피하려 하고 있다. 그가 술을 마시고자 원하는 한, 그 모임은 불편한 장소가 될 것이다. 1주일에 4번 모임에 가는 것은 그가 견디기에는 너무 많았다. 심지어 2번 갔다는 것도 거짓말일지도 모른다. 아예 가지 않았을지도 모르고 한 번만 갔을지도 모른다. 그러나 그것은 그와 법원 간에 해결할 문제다. 나는 내가 할 수 있는 이상으로 그의 행동을 단속하는 데는 관여하지 않을 것이다.
 나는 말했다.

"AA가 모든 사람에게 도움이 되는 것은 아니죠. 하지만 당신처럼 아내와 가족, 그리고 좋은 직장이 있는 사람에게는 대개 도움이 되죠. 그러나 모임이 도움이 되기 위해서는, 시간을 투자해야 해요."
 "난 오늘 밤에 갈 예정이죠. 난 모임 내내 참석할 작정인데, 그리고 들어올 때처럼 술을 한 방울도 마시지 않고 집에 돌아갈 거예요."

그런 '보이스카웃' 같은 원칙에 미루어 보건대, 그가 여전히 감옥에 가는 것을 두려워하고 있다는 것을 의미하며, 그것은 좋은 징조이다. 그는 또한 AA에 가는 것을 대단한 것으로 내가 인정해 주기를 기대했다. 나는 모임에 가지 않는 것을 비난하지는 않겠지만 모임에 가는 것에 대해서도 그렇게 하고 싶지 않았다. AA에 가는 것은 그에게 달려 있다. 모든 것은 그에게 달려 있다. 그가 AA에 가고 안 가는 것에 대해 내가 개입하면 만약 잘못되는 일이 생길 때 그는 전적으로 나를 비난할 것이다. 난 그런 입장에 놓이고 싶지 않다.

"당신이 가는 모임은 정규회원이 많죠. 당신이 새로 왔다는 것을 알아채는 사람이 있던가요?"
 "예, 몇 사람 있었죠."
 "그들은 친절하던가요?"

"그랬어요. 하지만 보험 세일즈맨과 아주 비슷했죠. 내가 고객인 것 마냥 그들은 내게 AA의 정책을 선전했지요."

"기분은 어땠나요?"

"괜찮았어요. 그들은 노력했죠. 내가 동의하도록 강요하진 않았어요. 그래서 괜찮았지요. 몇 명의 남자들이 일어나서 술을 마심으로써 자신들의 인생이 얼마나 망가졌는지에 대한 이야기를 늘어놓았어요. 아주 나이가 많은 사람은 아니었어요. 내 생각에는 40대 같았어요. 난 웃긴다고 생각했죠. 난 항상 웃긴다고 생각하긴 하지만, 그가 말할 때는 정말 우스웠죠. 덕분에 시간이 빨리 갔어요. 그 모임은 길어요. 1주일에 3번, 그것도 너무 많아요. 선생님이 4번에서 3번으로 줄여 줄 수 있나요? 난 이제는 술을 마시지 않아요. 저는 내 아내 곁에 더 있어야 할 필요가 있어요. 아이들도 마찬가지고요."

지금 여기에 있는 알코올 중독자는 의기양양해 있다. 한 주 동안 그는 이미 완치가 되었다. 그리고 그는 그 공을 내게 돌려서 내가 기분이 좋아지게 해서 그의 부탁을 들어주게끔 애를 쓰고 있다.

"로저, 말했잖아요. 모임은 당신과 법원 간의 문제라고. 당신은 보호관찰기관에 말해야만 해요. 당신 아내도 당신처럼 AA에 가는 횟수를 줄였으면 좋겠다고 말했나요? 아, 벨이 울리네요. 그녀가 도착했군요. 그녀에게 직접 물어 보겠어요."

"제발, 물어 보지 마세요. 아내는 내가 4번 참석하길 원하고 있어요. 아내는 그것이 중요하다고 생각해요. 내가 당신을 속이려 하고 있다고 아내가 생각하길 원치 않아요. 그녀는 이제 알코올중독자 가족모임에 참석할 예정이죠. 나의 케케묵은 허풍도 더 이상은 소용이 없군요."

"로저, 여기서는 비밀이 없어요. 난 모든 것에 대해서 자유롭게 티아와 대화를 하길 원해요. 그게 바로 내가 상담하는 방법이죠. 난 당신이 말하는 것을 통제하려고 하지 않았어요. 그러니 내가 말하는 것에 대해서도 통제하려고 하지 말아요…. 내 부탁을 들어주세요. 이제 그녀를 들어오게 해요."

티아가 들어왔고, 그녀 역시 약간 더 좋아 보였다. 술에 취하지 않은 남편과 1주일을 보내는 것이 얼마나 도움이 되었는지 놀라울 정도이다.

상담자: 로저가 이번 주에 무슨 일이 있었는지 말해 주었어요. 맥주에 대해, 그리고 당신들이 책을 어떻게 읽었는지에 대해서 말이죠. 일주일을 잘 보냈다고 그는 생각하고 있어요. 당신은 어떻게 생각하나요?

아내: 맞아요, 좋은 1주일이었죠. 그 책은 매우 간단해요. 우린 그 책이 마음에 들었어요. 그런데 기적은 안 일어났어요. 예전에도 우리는 좋은 주일을 많이 보냈었지만, 그것이 계속되지는 않았어요. 그가 문제는 끝났다고 말한 적이 셀 수도 없어요. 난 좋은 한 해를 원해요. 좋은 1주일은 내게 별 의미가 없죠. 내게 있어서 그 책은 AA 모임에 몇 번 참석하는 것같이 단지 또 다른 속임수일 뿐이죠. 선생님이 보시는 대로 첫 상담으로 그는 치료되었죠. 내가 그 책을 그와 함께 읽으면서, 난 스스로 말했어요. 오, 여기 단기효험을 위한 또 다른 방책이 있군. 난 선생님과 그 점에 대해 이야기할 필요가 있다고 생각해요.

상담자: 나도 당신과 이야기하고 싶어요.

남편: 이번에는 정말 도움이 될 거라고 봐요. 내가 느낀 것으로 알 수 있어요.

로저의 말을 귀담아 듣지 않았다. 만약 그가 방금 말한 것에 내가 주의를 기울인다면 그녀의 신뢰를 잃어버릴 것이다.

상담자: 티아, 무슨 생각이 드는지 말해 줘요. 당신이 하는 말을 로저가 듣는 것은 중요해요.

남편: 하지만 지난주같이 지낸 적이 예전에는 결코 없었어요. 우리는 잘 지냈어요. 그건 달랐어요. 아주 달랐죠.

아내: 아마 그럴지도 모르죠. 하지만 그가 맥주를 마시지 않았다면 난 더 많이 희망을 가졌을 거예요. 우리가 헤어진 직후에 그는 맥주를 샀어요. 항상 맥주 한 팩을 살 때 보여 주는 미소를 내게 보내면서. 그는 그렇게 행복해 보일 수가 없었어요. 내가 생각할 수 있는 것이라곤 아무것도 달라진 것이 없다는 거죠. 걱정 마, 티아. 괜찮아, 언제나처럼 맥주 몇 팩일 뿐이잖아. 내가 그런 말을 들으면서 살아야 하나요?

상담자: 티아, 당신이 슈퍼에서 단호한 자세를 취하고 소란을 피웠다면 당신 생각에 더 나아졌을 거라고 보나요?

아내: 난 뭔가 해야만 했었어요. 선택이론이 그가 맥주를 사는 것을 허용한다면 그것은 아무짝에도 소용이 없는 거라고요. 당신은 알고 있어요. 우리 애들도 알죠. 그 애들도 나처럼 그 맥주에 대해 걱정했어요.

남편: 하느님 맙소사. 난 이번 주에는 맥주를 마시지 않을 거예요. 다음 주에도 마시지 않을 거예요…. 하지만 이따금 난 맥주가 필요해요. 난 자제했었다고요. 난 다시 그렇게 할 수 있어요.

상담자: 로저, 당신은 지금 무임승차하듯이 AA나 상담에서도 노력 없이 목적을 달성하려 하고 있어요. 남은 인생도 그런 무임승차를 계속 원해요?

아내: 그거 좋은 비유군요. 다음번에는 무임승차조차 할 수 없을 거예요.

남편: 제기랄, 난 잘하고 있어요. 우린 좋은 주말을 보냈어요. 근데 이게 무슨 꼴이람.

   내가 조치를 취해야 할 때가 왔다. 그리고 티아는 나를 도와야만 한다. 로저는 완전히 부인하고 있다. 그러나 그것은 예상한 바이다. 그들이 그의 음주에 대한 새로운 시각을 갖도록 그들을 도와야만 한다.

상담자: 로저, 당신은 뭐가 문제인지 조금이라도 이해하고 있나요?

아내: 문제는 로저예요. 그가 문제죠.

상담자: 대부분 문제가 되는 것이 그이긴 하지만 다는 아니죠. 로저, 당신이 티아에게 원하는 것이 진짜 무엇인지 말해 볼래요?

남편: 난 아내가 이번 주에 그랬던 것처럼 해 주길 원해요. 아무런 다툼도

없고, 무시하지도 않고, 협박도 하지 않고 내가 맥주 한 팩을 먹는 것을 내버려두고. 정말 멋진 한 주였어요.

상담자: 티아, 그가 당신에게 원하는 것이 무엇이라고 생각하나요?

아내: 아예 생각이 없는 사람이죠. 그는 술 먹는 것을 내가 그냥 내버려두길 원하고 있어요.

상담자: 맞아요. 하지만 내 생각에 그는 그 이상을 원하고 있다고 보는데요. 모든 알코올 중독자가 그들의 아내로부터 원하는 것을 원하고 있어요. 그는 당신이 그와 음주 둘 다 사랑해 주길 원하고 있죠.

남편: 무슨 소리예요?

상담자: 난 당신이 말한 것에 대해 말하고 있어요. '그녀는 내가 맥주 한 팩을 먹는 것을 내버려두었어요. 정말 위대한 한 주였어요.' 티아에게는 그건 곱빼기 사랑이지요. 즉, 나를 사랑하고 나의 술버릇도 사랑하고 여기 오는 모든 알코올 중독자가 원하는 것이죠. 당신은 그의 음주를 사랑할 수 있나요? 그가 진심으로 원하는 것이 바로 그거예요.

아내: 아니요. 절대로, 절대로 그렇지 않아요…. 난 그가 술 마시는 것이 지겨워요. 난 참을 수 없어요.

상담자: 로저, 당신은 어때요? 당신은 그녀가 맥주를 마시게 내버려두어

서 행복한 1주일을 보냈어요. 하지만 그 점에 대해 생각해 봐요. 만약 당신이 맥주를 마실 수 없었다면 일주일이 그렇게 행복할 수 있었을까요?

로저는 금방 대답하지 못했다. 그리고 나서 어설프게 대답했다.

남편: 난 내가 술을 마시는 것을 사랑해 달라고 한 적이 없어요. 나도 나의 음주를 사랑하지 않아요. 나는 병에 걸렸기 때문에 술을 마시죠. 그러니까 내가 맥주를 원할 때마다 아내는 매 순간 야단법석을 떨지 말았어야 해요.

화제를 바꾸려는 그의 시도를 무시했다. 만일 거기에 타당성이 조금이라도 있다면, 병이란 개념은 알코올 중독자들이 치료를 받아들이는 데 도움이 될 수 있다. 그러나 그것은 술을 마시는 데 변명이 될 수 없다. 이제 그를 돕는 데 있어 핵심으로 들어가야 할 때이다. 난 그를 돕는 데 있어 다른 방법이 있다고 생각지 않는다.

상담자: 로저, 당신이 2주 동안 감옥에 있을 때, 당신은 하루 종일 무슨 생각을 했나요?

남편: 아내, 아이들, 어머님에 대해서 생각했어요.

나는 그를 바라보고 있었다.

상담자: 그 외엔 없어요?

남편: 내 일과 직장 동료들이요.

상담자: 같이 술 마시는 사람들은요. 당신은 그들에 대해서도 생각을 했나요?

남편: 아니요, 그렇지는 않았어요…주로 아내와 아이들, 가족들이었죠.

상담자: 음주에 대해서는요? 술 취하는 것에 대해 많이 생각했나요?

아내: 만약 그가 술 마시는 것에 대해 생각하지 않았다고 말한다면, 난 여기서 나갈 거예요.

남편: 생각이 많이 났었죠. 내가 얼마나 맥주를 좋아하고 있는지 혹은 저녁식사에 약간의 와인을 마시면 어떨까. 그러나 처음에는 그랬어요. 날이 갈수록 난 아내가 면회 오는 것만 생각이 나더군요. 난 아이들에 대해 듣고 싶었어요. 감옥에는 아이들이 면회 올 수가 없었죠.

상담자: 당신은 티아와 아이들이 왜 그렇게 많이 생각났는지 알고 있어요?

남편: 가족이잖아요. 그들은 나의 전부죠.

그러나 그들은 그의 전부가 아니다. 그는 알코올도 가지고 있다. 그는 계속 술을 마신다면 자신이 가진 것을 잃을 수도 있다는 점에 대해 심각하게 생각해 보아야만 한다. 그리고 그가 술을 마시지 않는다면 그는 가진 모든 것을 계속 유지할 수 있다. 그를 위협하지 않고 외부통제가 아닌 이것을 이해시키는 방법은 쉽지 않을 것이다.

상담자: 로저, 이건 간단한 질문이 아니에요. 시간을 가지고 생각해 봐요. 당신은 왜 술 마시는 것을 좋아하죠?

　침묵이 흘렀다.

남편: 기분이 좋아져요. 내가 그런 느낌을 왜 포기해야 하는지 이해할 수 없어요.

상담자: 아내가 감옥으로 면회 가서 아이들에 대해 당신에게 얘기할 때도 기분이 좋았나요?

남편: 좋았어요. 아내가 올 때마다 난 기분이 좋았죠. 난 아내를 만나는 것만으로도 기분이 좋아졌어요.

상담자: 그런 느낌이 당신에게 얼마나 중요한가요?

남편: 무슨 말씀이세요?

상담자: 가족을 만날 때의 좋은 느낌, 또는 술 마실 때의 좋은 느낌에 대한 것이죠. 부당하게 보일지도 모르겠지만, 당신을 그 둘을 다 가질 수 없어요. 그녀는 당신과 당신이 술을 마시는 것 둘 다를 사랑하지는 않을 거예요. 그리고 아이들도 마찬가지죠.

남편: 사실대로 말씀드리면 아내가 면회 온 처음 며칠은 화가 났어요. 그녀가 나를 보석 석방시켜 주지 않아서 화가 났었죠. 하지만 난 그렇지 않은 척했죠. 그녀가 면회 오지 않을까 봐 두려웠거든요.

아내: 당신이 그것을 숨겼다니, 농담하지 말아요. 당신 얼굴에 써있었다구요…. 하지만, 괜찮아요. 난 기적을 기대하진 않아요. 로저, 한 가지만 말할게요. 만약 당신이 감옥에 있었던 시간 동안 나를 욕했다 해도, 난 그래도 당신을 면회하러 갔을 거예요. 너무도 불행해하는 당신을 보는 것을 보고 즐겁진 않았죠.

남편: 알고 있어요. 오랫동안 화를 내지는 않았죠. 감옥에 있는 게 내게는 조금은 도움이 되었을지도 모르죠.

　이런 말은 거짓일 수도 있고, 조금은 정직한 것일 수도 있다. 난 좋은 징조로 받아들이기로 했다. 안 될 이유가 없지 않은가? 그는 나를 속이려 하지 않을 것이고, 그녀가 그를 감옥에 내버려두었다고 해도, 그는 티아를 더 이상은 속이려 하지 않았을 것이다.

상담자: 그녀가 면회 왔을 때, 당신을 꺼내 주지 않을까 봐 걱정한 적이 있나요?

남편: 아니요. 난 아내가 나를 데리러 오리라고 알고 있었죠. 우리는 만나면 주로 내가 집에 가는 것에 대해서만 얘기를 나누었어요.

상담자: 티아, 당신이 그를 항상 꺼내 줄 거라는 생각을 그가 가져도 되나요? 다음에는 아마 1년 정도 있게 될 수도 있는데.

남편: 다음이란 없을 거예요.

상담자: 티아?

아내: 나에게도 역시 다음은 없을 거예요. 그가 감옥에 있는 동안 우린 별 문제없이 지냈어요. 난 결심했어요. 이런 일을 더 이상 겪고 싶지 않아요. 선생님이 말씀하신 대로 우린 그를 사랑하지만, 절대로 그의 술을 마시는 행동은 사랑할 수 없을 거예요. 만약 우리가 그와 함께 살기 위해 그런 대가를 치러야 한다면, 우린 더 이상 그 대가를 치루지 않겠어요.

상담자: 로저, 저 이야기 들었죠. 다음 기회는 없을 지도 몰라요. 그렇게 될 수 있어요. 현실적인 질문인데, 당신에겐 그들이 얼마나 필요하죠?

아내: 그가 술을 마시고 있을 때는 아무도 필요하지 않죠. 만약 감옥에서 그가 원하는 대로 술을 주기만 한다면 그는 감옥에 있어도 행복하겠죠. 내가 만일 20년 동안 깨달은 것이 있다면 결국 그것을 배운 것이죠.

남편: 그렇지 않아요. 난 아내가 필요해요. 내가 술을 마시고 있을 때 아마 더 그럴 거예요.

아내: 맞죠. 당신을 보석 석방시키기 위해, 직장에다 이 사실을 숨기기 위

해. 내가 이런 일을 했던 것은 모두 당신을 사랑하기 때문이었죠….

 그리고 나서 티아는 입을 다물고 나를 먼저 쳐다보고 그 다음 로저를 쳐다보았다.

아내: 세상에… 난 당신의 술을 마시는 행동도 사랑하려고 했었어요. 내가 그런 것이 아니었나요? 로저, 여기 선생님 앞에서 말하겠는데, 당신이 또다시 집에 술을 가지고 들어온다면, 우린 끝이에요. 당신 물건을 그 술병과 함께 집 앞에 던져 버리겠어요. 하지만 걱정 말아요. 그 술병을 깨지는 않을 테니까. 당신은 나보다 그것을 더 필요로 한다는 것을 난 알아요.

 극적인 순간이었다. 알코올 중독자의 아내가 그것을 이해하는 것은 흔한 일은 아니지만, 그녀가 그렇게 말을 한 것으로 보아 바로 이해했다고 나는 생각했다. 기적이 일어나는 것이 아니지만 시작은 된다. 티아가 자신이 말한 대로 계획을 진행시키고, 로저가 지속적으로 나를 만나고 AA에 간다면 그에겐 회생의 기회가 있다.

상담자: 로저, 당신은 선택했어요. 그게 무엇이라고 생각하나요?

남편: 술을 마시느냐, 마시지 않느냐? 20년 동안의 질문이었죠.

아내: 그가 다른 무슨 선택을 가지고 있죠?

상담자: 그것이 그렇게 간단한 것이길 바라요. 그것은 훨씬 더 어려운 선

택이죠.

남편: 무슨 말씀을 하시는지 이해가 안 돼요…. 난 수수께끼를 잘 풀지 못해요.

상담자: 음, 답해 봐요. AA에 가는 것을 왜 좋아하지 않죠?

아내: 우리는 수도 없이 똑같은 것을 반복하고 있어요. 그는 많은 술주정뱅이들과 함께 있어야 하기 때문에 싫다고 해요.

로저: 예, 맞아요. 그런 술주정뱅이들이 내게 어떤 도움이 되겠어요.

상담자: 당신이 그들은 술주정뱅이라고 여긴다면 도움이 안 되죠.

로저: 그래요. 그들은 주정뱅이들이지 뭐예요.

상담자: 아니요, 그렇지 않아요. 그들은 자신들의 회복을 위해 계속 노력하고 있는 회복 중에 있는 알코올 중독자들이죠. 당신은 그들과 같이 있는 것을 원하지 않고 있어요. 왜냐하면 그들은 티아만큼이나 당신의 음주행위를 사랑하지 않기 때문이죠. 그들은 회복하려고 애쓰는 자신들과 같은 사람들을 만나려고 모임에 가는 거죠. 그들을 받아들이고, 그들을 무시하지 않을 사람들. 그들은 당신을 받아들이려 하고 있지만, 당신의 음주행위는 받아들이지 않을 것이기 때문에 당신은 그것을 허용하지는 않을 거예요.

남편: 지옥에나 가버려요. 난 그들 같은 사람은 아무도 필요 없어요.

AA에 대해서는 그 정도면 됐다. 그가 화를 냈기 때문에 그가 이해했다고 나는 생각했다. 그러나 이번 주에는 이 정도면 충분하다. 끝낼 시간이다. 하지만 나는 그를 화난 채로 떠나게 하고 싶지는 않았다.

상담자: 정말 우린 좋은 시간을 함께 보냈다고 생각해요. 난 다음 주에도 두 사람을 모두 만날 것을 기대해요.

남편: 티아, 당신 진심으로 말한 것이었소? 집에서는 전혀 술을 마시지 않아야 한다는 것 말이오?

좋다! 로저의 마음에 전달된 것이다.

티아: 로저, 우린 집과 차고를 꼼꼼히 살펴봤지요. 그곳에는 한 방울의 술도 없었어요. 심지어 우린 바닐라 향 즙도 다 내다 버렸어요. 만약 우리가 술을 찾아낸다면 당신은 나가야 해요. 내가 지금 심각하게 말한다는 것을 당신이 알길 바라요. 만일 그런 일이 생겨서 내가 그렇게 행동하게 되더라도 놀라지 말아요.

그것은 현실이었다. 그녀는 처음으로 자신과 아이들을 강력히 옹호하려고 했고 그녀의 말은 그냥 말뿐이 아니었다.

상담자: 이번 주에는 무엇을 할 계획인가요?

남편: 지난주와 같지만 술은 마시지 않을 겁니다. 그들 모두 나를 지키고

있어요. 어쨌든 집에서 술을 마시는 것은 그들을 실망시키는 일이었죠.

　로저와 티아는 팔짱을 끼고 집으로 떠났다. 알코올 중독자들은 너무도 빨리 화난 사람에서 사랑스러운 사람으로 이리저리 바뀌는데, 이 점은 항상 나를 놀라게 한다.
　내 생각에 그것이 그들이 가지고 있는 몇 안 되는 관계를 유지하는 방법이라고 본다. 그와의 나머지 상담은 내가 오늘 시작한 것을 더 많이 행하는 것에 달려 있다. 말 그대로 그의 삶이 그의 가족들과의 관계를 유지하는 것에 달려 있다는 것을 그가 깨닫도록 하는 것이다.
　그는 즉각적으로 술을 끊을 수는 없을 것이다. 로저는 수천 번 그렇게 해보았다. 이것은 어떤 상담가도 도달할 수 없는 목표이다. 사실 그 누구도 사람들이 무언가를 그만두게 상담할 수는 없다. 그는 비만한 사람이 먹기 원하는 것을 그치게 할 수 없는 것처럼 술 마시기 원하는 것도 중단하게 할 수 없다. 두 사람이 할 수 있는 것은 효과가 있는 다른 행동을 찾아내는 것이다. 내가 앞으로 로저와 티아와 상담할 때 중점을 두어야 할 부분이 바로 그것이다. 나는 그가 가지고 있는 것 중에서 최선의 것을 더 향상시키는 쪽으로 상담을 시작할 것이다. 가족들과의 관계가 그것이다. 그리고 그는 직장 동료들과 더 잘 지내는 데 도움이 되는 뭔가 새로운 것을 시작할 수도 있다.
　약 1주일 전에는 티아와 로저는 서로에게 완전히 외부 통제를 사용했었다. 지금 그들은 약간의 선택이론을 경험했다. 앞에서 티아에게 말하도록 만들어 낸 구실들은 굉장히 인상적이었다. 그는 뭔가를 배웠고 그녀는 그 점을 높이 평가했다. 맥주가 있었을지라도 그녀는 자신들이 즐거운 일주일을 보냈다는 것을 인정했다. 그들이 계속 나를 만날수록 그들은 선택이론에 대해 더 많이 배우게 될 것이다.

　내가 그를 처음에 만나기 전에 말했듯이 음주는 전형적인 통제의 문제이다. 알코올 중독자들은 다른 사람들의 통제로부터 벗어나려는 느낌을 갖기 위해 술을 마시며, 그들이 술을 마시면 마실수록 자신들의 인생에 대한 통제력을 점점 더 잃게 될 것이다. 로저가 투옥되었을 때 그랬던 것처럼 말이다. 이에 반해서 티아는 그녀가 그를 보석 석방시켜 주지 않았을 때 통제력을 갖게 되었다. 그녀가 "집에서는 한 방울의 술도 마시면 안 돼요"라고 말할 때 그녀는 심각했었을 것이다. 그러길 바란다. 현실치료상담이 도움이 되는 가장 큰 이유는 알코올 중독자들에게 주어지는 외부 통제를 일시적으로 덜어 주기 때문이다.

제17장
낭만과 사랑을 연결시키려는 제리와 캐롤 Ⅲ

나는 남자들이 여자에게 요구할 권리보다
내 욕구들에 당신이 좀 더 신경을 써달라는 것을 요구하는 거예요.

마지막으로 만난 지 약 2주 후, 제리는 내게 아래와 같은 짧은 원고를 보내 왔다. 내 의견을 기다린다는 간단한 메모에 그는 이 글이 나와 캐롤을 제외하고는 아무에게도 의미가 없을 것이기 때문에 이 내용을 낯선 사람이 처음 읽는 것처럼 글을 비판하지 않기를 바란다고 했다.

<함께 해결해 내자(Working It Out together)>

제리 B. 씀

캐롤은 제리에게서 아무도 이제껏 보지 못했던 점을 발견했다. 그가 비록 종종 미친 듯이 강박적이고 적대감을 나타냈지만 두 달 동안 캐롤을 만나면서 그녀에게는 전혀 그런 식으로 대하지 않았다. 그녀는 그를 연출가 협회에서 주관하는 『이보다 더 좋을 수는 없다(As good as it gets)』라는 영화 시사회에서 만났다. 캐롤의 고객인 한 여배우―그녀는 부유한 여자들의 집에 가서 그들이 외출하기 전에 화장을 해준다― 그녀에게 표를 준 것이었다. 그녀는 영화 속 남자 주인공인 멜빈 유달에게 혐오감을 느끼면서도 동시에 그에게 강한 매력을 느꼈다. 영화가 진전됨에 따라 그는 더 심술궂어졌지만 그녀는 점점 더 그에게 매력을 느꼈다. 그 남자에게는 드러나지 않은 사랑이 숨어 있었다.

그녀가 극장을 나서려고 자리에서 일어났을 때 그녀의 눈에는 눈물이 맺혀 있었다. 그녀는 걸어 나오다가 체격이 큰 남자와 부딪혔다. 캐롤은 몸집이 작았고, 키도 겨우 5피트밖에 되지 않았다. 곧바로 그는 그녀에게 돌아서더니 부딪쳐서 미안하다고 사과했다. 실은 그녀가 그에게 부딪혔는데도 불구하고 말이다. 그가 그녀에게 사과를 하려고 내려다보았을 때, 둘은 서로의 눈에 눈물이 맺혀 있는 것을 보았다. 주위의 모든 사람들은 멜빈 유달이 심술궂은 것에 대해 조롱하듯 빈정대고 있었다. 캐롤은 제리와 연결이 되었다. 캐롤이 본 것처럼 멜빈 유달을 본 또 한 남자가 있었다.

그들은 근처 커피숍에서 두 시간 동안 쉬지 않고 이야기를 나누었다. 그날 밤이 가기 전 그들은 서로에 대해서 많은 것을 알게 되었다. 제리는 멜빈만큼 미치광이었다. 너무도 미치광이 같아서 그는 작은 가죽케이스 안에 자신만이 사용하는 식기 세트를 가지고 다녔다. 그는 커피를 휘저을 때 음식점의 식기를 사용하지 않았다. 그는 캐롤에게 영화 속의 남자를 위해 만약 울었다면 그 사람을 위해 실컷 울지 그랬냐고 말했다. 그는 자신이 그 사람처럼 강박적이고 충동적이라고 했다. 비록 멜빈이 자신보다 적어도 한 가지에서는 더 강박적이지만.

그러나 멜빈은 민감한 남자를 배우가 연기한 것이었지만, 제리의 민감성은 현실이다. 그것은 그녀가 그에게 부딪쳐서 사과를 하기 위해 그녀를 내려다 본 순간부터 나타났었다. 그의 민감성은 그들이 나눈 처음 대화의 모든 세부사항에서도 나타났다. 제리는 멜빈처럼 민감하고 눈물도 많았지만, 제리가 눈물을 좀 더 잘 흘렸다. 그는 만약 그녀가 그의 광기를 기꺼이 참을 수만 있다면, 55년간의 닫아 두었던 사랑을 그녀의 삶의 모든 부분에 쏟아 부을 사람을 찾았다는 것을 그녀에게 확인시켜 줄 것이다. 첫 만남이 끝나갈 무렵 그녀는 그에게 기회를 주기로 작정했다.

그녀가 화장품을 팔고 있는 백화점에서 그녀는 친구들에게 영화에 대해서 말을 했다. 그러나 그녀가 멜빈에 대해서 매력을 느꼈다는 것과 제리를 만난 것에 대해서는 말하지 않았다. 영화가 개봉되자 그들은 영화를 보러 갔지만, 그녀가 멜빈에게서 느꼈던 것처럼 그렇게 강렬한 느낌을 느낀 사람은 없었다. 그들은 그것이 너무 꿈같은 얘기라고 그녀에게 말했다. 영화 속 여주인공이 그에게 시간을 할애하고, 더군다나 그와 사랑에 빠진 것은 정신 나간 짓이라고 했다. 멜빈은 어떤 미인도 절대 바꿀 수 없는 야수였다(영화 미녀와 야수 참고). 그녀는 제리에 대해 입도 벙긋하지 못했다.

그 후에 그녀는 그와 함께 딸인 질이 있는 산타바바라로 여행을 떠났다. 질은 조심스럽게 그녀에게 말했다. 하루 종일 자신의 손을 씻어야만 하는 그런 남자는 사귀지 않았어야 하는 사람이라고. 기숙사에서 둘이 함께 밤을 보내면서 그녀는 그에 대한 모든 것을 딸에게 말해 주었다. 제리는 근처 모텔에 머물렀다. 질은 엄마에게 말했다. "엄마는 아름다워요. 미치광이 멜빈 유달 같은 남자 대신에 삶에 변화를 가지고 싶다면 정상적인 남자를 만나세요."

20년 동안 그를 알았던 이웃 사람들도 함께 파티를 벌이던 날 그녀에게 아주 조심해야 한다고 경고했다. 그가 우편물이나 신문을 가지러 갈 때 두 발자국은 앞으로 한 발자국은 뒤로 걷는 미치광이 같은 그의 모습을 그녀가 봐야 한다는 것이었다. 말뿐이 아니라 그에게 실제 친구는 옆집 고양이, 블레이즈뿐이었다. 고양이는 제리를 사랑하고 곧 캐롤도 사랑하게 되었다. 그는 캐롤에게 고양이 저녁식사로 1파운드에 6달러나 하는 생선을 사 주는 남자라면 괜찮은 사람으로 생각할 만하지 않느냐고 그녀에게 말했다. 제리는 부유하다. 고양이가 낭만적일 수도 있으나 실제적으로 고양이는 자신에게 이득이 될 만한 관계라면 결코 놓치는 법이 없다.

그녀는 고양이의 실용주의와 자신의 낭만주의를 합쳐서 그에게 기회를 계속 주기로 결정했다. 시험 삼아 처음 만난 밤에 그녀는 자신을 학대하는 남편에 대해 간략하게 얘기를 했다. 그는 성관계에 대한 그녀의 두려움에 대해 민감해야만 했다. 그리고 그녀는 그 부분에 대한 그의 전체적인 민감성에 대해 놀라워했다. 두 달 후에 그녀는 자신의 상황을 과도하게 얘기하는 것이 아닌가 하고 느끼게 되었다. 그녀는 서로 안고 있는 것보다는 그 이상을 원했다. 하지만 그는 그녀를 안고 그녀의 등을 문질러 주고 한 번의 키스를 한 것이 고작이었다. 그녀는 그들이 입술이 살짝 닿았을 때 그것이 마치 대단한 것인 것처럼 그가 놀라는 것을 느꼈다.

그녀는 지금 『이보다 더 좋을 수는 없다(As good as it gets)』라는 영화 속의 여주인공에 대해 상상을 하기 시작했다. 여주인공은 비오는 날 속옷도 입지 않은 채 젖은 티셔츠를 입고 멜빈에게 말을 하러 갔다. 단지 아픈 아이를 위해 치료비를 내주었기 때문에 말이다. 고마움의 표시로 그녀가 육체적인 관계를 허락해야 한다는 상상을 멜빈은 하지 않았어야만 한다. 캐롤은 점점 더 '나는 제리와 있을 때 그 젖은 티셔츠를 입은 여자이고 싶어. 내 등을 자연스럽게 어루만지고 있지만 난 그가 더 관심을 가졌으면 좋겠어'라고 생각하게 되었다. 그러나 그런 상상을 그녀는 혼자만 간직하고 있었다. 제리와 그런 생각을 공유하는 것은 좀 더 시간이 필요했다. 그녀의 결혼생활에서 오랫동안 그녀는 사랑 없는 섹스를 했었다. 지금 그녀는 그 반대의 상황, 섹스 없는 사랑을 하고 있다. 그것은 상당히 좋지만 그녀는 더 이상 진실을 부인할 수는 없었다. 그녀는 좀 더한 것을 원했다.

그러나 지난 한 달 동안, 그에 대해 그녀의 성적인 느낌이 커지기 시작하면서 그는 그들이 같이 있을 때마다 슬퍼 보였다. 그러나 잠시 후에는 슬픔은 곧 사라지곤 했지만 말이다. 그에게 물어볼 만큼 중요한 것은 아니지만 확실히 무엇인가가 있었다. 그리고 그것은 여러 상황에서 계속 나타났다. 예를 들어, 그의 작품이 잘 써지고 있고 그는 그녀를 매우 사랑하고 있으며, 그녀에게 조금이라도 상처가 될 만한 말이나 행동을 할 의향이 없다고 말하는 순간에도 그러했다. 지난번에도 "난 절대로, 당신에게 상처를 주지 않을 거예요"라고 강조하면서 말했다.

이것은 그녀를 다시 안심시켰고, 그녀는 슬픔에 대해서는 생각하지 않으려고 했다. 그러나 그녀가 무엇인가 말하기 어려운 것이 있다고 느낀 것이 맞았다. 그녀는 저녁을 먹기 위해 종종 그의 집에 가는데 어느 날 저녁 그들은 소파에 함께 앉아 있었다. 그런데 그가 그 문제를 꺼냈다.

"우리가 같이 있을 때 내가 약간 슬퍼하다가 그 후에 그게 사라지는 것을 당신은 느꼈나요? 당신은 분명히 알고 있을 거예요. 난 감출 수가 없었어요."

캐롤은 알고는 있었지만 이해가 안 된다고 말했다. 그러나 그 슬픔이 너무 빨리 사라지기 때문에, 그녀는 그것에 대해 걱정하지 않겠다고 결심했었다고 말했다.

그러나 그가 그것을 화제로 삼을 만큼 충분히 중요하다고 여겨 민감하게 그녀는 반갑게 말했다. "내게 말해 주겠어요? 할 수만 있다면 돕고 싶어요."

"내게는 매우 어려운 문제야. 그러나 난 당신에게 진실을 말해야 한다고 생각해요. 내가 당신을 사랑한다는 것을 당신이 알고 있다고 생각해. 당신도 알고 있죠, 그렇죠?"

캐롤은 그가 그 질문을 할 때 그의 손을 꼭 잡았다. 그는 계속했다. "난 당신 도움이 아주 필요해. 내가 혼자서 이 문제를 처리할 수 있었다고 생각했다면, 말도 꺼내지 않았을 거야."

그녀의 도움을 청했을 때 그녀를 껴안고 있었기 때문에, 그는 그녀의 심장이 뛰는 것을 느낄 수 있었다. 그녀는 무엇을 도와주어야 하는지 의아해했다. 무엇이 잘못되었단 말인가. 그가 계속 말했다.

"영화에서 멜빈의 친구가 된 카렌이 젖은 티셔츠를 입고 그의 집에 갔던 일이 생각나요? 당신과 같이 있을 때 내가 생각할 수 있는 건 오직 당신이 젖은 티셔츠를 입고 있는 모습을 매우 보고 싶다는 거예요. 그런 상상이 나를 미치게 해요. 제발 날 퇴짜 놓지 말아요. 난 당신에게 말해야만 해요. 난 내가 어떻게 느끼고 있는지를 말해야만 해요. 지난 한 달 동안, 난 당신이 나를 전적으로 신뢰하고 있다는 것을 알 수 있었고, 지금은 당신이 나와 섹스를 원한다고 생각해요. 내가 당신과 있을 때 슬퍼했던 이유는 당신이 원하는 것에 대해 말을 꺼낼까 봐 두려웠기 때문이요. 당신이 그렇지 않을 때, 난 안심하죠. 그러나 오늘 밤은 슬프지 않아요. 난 당신과 이 문제에 대해 말해야겠다고 결정했어요. 나와 같이 그것에 대해서 얘기해 주겠소?"

캐롤은 잠깐 심각하게 생각했다. 그가 처음에는 다룰 수 없는 뭔가를 그녀가 제안할까 봐 슬퍼하다가 그렇지 않을 때는 그가 편안해진다는 것이 캐롤은 이상하게 생각되었다. 처음에는 그가 말하리라고 예상했던 것과는 정반대였다. 하지만 그녀는 말했다.

"제리, 난 무엇에 관해서든지 당신과 얘기를 할 거예요. 만약 당신이 섹스를 하지 않으려고 하는 것에 어떤 이유가 있다면, 난 그것을 존중하겠어요. 난 당신이 하는, 혹은 하지 않는 모든 것을 존중하겠어요. 왜냐하면, 당신이 나를 존중해 주기 때문이죠. 학대받았고 도저히 불가능한 것에 대해 특별한 배려가 필요한 나 같은 여자가 이 도시에서 존경을 받는 것은 어려운 일이죠. 당신은 나 때문에 당신의 삶 전체를 바꾸었어요.

내가 그 점에 얼마나 감사하고 있는지 아세요? 난 항상 생각하고 있어요. 만약 당신이 섹스에 무슨 문제를 가지고 있다면, 난 당신에게 압력을 넣지 않을 거예요. 섹스 말고도 사랑할 게 많아요. 난 당신이 매일 내게 주는 것들을 다른 남자에게서는 그 비슷하게라도 받아 본 적이 없어요. 난 당신을 너무 사랑하고 있어요."

"캐롤, 당신과 섹스를 하길 원해요. 지금 이 순간 무엇보다도 그걸 원하고 있어요. 그러나 난 두려워요. 난 내가 잘할 수 없을까 봐 두려워하고 있어요. 당신이 믿기 어려울지도 모르지만, 난 내 인생에서 내가 사랑하는 사람과 섹스를 해 본 적이 정말 없어요. 내가 만났던 여자와 몇 번 해보았지만 내 광기가 폭발할 것 같은 기분이 들었고, 그게 다였어요. 난 그들이 나를 퇴짜 놓기 전에 내 광기를 이용해서 그들을 퇴짜 놓죠. 처음 당신을 만났을 때, 내가 이제까지 만난 어떤 여자에 대해서보다 당신에 대해서 관심을 가졌어요. 남자들이 여자에게 요구할 권리를 가지고 있는 것보다 난 내 욕구들에 당신이 좀 더 신경을 써주길 바라요. 난 이제는 미친 사람이 아니에요. 내가 당신과 같이 있는 한 다시는 미치지 않을 것 같아요. 나에 대해 인내심을 가져줘요. 내가 요구하는 것은 그게 다요."

그들의 느낌을 주고받은 후 그들은 껴안고 함께 소파에 그냥 같이 앉아 있었다. 제리가 말했다. "캐롤, 당신 가슴을 만져도 될까요?"

이제는 캐롤이 예민해졌다. 그녀는 그가 좀 더 관계를 진전시키고 싶어 하는 것을 알 수 있었고, 그녀는 그가 실패하지 않기를 원했다. 그리고 그녀는 자신이 그에게 성공해야 한다는 압박감을 주고 있다는 것을 그가 느끼지 않길 바랐다. 그녀는 말 한 마디하는 것 외에는 아무것도 하지 않는 것이 최선의 방법이라고 생각했다.

"그럼요."

그리고 나서 서로 따뜻하게 안아 주었다.

"이번 주말에 여행을 갈 수 있나요?"

캐롤은 거의, "예, 시간을 낼 수 있어요"라고 말했다. 그녀는 지금까지 자기에게 관심을 보인 사람에게 사랑을 느낀 적은 거의 없었다. 세상에, 그와 사랑을 나누기 위해 주말을 같이 보내다니! 그러나 신중해야 했다. 그녀는 말했다.

"이번 주말에 대해서 더 말해 주세요."

"난 지금 여기서는 더 이상 아무것도 하고 싶지 않아요. 만약 우리가 사랑을 나눈다면, 난 어떤 새로운 곳이었으면 해요. 여기나 당신 집 말고, 내가 쓴 글에 나와 있는 것 같은 로맨틱한 장소죠. 이번 주말에 아주 고급 호텔에 방을 예약하겠어요. 그 호텔은 이 도시에서 가장 로맨틱한 장소예요. 난 금요일 밤에 투숙해서, 주말을 당신과 보내고 싶어요. 캐롤, 난 서두르고 싶지 않아요. 비록 우리가 좋은 시간을 갖게 될지는 모르지만, 난 한번 시도해 보고 싶어요. 우리가 끝나기를 원하지 않는 한 이것은 새로운 시작이죠."

섹스에 대해 한 마디도 써본 적이 없는 남자가, 그녀에게 키스하는 장면은 대단한 발전이었다. 나는 그의 글을 읽으면서, 그녀가 그와 함께 경험했음직한 것들에 대한 그의 민감성이 가슴에 와 닿았다. 이와 같은 민감성은 그의 다른 글에서도 나타났을 것이고 그렇지 않고서야 작품이 팔렸을 리가 없다.

그가 나를 위해 글을 썼다는 것에 대해 생각해 보면, 내가 그에게 얼마나 어려운 과제를 주었는지 지금은 알 수 있다. 하지만 지금 그는 성공했다. 나는 그가 이 글을 캐롤에게도 읽히기를 원한다면 전적으로 동의할 것이며, 좋은 생각이라고 말해 줄 것이다. 제리는 다음 날 왔다. 난 그가 긴장하고 있다는 것을 알 수 있었고, 그는 자신의 글에 대해 내가 어떻게 생각하고 있는지 큰 관심을 가지고 있었다. 난 사실대로 말했다.

"제리, 훌륭해요, 정말 좋았어요. 그것은 바로 내가 원하던 바에요. 당신이 글을 쓸 때 어떤 느낌을 받았는지 말해 볼래요?"

"쉽지 않았어요. 지금 글을 세 번째 고친 겁니다. 그전 것들은 너무 엉뚱한 것 같아서 선생님에게 보여 주기 창피했어요. 그러나 젖은 티셔츠를 입은 그녀의 모습은 내 머릿속에서 떠나지 않고 있어요. 그리고 아마 캐롤도 그럴 것이란 생각이 들었어요. 그 부분을 생각해 내고 나니 나머지 부분은 쉬웠어요. 모두 사실이니까요…. 알아요, 내가 썼어요, 좋았어요, 이제 무얼 하죠?"

"당신은 그것을 연출해야 한다고 생각해요. 제리는 당신이 맡고, 캐롤은 여자 주인공으로 잘 어울릴 거라고 생각해요. 그녀는 이름을 바꿀 필요도 없죠. 당신은 이름을 이렇게 쓸 것을 어떻게 생각해 냈나요? 천재적인 솜씨군요."

"됐어요, 됐어. 나를 웃기시려 한다면 차라리 코미디 TV쇼를 보겠어요."

"미안해요, 농담하지 않을게요."

"선생님, 나를 처음 만났을 때, 내 섹스 문제에 대해 선생님이 알기 전에, 난 내가 왜 이런지를 선생님에게 물었었지요. 그리고 선생님은 내 어린 시절에 대해서는 이야기할 기회를 주지 않았어요, 선생님은 말했죠. '그건 지나간 일이오, 당신의 문제는 현재요.' 나는 고민했어요. 내가 이렇게 된 데는 이유가 있었을 거예요. 내가 이런 식으로 태어나지는 않았을 거라고 생각해요. 정신과 의사들은 이런 이유를 찾아내어 나 같은 사람들을 돕죠. 내가 혼자 해결할 수만 있었다면, 난 선생님에게 오지 않았을걸요."

"그래요, 당신은 처음부터 이런 식으로 태어나진 않았죠. 그리고 맞았어요, 당신이 이렇게 된 데는 이유가 있죠. 당신이 쓴 모든 단어에 이유가 있듯이 당신이 선택한 모든 행동에도 이유가 다 있죠. 당신이 섹스를 두려워하는 데도 이유가 있지요. 그리고 그것은 당신이 몇 번 창녀를 찾아간 것 때문은 아니에요. 당신은 그녀들을 만나기 전부터도 섹스를 두려워했어요. 그들로부터 얻은 것이라고는 더 이상 섹스를 하지 않아도 된다는 구실뿐이죠."

"그래요, 이유가 있다고 말씀드렸었죠."

"제리, 그 이상의 것이 있어요. 무엇인지는 나도 모르죠. 정말 몰라요.

아무도 모르죠. 인간은 복잡해요. 우린 사람들이 하는 것 혹은 할 수 없는 것에 대한 이유를 항상 밝혀낼 수는 없어요…. 그러나 당신은 오랫동안 내게 상담을 받았고, 이유를 알아냈다고 봐요. 우린 알고 있어요…. 당신이 어렸을 때 당신의 엄마가 당신을 거절했다고 해봅시다. 그리고 그녀가 당신 아버지나 다른 남자들에게 사랑을 주었다고 해보죠. 당신은 여자는 신뢰할 수 있는 존재가 아니라는 것을 알게 되었고, 여자들과 관계를 맺는 것을 피해서, 그들이 당신을 거절할 수 없게 했다고 말이죠. 더 나중에는, 당신은 자신의 광기를 여자들에게 보임으로써 그들이 당신을 거절하기 전에 당신이 먼저 그들을 내쳤죠. 이건 아주 전형적인 이야기예요. 지난 수백 년 동안 수많은 내담자들이 그들의 치료자들과 함께 이런 결론에 도달했을 것이라 나는 확신해요."

"음, 어느 정도는 나의 경우와 비슷해요. 아버지는 내가 5살 때 떠났고, 그 후엔 다시는 만나지 못했어요. 아버지는 전쟁터에서 돌아가셨죠. 엄마는 남자친구를 많이 사귀긴 했지만 재혼하지는 않으셨죠. 난 그 남자들에 대해 질투했지만 엄마는 나를 절대로 거부하지 않으셨어요. 난 엄마를 사랑했어요. 엄마는 자신이 할 수 있는 최선을 다 하셨죠."

"됐어요. 이해하겠어요. 당신은 엄마가 당신에게 주는 것보다 더 많은 것을 원했군요. 전적인 거부는 아니었지만, 당신이 어렸을 때 거부하는 것으로 느꼈을 수도 있었겠군요. 그런데 당신은 지금 그 점에 대해 무엇을 하길 원해요? 당신은 캐롤이 당신을 거부하기 전에 그녀를 먼저 거부하길 원하나요?"

자신의 엄마를 비난하는 것 같은 그릇된 생각을 그가 깨닫는 동안 침묵이 흘렀다. 누군가를 비난하는 것. 만약 엄마가 정말 잘못했거나 엄마가 그랬다고 그가 생각한들, 지금 그런 정보를 가지고 그가 무엇을 할 수 있겠는가?

"난 캐롤을 거부하길 원치 않아요."
"그러니까 하지 말아요. 무엇 때문에 그녀를 못 받아들이는 거죠? 당신이 남은 인생동안 여자들을 신뢰하지 않기를 원한다면, 난 당신을 도울 수 없어요. 정신의학이 마술은 아니죠. 과거를 고칠 수는 없어요. 그 어느 것도 과거를 고칠 수는 없죠. 당신은 그것을 포기해야만 해요. 끝난 일이에요, 제리. 당신이 계속 살아 있기를 선택한다면 살아야만 하죠. 혹은 당신이 현재가 너무 두려워서 과거에 숨기를 원한다면 그렇게 하는 거죠. 과거에 아무 일도 안 일어날 수도 있죠. 우리가 확실하게 알 수 있는 것은 지금 보는 당신일 뿐이죠. 우리가 뭔가 할 수 있는 것은 지금의 당신과만 가능한 것이에요. 당신이 과거로 돌아가길 원한다면, 그렇게 할 수 있도록 도와줄 수 있는 다른 사람을 찾아야만 할 것 같아요."

다시 침묵이 흘렀다. 그리고 나서 그가 말문을 열었다.

"캐롤에게 털어놓아야 한다고 생각하니 두려워요."
"물론 당신은 두렵겠죠. 그러나 그 두려움은 현재고, 과거는 아니에요. 당신은 정말 고급호텔에 예약을 했나요?"
"아니요, 하지만 난 귀빈실을 알아봤지요."
"당신이 귀빈실을 들여다봤을 때에도 두려웠나요?"
"처음에는 약간 그랬어요. 그러나 즐거웠어요. 난 기분이 좋았어요. 내가 쓴 글을 캐롤에게 보여줘야 하는지 궁금해요."
"그녀에게 보여 주지 말아야 할 다른 이유가 있나요? 사실이잖아요. 그렇지 않아요?"
"하지만 그녀의 가슴에 대한 부분 때문에 그녀가 화를 내지 않을까요?"
"당신이 그것을 쓸 때 그녀가 화낼 것에 대해 걱정했나요?"
"아니요, 하지만 글을 쓸 때는 약간 과장했어요. 대부분의 작가들이 그렇다고 생각해요."
"그 부분이 당신에게 꽤나 외설적이었죠. 그 부분을 쓰면서 좀 불쾌했나요?"
"아니요, 하지만 기분은 좋았어요."

사실 난 제리가 성적인 측면을 표현할 수 있게 되었고, 그것을 캐롤에게 보여 주길 원한다는 것을 그의 발전으로 생각했다.

"느끼는 대로 해요. 그녀는 당신을 사랑하고 있어요. 난 그녀가 화를 낼 거라고는 믿을 수 없어요. 오늘밤에 그녀를 만날 건가요?"

그는 끄덕였다.

"그녀에게 그것을 읽어 주면 어때요? 내가 당신에게 내준 과제였다고 그녀에게 말하세요. 그녀가 좋아할 거라고 생각해요. 자, 나머지는 다음 주에 만나 얘기하도록 하죠."
"다른 것에 대해 생각해 본 것이 있어요. 난 아주 많이 나아졌어요. 내가 얼마나 오랫동안 선생님을 만나야 하나요?"
"제리, 당신이 나아졌다고 하니 기쁘군요. 하지만 난 캐롤과 당신이 잘될 때까지 당신을 만나고 싶어요."
"선생님은 내가 정말 그녀와 잘될 수 있을 거라고 생각하세요?"

"그럼요, 그러나 확신하긴 일러요. 제리, 당신은 자신이 살아온 생활 방식을 바꾸려 하고 있어요. 갈 길이 멀죠. 게다가 난 당신을 만나는 것이 즐거워요, 기대가 크죠."

그는 계속 나를 만날 것에 동의했다. 그는 그녀와 사랑을 하기에는 자신에게 여전히 문제가 있다는 것을 알고 있다. 나는 그의 글이 훌륭했다고 생각한다. 그러나 무슨 일이 일어날지는 아무도 예측할 수 없다. 만일 일이 잘못되었을 때 그가 엄청난 고통으로부터 빠져나올 수 있도록 도와주기 위해 나는 그의 옆에 있기를 원한다. 그가 쓴 글에서 그는 그녀가 실제 가지고 있지 않을 수도 있는 인내와 이해심을 캐롤이 가지고 있는 것처럼 표현했는지도 모른다. 지금 현재로는 그를 혼자 내버려두어서는 안 될 것이다.

다음 날 아침, 난 제리에게서 급한 전화를 받았다. 그는 나를 당장 만나길 원했다. 나는 그를 만날 수 있도록 스케줄을 조절할 수 있었다.

내가 대기실 문을 열었을 때 그가 여자와 같이 있는 것을 보고 놀랐다. 그는 재빨리 그 여자와 나를 인사시키고 나서 말했다.

"캐롤이 선생님과 나를 만나길 원했어요. 기다릴 수가 없었죠."

상담실에 들어서자마자 그녀는 벌써 말문을 열기 시작했다.

캐롤: 제리가 쓴 글을 읽어 보셨죠. 선생님이 하라고 했다더군요.

상담자: 맞아요, 그랬어요. 그가 당신에게 보여 주어야 하는지를 물어 보았고 난 그렇게 못할 이유를 찾지 못했죠. 그렇지만 캐롤, 그가 그 글을

썼어요. 그가 말한 것과 난 아무런 관계가 없어요. 난 아무것도 바꾸라고 요구하진 않았어요.

캐롤: 오, 난 그가 무엇을 썼든 상관없어요. 사실 그건 정말 로맨틱했죠. 그러나 내가 그 글을 읽을 때, 내가 짜 맞추어졌다는 느낌을 받았어요.

제리: '짜 맞추어졌다…' 캐롤이 내게 그렇게 말했어요. 난 이해하지 못했는데 캐롤이 설명하려 하지 않았어요. 캐롤이 여기서 선생님을 같이 만나기를 원했죠.

캐롤: 난 제리를 사랑해요. 그를 잃는다는 생각은 참을 수가 없어요. 선생님, 그가 글에서 쓴 대로 그는 나를 존중해 줘요. 그는 정말 그래요. 내가 관심을 가지는 남자에게서 존중을 받는다는 것이 내게 어떤 의미인지 선생님은 상상이나 하실 수 있어요?

난 동의를 표했고, 그녀는 계속했다.

캐롤: 난 지금 40살이에요. 이제껏 살면서 나를 사랑해 주고 존중해 준 어른은 엄마 한 사람뿐이었죠. 난 어떤 남자에게서도 존중을 받은 적이 없어요, 무엇보다도 질의 아버지는 아니었죠. 그 술주정뱅이는 나를 여러 해 동안 폭행했고, 질이 아기였을 때부터 그 아이에게도 폭력을 가했죠. 난 그 정도만 말하겠어요. 관심이 있다면 제리가 선생님에게 말씀드릴 수 있어요. 20년 뒤에, 결국 남편은 자동차 사고로 죽었죠. 제리가 선생님에게 그 얘기를 했죠? 그는 보험도 안 든 상태여서 난 알거지가 됐어요. 그게 2

년 전이에요. 제리를 만나기 전, 남자를 사귄다고 생각만 해도 난 속이 뒤집혔어요. 그런데 제리를 만났죠. 선생님도 아는 얘기죠. 난 그에게 무슨 일이 있었는지 몰라요. 하지만 선생님, 믿을 수 있으세요? 그가 나보다 더 사랑을 갈망했다는 것을 난 금방 알아차릴 수 있었어요. 적어도, 내가 본 바는 그래요. 그런데 그는 섹스를 두려워해요. 그게 어쨌다고요. 내게 그것은 플러스도 되지만 마이너스는 아니에요. 그리고 그는 나를 사랑하고 있고 존중해 줘요. 내게 중요한 것은 그 점이죠.

제리: 그래요. 사랑하는 캐롤, 난 정말 그래요. 내가 당신 가슴에 대해 이상한 소리를 해서 미안해요.

캐롤: 아니, 아니요. 그건 괜찮아요. 난 당신이 그 글을 써서 기뻤어요. 당신은 내게 허락을 구했어요. 그것은 당신이 나를 존중해 주고 있다는 또 다른 증거죠. 당신은 원하면 언제든지 내 가슴을 만져도 돼요. 내가 화가 나는 것은 호텔에서의 로맨틱한 주말에 대해서예요. 나는 가고 싶지 않아요. 난 가는 것이 두려워요. 내가 제리에게 설명할 수 있도록 절 좀 도와주세요, 선생님.

상담자: 나도 그 이유를 제대로 이해했는지 모르겠군요.

캐롤: 제리는 준비가 아직 안 되었어요. 주말에 그런 호텔에서 자신을 드러낼 준비가 조금도 되어 있지 않아요. 난 전문가는 아니지만, 그렇게 성공해야 하는 상황에 접하게 되자마자 그는 분명히 실패하게 될 거라는 것을 알아요. 남자들은 잘해야만 한다는 압박감을 받을 때는 잘 못하게 되

죠. 내가 결혼했던 남자는 자기가 잘 해내지 못하면 나를 때렸어요. 그 못된 녀석은 내 탓을 했죠. 제리는 절대 그러지 않을 거예요. 하지만 그 이야기의 결말은 동화처럼 너무도 적절하게 잘 짜여 있어요. 그 동화 끝이 현실로 되지 않을 수도 있죠.

제리: 하지만 단지 시작일 뿐이라고 난 말했어요.

캐롤: 남자들이 성적인 행위를 일단 시작하면, 그들은 끝내기를 기대하고 만약 하지 못하게 되면 심각하게 실망하는 경향이 있어요…. 그리고 그들은 비난할 거리를 찾아요. 그리고 내가 비난받게 되죠. 우리에게 상처가 될 것이 거의 확실한 어떤 것을 하도록 내가 요구당하고 있어요…. 선생님, 내가 무슨 얘기를 하는지 제리에게 선생님께서 설명해 주셨으면 해요.

상담자: 캐롤, 당신이 설명해 봐요. 나보다 당신이 더 잘할 것 같군요.

캐롤: 무엇이 잘못되었는지 내가 당신에게 설명해 주어도 괜찮겠어요, 제리? 내게 동의해 주길 바라요. 하지만 내가 무슨 생각을 하는지 당신에게 말해야겠어요.

제리: 부디, 말해 봐요.

캐롤: 당신이 쓴 그 글은 정말 아름다웠어요. 제리, 당신은 너무 로맨틱해요. 그렇지만 난 당신의 로맨틱한 생각에서 우리 둘을 지켜야겠다고 생각해요. 그 고급호텔의 귀빈실은 하루 밤에 천 달러예요. 내가 어떻게 그런

상황에서 느껴지는 압박감을 견뎌내겠어요? 난 어떤 것도 각본대로 하는 것을 원하지 않아요. 영화에서의 연인들은 쉽게 그렇게 하거나, 혹은 성공하도록 요구당하지요. 영화에서는 섹스도 쉽고, 문제될 것은 전혀 없어요. 하지만 이건 현실이에요. 사람들은 현실에서는 많이 실패하죠. 특히 당신이 예전에 경험이 없다면…. 사랑하는 제리, 더 이상의 압박감은 필요 없어요. 난 당신을 사랑해요. 난 우리가 함께 있는 모든 순간을 사랑해요. 당신은 더 이상 뭔가를 할 필요 없이 그냥 내 곁에서 나를 포근히 안아 주면 돼요. 우리 조심하자고요. 우리가 실패할지도 모르는 어떤 상황에도 빠지지 말아요. 모든 것을 바꿔 놓을 거예요. 당신 글에서처럼 내게 키스해 주고 나를 애무해 주면 돼요. 난 만족했어요. 당신은 더 진전시켜야만 한다는 의무감을 느꼈기 때문이 아니라 당신이 원했기 때문에 그렇게 했어요. 일정을 잡아 호텔에 가는 것은 부자연스러워요. 난 잘될 거란 생각이 들지 않아요.

캐롤은 자신의 감정의 깊이를 표현했고, 그 이해는 뛰어났었다. 그녀가 말할 때 그가 이해했다는 것을 알 수 있었다. 그가 그 글을 썼을 때는 너무도 민감한 것 같아 보였던 호텔에서의 로맨틱한 주말은 그녀가 설명하는 것처럼 잘못된 것이었다. 난 그녀에게 동감한다. 왜 위험을 무릅써야 하는가? 그는 캐롤을 만났다. 그녀는 그가 필요한 것이 무엇인지를 깨달았다. 그녀가 옳았다. 서두르지 않아도 된다.

제리: 캐롤이 옳아요, 선생님. 난 내가 글을 쓸 때 그 주말에 대해 걱정했어요. 내 속에 있는 작가를 비난하세요. 만약 캐롤이 아니었다면, 로맨틱한 바보인 나는 문제를 많이 일으켰을 거예요. 서두를 것 없어요. 우리의 시간은 올 거예요. 그렇게 될 때를 우리는 알게 되겠죠.

캐롤: 우린 할 수 있어요. 난 어젯밤에 당신이 부드럽게 애무해 주었을 때보다 더 큰 사랑을 느꼈던 적이 없었어요.

제리는 팔을 뻗어 그녀를 안았다. 그는 울고 있었고 그녀도 흐느껴 울고 있었다. 나도 눈물이 글썽해졌다.

상담자: 캐롤, 제리에게 여전히 문제될 만한 것이 있다고 보기 때문에 나를 계속 만나러 오라고 했어요. 그런데 지금은 걱정이 덜 되네요. 캐롤은 큰 문제를 금방 처리했어요. 캐롤이 곁에 있다니 그는 아주 운이 좋군요. 만약 그가 당신이 호텔에 가길 원치 않는다는 문제를 들고 내게 왔다면, 나는 그 문제를 해결할 수 없었을 거라고 봐요. 지금은 캐롤이 설명해 주어서 너무도 분명하게 이해가 되었어요. 캐롤이 와주어서 정말 감사해요. 만약 제리만 괜찮다면, 그와 함께 언제든지 같이 와도 돼요.

그들은 떠났다. 내가 해줄 얘기는 이제 없다. 남성의 성적 실패는 거의 항상 기대 때문에 생긴다. 그녀는 그 함정을 깨닫고 있었다. 그녀가 '짜 맞추어졌다'고 느낀 이유도 바로 그것이다. 내 경험에 의하면 심리치료의 가장 훌륭한 스승은 내담자들이다. 캐롤은 내가 평생 기억해야 할 것을 가르쳐주었다. 그러나 난 그에게 글을 쓰게 한 것과 그것을 그녀에게 읽어 주라고 한 것은 잘했다고 생각한다. 글의 끝부분은 실패였는지 모르겠지만, 나머지 부분은 잘 썼다. 그의 민감성과 그녀에 대한 사랑의 욕구, 그리고 그녀에 대한 존중감이 그 글에서는 잘 나타나 있었다.

몇 달 동안 그들이 전화를 해서 약속을 하면 난 그들을 계속 만났다. 제리와 캐롤을 위한 모든 것들은 아주 놀랍도록 잘 진행되었다. 더 이상 말할 것이 없다.

제18장
마무리의 말

> 35년 전에 필요했던 것들이 아직도 우리에게 필요하다.
> 효과적이지 못한 전통적인 치료를 대체할 수 있는 더 좋고, 더 빠르고,
> 더 이해하기 쉽고, 가르치기 쉬운 심리치료를 말하는 것이다.

 35년 전 원래의 현실치료상담이 그 당시의 다른 책들과 구별되었던 점은 내가 책임성에 대해 강조한 것이었다. 구체적으로 우리가 하는 모든 행동은 우리에게 책임이 있다는 것이다. 그 당시 대부분 내가 했던 것들은 비행청소년들과 학교에서 실패한 학생들을 돕는 것이었다. 독자들 대부분은 이런 젊은이들이 그들의 행동에 대해 책임을 져야 한다는 점을 받아들이는 데 아무런 문제가 없었다. 이런 생각은 그들과 함께 작업하는 데 있어서 진일보된 개념으로 받아들여졌었다. 그러나 나는 지금도 그렇지만 그 당시에도 여전히 정신병이라고 이름 붙여진 행동들에 대해서 우리가 책임을 져야 한다고 주장했다. 많은 독자들은 이런 책임을 인정하는 것을 예전에도 그랬듯이 여전히 어려워한다.
 1998년에 나온 행복의 심리, 선택이론은 내가 이 책에서 사용한 이론으로, 나의 이런 주장들을 더 확장시켰다. 즉, 비행, 학교에서의 실패, 정신질환에 대해서 책임을 져야 한다는 것뿐만 아니라, 이런 행동들을 우리가 실제 선택한다는 나의 주장을 더 발전시켰다. 나는 이제 우리가 하는 모든 것은 본질적으로 우리가 선택한다고 믿는다. 이런 이론을 설명하기 위하여, 난 실제로 행동이 무엇인지를 명료화하고 확장시키기 위해 전행동

이란 개념을 창조했다. 예를 들어, "난 우울해요. 제정신이라면 내가 느끼는 식으로 느끼게 선택하는 사람은 없을 거예요"라고 내게 이의를 제기하는 사람들에게 전행동은 답을 제공한다. 그러나 그들이 선택이론을 배우게 되면 그들은 우울해하기를 선택한다는 것을 알게 된다. 또한 그들은 자신들이 더 나은 선택을 할 수 있다는 것도 배우게 된다. 이는 모든 내담자들이 반기는 희망적인 생각이다.

전행동은 모든 행동이 선택되었으며, 나눌 수 없는 네 가지 구성요소로 만들어져 있다는 것이다. 활동하기, 생각하기, 느끼기, 신체반응하기가 그것이다. 이런 개념들은 우리가 우리의 행동과 생각을 직접 선택한다는 점을 설명해 준다. 그러나 우리는 느낌의 대부분과 부분적인 신체반응에 대해서도 간접적인 통제를 할 수 있다. 그러나 우리가 선택하는 활동과 생각은 느낌과 신체반응과 분리될 수 없으며 동시에 일어나는 것이다. 내가 이 책에서 상담한 내담자들은 거의 대부분이 기분이 나쁘다고 느끼고 있었지만, 상담 기간 동안 좀 더 효과적인 전행동의 네 가지 구성요소 중 두 가지인 활동하기와 생각하기로 욕구를 더 잘 충족하는 것을 선택하도록 배웠다.

그런데 만약 우리가 생각하고 이해하는 것을 모두 선택한다면, 망상과 환상은 어떻게 설명할 것이냐고 사람들은 내게 묻는다. 이것은 생각하기와 인식하기에서 장애가 일어난 것이다. 이런 질문에 답하기 위해, 난 우리가 선택하는 매우 중요한 전행동에는 엄청나게 큰 창의성이 있다고 설명한다. 좌절에 의해 유발되는 창의성은 우리의 뇌에서 쉬지 않고 작용하여 우리에게 새롭게 창조된 활동과 생각 혹은 인식, 느낌과 신체반응을 제공하는 것을 가능하게 한다. 그러나 이런 구성 요소들이 서로 연결되어 있기 때문에, 한 요소에서의 변화는 새로운 전행동의 자원이 된다.

대부분 사례에서 우리는 제공된 것을 받아들인다. 그러나 나중에 좀 더 만족스러운 활동과 생각을 발견하게 되면 우리는 이 새로운 전행동을 거절하게 될지도 모른다. 환상을 가지고 있던 레베카는 내가 처음에 그것을 일으키게 한 갈등을 다루도록 도와주자 이런 잘못된 인식을 버릴 수 있게 되었다.

선택이론에서, 난 처음 현실치료상담에서 사랑과 가치였던 두 가지 욕구를 생존, 사랑과 소속, 힘, 자유, 즐거움 다섯 가지 욕구로 발전시켰다. 이런 욕구들을 충족시키기 위해서, 경험했으면 하는 부가적인 즐거움에 대한 지식과 더불어, 강렬하고 즐거운 경험에 대한 모든 기억이 저장되어 있는 뇌 속에 사람들이 가상의 세계를 창조한다고 나는 믿는다. 난 이런 세계를 좋은 세계(The Quality World)라고 부른다. 좋은 세계는 구체적이다. 우리의 욕구를 만족시키기 위해 우리가 원하는 것이다. 이것은 우리들의 모든 동기의 근원이 되며, 말 그대로 우리 삶의 핵심이다.

난 조지의 사례에서 이 개념을 구체적으로 사용했다. 하지만 난 사실 내가 상담한 모든 사례에서 이것을 사용했다.

나는 책임이란 용어를 더 명백한 개념으로 대체했다. 그것은 우리의 모든 행동은 선택한다는 것으로, 우리는 우리가 행동했기 때문에 책임을 지는 이외에 할 수 있는 것이 없다는 것이다. 이런 식으로 나는 무엇을 책임져야 하고 무엇을 책임지지 말아야 하는지에 대하여 있을 수 있는 논쟁을 피했다.

어떤 내담자 간에 상담시작부터 상담자는 항상 잘못되었다는 것을 찾으려 한다. 외부통제 심리학을 사용하고 있는 내담자들은 그들이 필요로 하는 만족스러운 관계를 맺을 수 없다. 상담의 목표는 필요한 이런 관계를 내담자가 맺을 수 있도록 돕는 것이어야 한다.

그렇게 되려면, 상담자는 내담자와 만족스러운 관계를 창조하기 위해 노력해야 하고 이런 관계를 통해 내담자들에게 그들의 생활에서 다른 사람들과 관계를 맺는 방법을 가르쳐 주어야 한다. 현실치료상담을 사용하면서, 그들이 하기로 선택하고 있는 것이 효과적인지 평가해 보도록 내담자에게 상담자는 끊임없이 물어 보아야 한다. 그리고 만일 가능하다면 내담자들이 원하는 것을 얻기 위해 더 나은 선택을 하는 것이 가능한지도 살필 수 있다. 그들의 좋은 세계 안에 어떤 사진이 있는가를.

끝으로, 상담자는 내담자와 그들의 가족들에게 선택이론을 가르칠 기회를 항상 찾아야 한다. 그렇게 되면 관련된 모든 사람들이 외부 통제를 선택이론으로 대치하는 과정을 시작할 수 있게 된다.

현실치료상담 초판 2장에서, 그 당시에는 전통적인 심리요법이라고 불렀던 것과 현실치료상담을 대조하였다. 대부분 프로이드의 정신분석에 기초를 두고 있는 전통적인 치료에서는 치료를 요하는 사람들은 (1) 정신적인 병을 가지고 있고, (2) 무의식적 갈등을 유발하는 어린 시절의 외상으로 고통받고 있으며, (3) 치료 과정에서 그것들을 재 경험함으로써 자신들의 갈등을 이해할 수 있으며, 그리고 (4) 전이라고 하는 이해할 수 없는 과정을 거쳐 상담자에게 그들의 갈등을 옮긴다는 것을 강조한다.

전통적으로, 정신질환을 가진 내담자들을 (1) 그들의 정신질환의 성질이 어떠하든지 행동, 생각, 느낌을 중단시키는 것을 무력한 것으로 본다. (2) 그들의 통제를 벗어난 행동에 대해서는 책임이 없다고 본다. 그리고 (3) 전과정에서 그들에게 오직 통찰을 하게끔 하여 그들이 스스로 통찰을 어떻게 사용할 수 있는지 찾아냄으로써 도움을 받을 수 있다고 본다.

정신분석이 아닐지라도 전통적인 치료는 주로 만족스러운 결과를 예측할 수 없으면서, 기간이 길고 시간이 많이 필요한 과정이다. 전통적인 치료와 현실치료상담 간의 차이점을 좀 더 알고 싶다면, 현실치료상담 2장을 읽어 보라. 1965년판인 그 장은 내가 요즘 쓴 것만큼이나 정확하다.

많은 비판가들이 전통적인 치료가 너무 오래 걸리고 효과에 대해 초점을 맞추지 않고 있다고 함으로써 적어도 옳은 방향으로 가고 있기는 하다. 불행한 사람들과 이야기하고 그들의 삶을 향상시키는 방법을 찾도록 그들을 도우려 하는 것을 시도한다.

오늘날 우리는 얼마나 빠르고 효과적인지에 대한 문제는 제쳐놓고라도 심리치료에 대한 아주 심각한 장애에 직면하고 있다. 정신건강 분야에서 아직도 지도자 역할을 하는 정신과 의사들이 치료를 포기하고 있다.

오늘날 심리치료를 사용하지 않는 대부분의 정신과 의사들은, 내가 이 책에서 상담한 모든 내담자들이 뇌의 신경화학물질이 어떤 불균형을 일으켰기 때문에 여러 종류의 정신질환을 앓고 있다고 주장한다. 그들은 이러한 내담자들의 뇌 화학 작용이 균형을 잃었기 때문에 그들과 대화를 나누는 것은 가치 없는 일이라고 결론을 내렸다. 이런 사람들이 필요로 하는 것은 그들의 비정상적인 뇌 화학 작용을 고쳐 줄 약이라고 말한다. 그리고 일단 뇌 화학 작용이 정상적으로 되면 그들은 병이 나아서 정상적인 생활을 다시 할 수 있게 된다고 한다.

정신의학은 여러 가지 이유로 위에서 말한 이런 방향으로 흐르고 있다. 주된 이유는 경제적인 것이다. 전통적인 심리치료는 시간이 너무 오래 걸리고, 비용도 많이 든다. 만약 문제가 정신질환이라면, 약을 복용하는 것이 명백한 해답이 된다. 이런 주장은 약이 확실하고 빠르며, 적당한 시간 안에 만족스러운 결과를 예측할 수 없거나 하지도 못하는 전통적인 상담가와 시간을 소비하는 것보다는 비용이 덜 든다고 한다.

또 다른 이유는 의과 대학을 포함하여 적어도 12년 동안 훈련을 받은 정신과 의사들은 심리치료만 해서는 생계를 유지할 수 없다는 것이다. 지불해야 하는 상담 비용을 낼 수 있는 내담자는 적다. 또 그러한 치료비를 낼 수 있는 보건 대책도 적다. 그러나 새로운 건강 보건 대책에서는 오직 정신과 의사만이 정신병을 진단하고 치료할 수 있게 되었다. 정신과 의사들은 그들을 필요로 하는 환자들에게 진단을 내리고, 약을 처방하고, 환자를 관리해 주는 일을 한다. 많은 이들은 심리치료를 정신건강 분야에서의 경쟁자로 본다.

그러나 심리치료에서 멀어지는 또 다른 큰 이유는 정신과 약을 만들기 위해 막대한 돈을 투자하고 있다는 것이다. 이런 약들은 내담자들이 자신들의 인생을 사는 방법을 선택하는 데 거의 변화를 줄 수 없기 때문에, 그들은 오랜 기간 동안 약을 필요로 하게 된다. 그리고 대부분의 일반적인 약들과 마찬가지로 시간이 가면 이 약들은 효과가 떨어진다. 그러나 만약 어떤 약이 효과가 없거나 기대한 만큼 지속적인 효과가 없다면, 답은 새로운 약이 될 것이다. 제약회사는 손해 볼 일이 없다. 우리 사회는 단절된 사람들이 절대 없어지지 않을 것이며, 정신질환이 있다고 믿는 한 기업에서는 병을 치료할 새로운 약을 만들어 내는 일을 절대 그만두지 않을 것이다.

더욱이 어떤 사람이 기분이 나쁘다 해도, 그런 사람들은 이런 느낌에 책임이 없다는 생각이 아직도 사람들 사이에 만연해 있다. 그러나 고통, 예들 들어 임상적 우울이라는 고통은 약으로 치료될 수 있다고 사람들은 생각한다. 정신병으로 이런 선택을 진단하고 약으로 이것들을 치료하는 것은 관련된 모든 사람들을 안심시킨다. 환자, 정신과 의사, 보험회사, 제약회사 등 네 집단의 결혼은 천생연분이다. 선택한 행동에 대한 책임을 피하려는 인간의 욕망은 이러한 과정 속에서 모든 집단들 안에 너무나 생생하게 살아 있다.

여러분이 정신과 의사들에게 오늘날의 불균형한 뇌화학 작용에 대한 고착을 유발한 것이 무엇이냐고 물어 보면, 그들은 한 바퀴 돌아서 결국은 전통적인 믿음으로 되돌아간다. 어린 시절의 외상 및 또는 성인 시절의 외상적 경험이 그 원인이라는 것이다. 그러나 이런 불행한, 단절된 사람들을 상담하려고 하는 대신, 그들은 외상이 뇌 화학 작용에 의한 것이라고 하며, 그것은 약으로 치유된다고 주장한다. 그들은 심리치료만으로는 효과가 없다고 믿는다. 결국 우리가 가진 것은 새 병(약물치료) 속의 오래된 술(외상)을 가지고 있다는 것이다.

이 책에서 내가 말하고자 하는 것은 값비싼 약에 그렇게 많은 돈을 낭비할 필요가 없다는 것이다. 여러분이 이 책에서 봤듯이 많은 사례에서 약이 전혀 필요 없었다. 그러나 더 중요한 것은 이런 약들이 우리의 뇌를 중독시킬 수도 있다는 것이다. 피터 브레긴(Dr. Peter R. Breggin) 박사의 책 『중독성 정신질환』에 보면 이런 말이 있다. "정신과 약과 전기 충격은 영구적인 뇌 손상이라는 전염병을 퍼뜨리고 있다."

이 책에서 설명한 현실치료상담은 내가 제안한 것이다. 그러나 우리는 또한 상담을 뛰어넘어 불행한 사람들이 외부통제를 포기하고 선택이론으로 그것을 대치할 수 있게 가르침으로써 예방에 초점을 두어야 한다고 생각한다. 많은 집단에서 훌륭하게 교육받은 정신건강 준전문가들이 저렴한 비용으로 그런 교육을 해줄 수 있다. 이는 교육이지 치료는 아니다. 나는 이미 내가 한 상담과 내 연구소에서 경험한 사람들에게서 이런 아이디어가 실행 가능하다는 피드백을 많이 받았다.

마지막으로, 몇몇 학교에서 하고 있듯이, 선택이론을 학생들과 교사들에게 가르치면 모든 측면의 교육에 도움을 줄 수 있다. 외부통제 심리학은 거의 모든 결혼을 망쳐 버리기 때문에 결혼 전의 사람들을 상담하는 데도 사용될 수 있다.

현실치료상담의 적용과 선택이론을 훈련받는 데 관심이 있는 사람들에게 윌리엄 글라써 연구소야말로 이런 교육을 해 줄 수 있는 유일한 공식적인 기관이다. 연구소에서는 전 세계의 사람들을 대상으로 교육을 하고 미국과 캐나다 어느 곳이든 10명 정도의 집단만 형성되면 그곳에서 교육을 받을 수 있도록 해 준다. 3주간의 집중 훈련은 18개월이 걸리며, 그 사이에 배우고 실습을 하게 한다. 수료과정에 이르러 프로그램을 끝마친 모든 교육생들은 자격증을 받는다.

더 상세한 정보를 원하는 사람들은 연구소로 문의하기 바란다.

이 책이 나오기까지 도움을 주신 분들:
계수정, 박광석, 박정숙, 박정희, 우성임, 이미혜
정진선, 홍미혜, 황미구, 황진숙